- 区校联动"教研育人"的创新与实践探索
- 全国教育科学"十三五"规划2018年度单位资助教育部规划课题
  "区域推进'共生课堂'提升中小学教学质量的行动研究"成果之一
  （课题批准号：FHB180553）

QUYU TUIJIN GONGSHENG KETANG
TISHENG ZHONGXIAOXUE JIAOXUE ZHILIANG DE XINGDONG YANJIU

区域推进"共生课堂"

提升中小学教学质量的行动研究

主　编　宋文君

四川大学出版社
SICHUAN UNIVERSITY PRESS

图书在版编目（CIP）数据

区域推进"共生课堂"提升中小学教学质量的行动研
究 / 宋文君主编． — 成都：四川大学出版社，2023.11
ISBN 978-7-5690-5672-3

Ⅰ．①区… Ⅱ．①宋… Ⅲ．①课堂教学－教学研究－
中小学 Ⅳ．① G632.421

中国版本图书馆 CIP 数据核字（2022）第 176961 号

书　　名：区域推进"共生课堂"提升中小学教学质量的行动研究
　　　　　Quyu Tuijin "Gongsheng Ketang" Tisheng Zhong-xiaoxue Jiaoxue Zhiliang de Xingdong Yanjiu
主　　编：宋文君

选题策划：梁　胜
责任编辑：梁　胜
责任校对：孙滨蓉
装帧设计：墨创文化
责任印制：王　炜

出版发行：四川大学出版社有限责任公司
　　　　　地址：成都市一环路南一段 24 号（610065）
　　　　　电话：（028）85408311（发行部）、85400276（总编室）
　　　　　电子邮箱：scupress@vip.163.com
　　　　　网址：https://press.scu.edu.cn
印前制作：四川胜翔数码印务设计有限公司
印刷装订：成都市新都华兴印务有限公司

成品尺寸：170 mm×240 mm
印　　张：16.75
字　　数：318 千字

版　　次：2023 年 11 月 第 1 版
印　　次：2023 年 11 月 第 1 次印刷
定　　价：68.00 元

本社图书如有印装质量问题，请联系发行部调换

扫码获取数字资源

四川大学出版社
微信公众号

序

    2019年6月，中共中央国务院印发《关于深化教育教学改革全面提高义务教育质量的意见》，明确了深化课程改革是全面提高教育质量的重要举措。2019年11月，教育部印发《关于加强和改进新时代基础教育教研工作的意见》，明确要求教研机构要重心下移，深入学校、课堂、教师、学生之中，紧密联系教育教学一线实际开展研究，指导学校和教师加强校本教研，改进教育教学工作。作为课改政策转化中枢，教研机构应在推进课程改革中发挥专业支撑作用，有效落实课改理念和要求，为课堂教学改进提供专业支持，充分发挥学科教学的育人功能。渝中区教师进修学院在推进基础教育高质量发展过程中明确提出"教研育人"理念，依托全国教育科学规划课题"区域推进'共生课堂'提升中小学教学质量的行动研究"的研究，采用区校联动方式，以课改政策转化为轴心，系统构建教研育人实践体系，将教研重心下移到学校和课堂，有效改进教育教学工作，全面推进课改理念的转化落地，提升育人质量。这一探索与研究呈现出以下几个方面的特点：

    第一，理念引领与系统探索同步推进。渝中区教师进修学院不仅明确提出了"共生课堂"理念，而且以"共生课堂"为实践载体，系统推进课堂教学改革。"共生课堂"是以生态学的视角切入课堂，通过改善教师、学生、课程、环境和教学技术等这些教学生态因子之间的关系，构建相互依存、和谐共生的课堂育人文化。由此，学院提出"让学习深度进行，让师生真正成长"的共生课堂教学理念，并根据课程标准形成共生课堂教学七个要素，即：有学科核心素养表达的可视化（可测）的教学目标，有学科内或学科间的内容统整，有激发学生主动学习的情景创设，有高质量问题引发学生思考和追问，有师生共同参与的合作学习，有信息技术与课程、教学的融合，有及时的教学反馈和科学的发展建议，并在此基础上重塑课堂教学的理想样态。

    第二，理论研究与课堂实践深度融合。渝中区教师进修学院教研员和基层学校一线骨干教师组建研究团队,聚焦中小学课堂教学变革与育人方式转变,突出课程、教学、评价等育人关键环节研究,依据共生课堂教学七要素,开展多轮次调研、研讨,研制课堂教学评价指标框架,形成了"素养目标、内容统整、情境创设、自主合作、技术整合、以评促教"6个关键指标,细化16个评价要点,根据评价标准优化课堂教学设计,研制共生课堂教学单元及课时教学设计模板等支持工具,开展课堂教学诊断与评价,提供多样化的教学改进指导,形成"评价指标重构-教学设计优化-课堂教学诊断-教学改进指导"的课堂教学改进策略,实现共生课堂学科教学的精准导向,提升区域中小学课堂教学质量。

第三,课题研究与项目实施双线并进。2018年,渝中区教师进修学院通过课题立项正式开启"共生课堂"的教学改革研究。同年,渝中区教委发布了《关于开展义务教育课堂教学质量提升试点工作的通知》(渝中教〔2018〕222号)精神和《渝中区义务教育课堂教学质量提升行动实施方案》。2020年,重庆市渝中区被教育部批准为首批普通高中新课程新教材实施示范区。通过课题研究和项目推进的双轮驱动,学院在区域中小学实施了以学科教学工作坊为载体,以优化教学设计为起始,以教学实施改进为过程,以提升课堂教学质量为目标的共生课堂深耕行动。渝中区教师进修学院充分发挥区域研训机构的核心职能,将区域教研与中小学教育教学发展紧密联系,强化课堂阵地,创新教研方式,凸显教研作用。

第四,区校联动与教研育人紧密结合。渝中区教师进修学院突破传统教研的局限,创造性地探索教研新路径,将教研员专业能力、教师专业成长和学生全面发展进行有效统整,强调区域教研应以高质量教研促进教师的高水平发展,以高水平教师促成学生的高质量学习,推动研、教、学在课堂场域的一体化实施,实现教研的育人价值。这一探索不仅打破教研机构和中小学校之间的教研壁垒,重构教研机构与一线学校、教研员与一线教师双主体关系,打造学科基地、学科教学工作坊等教研共同体,创新联动教研方式,实现教研机构与一线学校、教研员与一线教师的双向互联,激发教研的育人活力,而且改变区域教研与课堂实践脱节状态,以课堂教学为载体,聚焦学科教学关键问题解决,开展精准的课堂诊断和教学指导,形成教研支持下的教学改进路径,充分发挥课堂育人功能。

渝中区教师进修学院作为一个底蕴深厚、真抓实干的区县级研训机构,在推动国家教育政策转化落地、贯通教育教学理论研究和基础教育实践探索中发挥了重要作用。经过五年的探索与实践,不仅课题研究取得了系列可喜的成果，而且有效地推动了基础教育课堂教学变革，促进了教育教学质量提升。本书作为课题研究和实践探索的重要成果之一，不仅是共生课堂在渝中区中小学校生根落地的重要见证，而且对于深入了解"共生课堂"的价值意蕴、内涵特征及其实践操作具有直接的指导意义。

2023 年 11 月 8 日

目　录

第一章　共生课堂的概述

新时代的发展需要建设高质量的教育体系，为满足人民不断增长的教育需求，目前的教育生态亟须变革与创新。而教育生态的变革与创新，首先要以课堂的变革与创新为起点，共生课堂应运而生。它顺应当前教育信息化的发展趋势，以哲学、心理学、教育学的经典理论为基础，重构课堂教学的价值观，优化信息技术支持下的教学行为，以期营造"信息互助、利益共享、责任共担、生态共荣"的开放式课堂新格局，形成师生共生、共进、共长的良好绿色生态课堂。

第一节　共生课堂的提出：课堂变革的时代背景

一、新时代建设高质量教育体系

（一）建设高质量教育体系的宏观背景

自中华人民共和国成立以来，教育事业取得了举世瞩目的非凡成就。在"办好人民满意教育"目标的引领之下，我国已构建起较为科学完善的中国特色社会主义现代化教育体系。"大中小学在校生数从 1949 年的'倒图钉形'，到世纪之交的'金字塔形'，再到当前成为'正梯形'及'柱形'。"[①] 新中国成立之初，教育基础是较为薄弱的，全国 5.4 亿人口中大约 80％ 都是文盲。在这个阶段，我国的教育目标就是扫除文盲，让全国人民都能自己写字、读书、看报。由于我国人口众多，地域辽阔，扫盲工作开展十分艰难，但在各个

---

① 张力. 建设高质量教育体系——"十四五"时期促进人的全面发展 [N]. 人民日报，2021－04－21.

地方政府的努力之下，通过开办不同类型的实习学校、技校，扫盲工作取得了一定成效，扫盲运动一直持续到 20 世纪 50 年代末。2000 年，我国实现全国"基本普及九年义务教育、基本扫除青壮年文盲"的战略目标，在接下来的二十多年里，素质教育、优质教育也逐渐得到重视、积极发展。党的十八大以来，我国在学前教育、九年义务教育、普通高中教育、职业教育、高等教育等方面分别制定了针对性的政策，从不同层面满足人民大众对于教育的需求：力求做到学前教育向公益性、普惠性发展，九年义务教育的全面普及，普通高中教育做到特色化，高等教育迈向普及化阶段。"截至 2018 年，全国共有义务教育阶段学校 21.38 万所，在校生 1.50 亿人，小学学龄儿童净入学率达到99.95％，初中阶段毛入学率达到 100.9％，九年义务教育巩固率达到94.2％。""2019—2020 年我国教育结构出现重要拐点，宽口径高教规模超过同年高中阶段在校生数，我国教育普及程度大幅提高，总体水平跃居世界中上行列。"① 从文盲大国到人力资源强国的转变离不开中国共产党在发展的每一个关键节点挺立潮头，为教育事业的发展指明方向；离不开改革开放 40 多年来教育体制改革和制度创新所焕发出的强大活力；离不开我国城乡居民旺盛的学习需求和空前的学习热情。经过 70 多年的披荆斩棘，我国教育事业已经初步形成了多层次、宽领域、全方位的教育开放大格局。

（二）建设高质量教育体系的机遇与挑战

教育事关一个国家和民族的兴旺强盛和蓬勃发展。在未来的日子里，我国必须认清"十四五"时期教育改革发展的形势，在宏观上把握从"大国办强教育"向"强国办强教育"转变的节奏。"'十四五'时期是我国全面建成小康社会、实现第一个百年奋斗目标之后，乘势而上开启全面建设社会主义现代化国家新征程、向第二个百年奋斗目标进军的第一个五年。"②"十四五"时期处于重要战略机遇期，在这个时期教育的改革发展面临着新的机遇与挑战。

当今世界正经历百年未有之大变局，时逢此复杂多变的环境，我国教育制度的优势明显体现：人力资源基础较好，城乡居民教育需求量大且呈现多层次、多样化的态势，并且随着我国教育政策的不断推进，未来我国的年轻人在接受完普通高中教育之后可以选择先升学再就业、先就业再升学或者边工作边

---

① 张力. 建设高质量教育体系——"十四五"时期促进人的全面发展［N］. 人民日报，2021－04－21.

② 中华人民共和国国民经济和社会发展第十四个五年规划和 2035 年远景目标纲要［N］. 人民日报，2021－03－13（001）.

学习的模式，不同的升学就业路径为打造终身学习型社会形成了良好的生态发展圈。从因科技落后而受制于人，到中国航天员遨游太空，我国的科技事业也取得了辉煌的成就，特别是进入 21 世纪，大数据、人工智能等新一代信息技术的蓬勃发展为教育改革发展提供全方位渗透式支持。随着经济的发展和社会的进步，多方的社会资源愈来愈向教育产业倾斜，这些都是当前我国教育改革与发展的有利条件和绝佳机遇。

与此同时，鉴于我国人口和地域分布不均的状况，城乡教育差距仍较大、区域教育资源配置均衡性不足，人才培养模式较为固化，现有教育质量与人民对教育日益增长的高需求相比差距仍然很大。面对这些机遇和挑战，"十四五"规划和 2035 年远景目标纲要在教育方面做出了重要部署，要建设高质量的教育体系。其内容主要聚焦在五个方面："推进基本公共教育均等化、增强职业技术教育适应性、提高高等教育质量、建设高素质专业化教师队伍、深化教育改革"。[①] 在党中央关于建设高质量教育体系的重要部署引领下，办人民满意的教育，高质量教育体系应该达到以下几种成效。

首先，在个人方面，高质量教育体系应该能够促进学生全面而有个性的发展，能够兼顾他们的兴趣、专业能力和职业理想的发展；能够让家长对孩子在学校接受的教育满意，认可教育对孩子必备品格和关键能力的培养。

其次，在社会方面，高质量教育体系应该满足用人单位对高素质人才的需求，对于所聘用的人才能够留得住、用得上、干得好。高质量教育体系的功能也应表现为，企事业单位及相关部门面临重大问题时，能够通过高校提供的专业人才、科研成果和社会服务，顺利地专业化地解决。

最后，在国家方面，高质量教育体系的显著成就应体现在国家竞争力和创新创造水平的明显提升。教育能够为国家培养各行各业的优秀人才，提供科技生产的新鲜血液，因此教育水平的高低在一定程度上决定着一个国家的科技发展水平和创新能力。

（三）建设高质量教育体系的重中之重

建设高质量教育体系是新时期教育改革发展的新方向、新目标、新任务，是党对未来教育所描绘的一幅宏伟蓝图，对加快教育现代化进程、建设教育强国、全面提高教育质量具有重大意义。教育是一项复杂的系统工程，通常是牵

---

① 中华人民共和国国民经济和社会发展第十四个五年规划和 2035 年远景目标纲要 ［N］. 人民日报，2021-03-13 (001).

一发而动全身，涉及各级各类教育和学校内外关联的利益体，因此需要各级各类教育之间相互协调、相互促进、相互帮助，以实现新时期高质量的可持续发展。在教育的连续性上，不同层次的教育环环相扣、相辅相成，逐步递进，基础教育的发展水平影响着高等教育的发展，最终直接影响各行各业专业人才的供给质量。基础教育包含学前教育、义务教育和高中教育，是国民文化素质培养的基础。相对于其他阶段的教育，基础教育是高质量教育体系中的重中之重，体量和规模最为庞大，体系更为稳定和完善。在普及程度上，我国目前义务教育已经达到甚至超过中高收入国家的平均水平。基础教育是建设教育强国的基础，新时期建设高质量教育体系就必须构建优质均衡的基础教育体系，让孩子从"有学上"转为"上好学"，全面提高基础教育质量，为高质量教育体系打好坚实的基础。

1. 提升教育公平性

现阶段我国社会的主要矛盾已经转化为人民日益增长的美好生活需要和不平衡不充分的发展之间的矛盾。当前，我国教育的主要任务是解决发展不平衡不充分问题。教育公平也是社会公平的一个重要组成部分，习近平总书记在党的十九大报告中说道："努力让每个孩子都能享有公平而有质量的教育"。[1] 随着经济的发展和人民生活水平的日益提升，我国教育资源分布公平的程度也随之提升，但还是存在教育发展不平衡不均衡的现象，主要表现在区域、城乡、校际差距较大，东部地区与西部地区教育资源之间差距较大，无法满足人民日益增长的美好生活需要，影响了基础教育的健康发展和质量提升。因此，首先需要不断深化教育均衡发展，不断优化教育资源公平配置；其次，"要加强省级统筹，确立辖区内基础教育均衡发展机制；最后，切实改造薄弱学校，加大对中西部基础教育事业的财政投入，尤其是农村地区"。[2]

2. 增强教育普惠性

让每个孩子都有受教育的机会一直是我国教育的基本追求，我国早在2000年就已经实现了全国义务教育基本普及，到今天，有些地区已经普及了高中教育。然而在学前教育方面确实还存在着问题，普惠公益的学前教育资源短缺，在一些地方甚至出现了学龄前儿童上学困难，收费昂贵、幼儿园学位

---

[1] 习近平. 决胜全面建成小康社会夺取新时代中国特色社会主义伟大胜利——在中国共产党第十九次全国代表大会上的报告 [M]. 北京：人民出版社，2017.
[2] 蔡群青，贺文凯，刘桐江. 基础教育质量提高的反思与展望 [J]. 教育评论，2016（12）：54—57.

"一位难求"的情况。构建高质量基础教育体系，首先需要解决惠普性学前教育资源短缺的问题。多渠道扩大资源供给，提供更加公平优质的普惠性学前教育公共服务，在"十四五"期间，努力将学前教育毛入园率从 85.2% 提升到 90% 以上，[①] 力争在普惠性幼儿园覆盖率达到 80% 左右的基础上，做到学前教育的全覆盖，直到将学前教育纳入义务教育体系。

3. 发展高质量教育

中国的教育已经实现了由教育弱国转变为教育大国，如今正走在迈向教育强国的道路上。在新的时代背景下，我国人民的教育需求已经由"人人有学上"转向"人人上好学"，为实现办人民满意的教育这一首要目标，我国发展达到世界先进水平的高质量教育迫在眉睫。2019 年 2 月，中共中央、国务院印发的《中国教育现代化 2035》聚焦当前的教育问题，提出了"德育为先、全面发展、面向全体、知行合一、融合发展，共建共享"八大理念，为全面提升教育质量提供了发展方向。

一方面，要强化课堂主阵地。2019 年 6 月，中共中央、国务院印发《关于深化教育教学改革全面提高义务教育质量的意见》和《关于新时代推进普通高中育人方式改革的指导意见》，两个文件都明确提出要重视课堂教学改革，优化教学方式，"注重启发式、互动式、探究式、体验式教学，重视情境教学、差异化教学和个别化指导，探索学科课程综合化教学，开展研究型、项目化、合作式学习，促进信息技术与教育教学融合应用"；[②] 另一方面，要落实学生减负政策。2021 年 7 月，中共中央办公厅、国务院办公厅印发《关于进一步减轻义务教育阶段学生作业负担和校外培训负担的意见》，全面压减学生的作业总量和作业时长，保证小学一到二年级不得布置书面家庭作业，三到六年级完成书面作业的平均时间不得超过 60 分钟，初中生完成书面作业的平均时间不得超过 90 分钟；减轻学生作业负担，依法整治校外补习机构，提升校内课后服务水平，构建了良好的教育发展生态。

4. 借力智慧化教育

人工智能技术、大数据、云空间等新兴技术的蓬勃发展，渗透到了各行各业，教育领域也不例外。教育信息化有助于实现教育公平，能够共享优质的教育资源。习近平总书记在国际教育信息化大会时提出祝愿："通过教育信息化，

---

① 周洪宇，李宇阳. 论建设高质量教育体系 [J]. 现代教育管理，2022 (01)：1—13.
② 陈如平. 紧紧扭住基础教育高质量发展的关键 [J]. 教育革新，2019 (09)：1.

逐步缩小区域、城乡数字差距,大力促进教育公平,让亿万孩子同在蓝天下共享优质教育。"① 智慧化教育就是"充分利用现代信息技术、人工智能所带来的技术优势,打造集智能性、共享性、交互性、协作性、泛在性为一体的新型教育形态和教育模式"。② 新冠疫情期间,由信息技术为主要载体开展的"停课不停学""线上线下一体化教学",为我国教育教学的正常开展提供了极大的助力。因此,必须加强教育信息基础设施建设,将教育教学往线上的平台、应用转移,以实现教育资源分配的公平和均衡,满足学生的个性化发展,实现教育的多样化,推进教育现代化发展。

二、提高教育质量必须转变教学方式

(一)课堂教学方式存在的现实问题

实现教育的质量发展需要树立科学的教育发展观、做强弱项补齐短板、深化教育教学改革、完善评价体系、加强教师队伍建设、全面构建基础教育发展良好生态。课堂是学校育人的主阵地,学校想要深入推进教育教学改革,就要坚持把强化学校课堂主阵地作为提升教育质量的中心环节,练好课堂教学"基本功"。但是,在这个过程中,课堂教学改革也遇到了一些现实问题。

1. 学校管理水平较低,缺乏课堂教学特色

部分学校的发展规划较模糊,教育管理水平不高,在推进学校整体教育质量提升的过程中常常力不从心。学校的教育管理体系内部结构比较混乱,难以体现学校的办学优势和教学特色。

2. 教学改革缺乏深度,育人价值把握不准

在推进课堂教学方式转型时,许多教师并未深度挖掘学科的育人价值,仍然以传统的顺向思维来进行教学设计,即教师准备什么学生就学习什么,忽视学生的主体地位。学习后的评价标准也较固化和模糊,仍然存在"教、学、评"分离的不良现象。

3. 教师专业发展较慢,队伍建设力度不大

教师队伍专业素质参差不齐,教师资源配套不足,主要表现在城乡、区域

---

① 习近平. 致国际教育信息化大会的贺信 [N]. 人民日报,2015-05-24 (01).
② 靳玉乐,李子建,石鸥,徐继存,刘志军. 高质量基础教育体系建设与发展的核心议题 [J]. 中国电化教育,2022 (01):24-35.

之间差异大，不少教师的核心教学技能还需提升，在师德、师魂、师能等方面缺少系统的培训。个别学校出现意识形态教育多注重形式，实际成效不明显的现象。个别教师职业道德有待加强，工作的积极性、主动性不足。

（二）课堂教学方式的成功转型

"课堂教学是在教育目的规范下，教师根据一定社会的要求，有目的、有计划、系统地激发、强化、优化学生的自主学习，从而帮助学生掌握知识、发展智能、形成健全心灵的一种活动。"① 要解决目前课堂教学的现实问题，就必须要实现课堂教学的重构，即在批判原来唯知识论、唯分数论所产生的弊病基础上，将以人为本的教育理念与教学方式渗透到课堂教学的系列活动之中。以下简要介绍近年来教育领域教学方式转型的三个突破性成果。

1. 生命课堂

叶澜教授1997年发表的文章《让课堂焕发出生命活力——论中小学教学改革的深化》，开启了我国对生命课堂的研究。后来的学者在此基础上不断延伸对生命课堂的探讨。生命课堂的基本特征为"生命在场"，即，具有生命力的课堂，让人感到生命的律动，主要表现在课堂价值取向上、课堂过程上以及师生关系上面。首先，在课堂价值取向上，将"生命在场"作为视角规划整堂课的活动，作为基本原则制定课堂教学目标。综合各家之言，生命课堂是一种以学生为主体，关注学生的身心健康发展，在宽松愉悦、充满活力、有趣味的环境中寻求生命意义，体现生本教育理念建构课堂文化。其次，在课堂过程上，教学过程内涵丰富、边界宽广、持续久远。教学内容同时面向知识世界、生活世界以及心灵世界，教学方式倡导整合教学设计的科学严密性与教学操作的生成开放性。最后，在师生关系上，教师将自身的生活融入学生的课堂生活中，与学生建立起信任感和安全感，帮助学生实现个性化的自由成长。学生也会对教师的教导和帮助进行积极的反馈，不断激发教师的幸福感和从业热情。此外，共同学习的学生之间也会在学业和生活中相互帮助、相互影响、相互润泽。生命课堂的价值追求体现在三个方面：第一，基础价值追求是让学生掌握基本知识。无论教育教学模式如何变化，其基本目的是要促进人的全面发展，因此学生必须掌握基本的科学文化知识。第二，核心价值追求是开发学生智能。为学生创设一个和谐的学习氛围，实行教学民主，充分调动学生的积极

---

① 夏晋祥. 论生命课堂及其价值追求 [J]. 课程. 教材. 教法，2016 (12)：91-97.

性，让学生的智力和能力得到最充分、自由的发展。第三，终极价值追求是培养学生健全的心灵。人只有拥有健全的心灵，才能主动地、有目的地发展自我，并且为达成目标不断克服困难，这就是健全的心灵引领着个人发展的完美体现。生命课堂就是要通过教育教学活动，使学生在学习完人类科学知识和感受到积极的精神力量之后，进而丰富自己的精神世界，促进自身的成长。

2. 翻转课堂

翻转课堂（Flipped Classroom）的创始人是可汗学院的萨尔曼·可汗。他在 TED（Technology Entertainment Design）大会上演讲时首次提出这个概念，最初，他将帮助缺课学生补习的内容制作成视频放到 YouTube 网站上，短短几分钟的辅导视频在网上迅速收到了大量好评。以此发展而来的课堂模式与传统课堂教学方式完全相反，因此快速地引起了教育者们的关注。翻转课堂建立在现代信息技术上，将传统教学"课堂知识接收——课后知识内化"的模式进行颠覆，重新安排了课前、课中、课后的内容。通常的开展方式为：课前，教师制作教学视频后，将视频通过平台发送给学生，学生在学习完教学视频后需要完成教师提前布置的针对性练习，并记录自己的收获和疑问；课中，学生与教师、同学讨论所学的知识总结出一些有价值的问题，采取类似小组讨论的活动进行自主探究，教师在课堂最后再进行指导，让学生能够对所学知识进行进一步的理解和思考；课后，学生在网络上学习新的知识，将学习的主动权从教师转移到学生身上。翻转课堂表现出了与传统课堂教学模式不同的显著特征。首先，翻转课堂颠覆了传统的教学观念。改变了传统的以教师为中心，教师负责在课堂上传授知识的方式，强调以学生为中心，教师只负责协助学生学习并给出针对性的指导意见。其次，翻转课堂颠倒了传统的教学流程。传统的教学流程是在课堂上学习新的知识课后进行复习，翻转课堂是将学习新知识放到了课前，课堂上则是进行小组学习和教师答疑，有针对性地进行指导。最后，翻转课堂改变了教师和学生的角色。传统课堂上教师是掌握主动权的一方，而学生处于被动接受的状态，教师教什么学生学什么。在翻转课堂上，学生是自主学习的主动者，教师是学生学习的指导者、协助者，对学生进行个性化指导，以满足学生的学习需求。

3. 智慧课堂

随着云空间、人工智能、大数据等先进技术的快速发展，智慧教育应运而生，并广受关注。智慧课堂是由智慧教育的概念衍生而来，是实现智慧教育的重要组成部分。目前，对于智慧课堂的概念界定，国内外还没有统一观点，可以将"智慧课堂看作是以建构主义学习理论为依据，以'互联网＋'的思维方式和新一代信息技术打造的智能高效的课堂。其实质是基于动态学习数据分析和'云＋端'的运用，实现教学决策数据化、评价反馈即时化、交流互动立体化、实验过程数字化、微观变化可视化、资源推送智能化，创设有利于协作交流和意义建构、富有智慧的学习环境，通过智慧的教与学，促进全体师生的智慧发展"，① 智慧课堂包含基于智慧课堂的个性化学习、翻转课堂、生成性教学等典型模式，有助于推进新时代下的课堂教学变革的有效落地。

智慧课堂的特征主要体现在以下几点：第一，个性指导，智慧课堂需要满足个性化教育的需求，根据不同的学生提供可选择的学习策略、学习指导，做到真正的因材施教；第二，智能跟踪，在新兴技术的支持下，智慧课堂可以记录每位同学的学习过程，然后通过相应软件智能化地挖掘和分析学习者的学习状态、学习特点，进行学习评价；第三，丰富工具，智慧课堂能够创设与当前学习内容相吻合的学习情境和提供丰富的学习工具，学生可以利用这些工具，对自己所学的知识进行有意义的建构，促进学生顺利完成知识内化；第四，智慧活动，即"学习活动应以先进的设备和丰富的资源为基础，通过教学促进者的有效指引，学习者的积极参与从而在情景化、移动化、感知化的学习活动中灵巧、高效地运用知识解决问题。"②

（三）课堂教学方式改革的区域实践

多种新型课堂教学模式的出现意味着课堂教学方式在一定程度上实现了转型。不同的课堂教学模式因为价值取向、技术支持等原因的影响呈现出不同的样貌。生命课堂以"生命在场"为核心主张，将学生作为课堂的主体，关注学生的自我成长、身心健康，力求打造充满生命律动的课堂，打破了传统课堂为了满足应试要求而进行的"填鸭式"教学样态，迈出了课堂教学模式转型的重要一步；翻转课堂的出现标志着现代信息技术真正融入课堂教学，颠覆了以往所有的课堂教学模式，创新性地重新安排课堂教学的课前、课中和课后的内容，颠倒传统教学的流程，做到真正意义上的转变教师和学生的角色，增强了学生学习的自主性和主动性；智慧课堂则标志着信息技术进一步融入教育领域，利用新一代的信息技术，打造高效智能的课堂，设置拟真的教学情境，帮

---

① 刘邦奇，李新义. 智慧课堂教学理论与实践［M］. 合肥：安徽教育出版社，2018.

② 唐烨伟，庞敬文，钟绍春，王伟. 信息技术环境下智慧课堂构建方法及案例研究［J］. 中国电化教育，2014（11）：23－29＋34.

助学生进行知识的内化和迁移，精准定位和分析每个学生的学习情况，追求个性化教学，促进每位学生实现健康自由个性的全面成长。虽然不同的教学模式体现出的特点不同，但它们都共同指向促进学生的全面发展。

为提升课堂教学质量，促进学生全面发展，渝中区中小学着力探索和打造“共生课堂”，将哲学、心理学和教育学中的经典理论作为理论基础，以现代信息技术作为技术支撑，形成继承优秀理论、开创新兴内容的教学范式和课堂教学模型。共生课堂一方面吸取了生命课堂中关注学生生命价值，营造宽松愉快、有趣鲜活课堂氛围的价值取向，凸显了课堂教学的人文性；另一方面借鉴了翻转课堂和智慧课堂中将现代信息技术应用到课堂教学的经验，为共生课堂提供技术支撑，营造智慧化的课堂环境，帮助师生更有效率地进行教与学，体现了现代课堂教学的科技性。共生课堂在汲取了优秀课堂教学模式的经验后，也创新性地提出了自己的理念，即“让学习深度进行，让师生真正成长”。其中，让师生真正成长，将教师也作为教学中的另一重要主体与学生一同在学习生活中共同成长这一理念，不仅关心学生的全面发展，也关注教师的专业提升。

共生课堂形成了思想互信、利益共享、责任共担、生态共荣的开放式课堂教学格局。在共生课堂中，教师和学生之间相互尊重、相互信赖、敢于托付，学生之间相互合作、相互分享、共同发展。不仅如此，课堂中的各个利益主体之间也形成了利益共享的共同体。每个利益主体都是对方的利益“作用者”，他们之间的关系不断变化、不断成长，在课堂中共同承担教学任务，教师用自己的学识和勇气来唤醒、激励学生产生“学习自觉”，而学生则是主动配合教师的教学、严格要求自己，自觉承担责任。所有的这些利益主体，再加上课程、环境与技术等构成了系统复杂的生态圈，当师生在共建共享的时候，当课堂成了“快乐的课堂”“生命的课堂”“基于人格价值观而构建的课堂”的时候，就形成了师生共生、共进、共长的绿色生态。①

---

① 张波. 共生式课堂教学的演变：从病态异化到常态优化［J］. 当代教育科学，2017（07）：36—40.

第二节　共生课堂的概念界定和内涵分析

一、共生课堂的概念界定

（一）主要概念的界定

1. 共生

共生一词源于希腊语 συμβίωσις，关于"共生"的专业术语表达出现在不同学科中。如："symbiosis"（生物学），"paragenesis"（岩石学），"co-existence"（哲学、政治学），"intergrowth"（化学、物理），"concrescence"（过程哲学），"conviviality"（社会学）等等。[①]

（1）以生物学为核心的定义。

共生概念最早出现于生物学范畴，但即使是在生物学领域，不同学者对共生的认识也是见仁见智，他们对共生的研究与认识主要涉及如下方面：共生现象的描绘与延展、共生概念的界定、共生的不同类型以及共生理论（如共生起源说）。

这里主要列出"共生"概念首先出现于生物学领域的部分代表性观点。1877 年，德国植物生理学家弗兰克（Albert Bernbard Frank）开始运用群众用于描绘共同生活的"共生，共栖"（symbiosis）的概念来形容地衣中真菌和藻类的互惠共生关系。紧接着在 1879 年，德国知名真菌学家德贝里（Antonde Bary），就已明确提出了广义的两种或多种生物之间普遍存在着"共生"（living together）的概念，释义为不同种类的生物密切的生活或有相互依赖地联系在一起，并具有更广的物质联系，更进一步地详细描述了由于生存生活所需，两种或多种生物之间需要按照一定模式彼此作用、一同生活，产生共同生存、协作进化的共生关系。

共生起源说主要有以下观点和认识：首先是俄国植物学家康斯坦丁·谢尔盖耶维奇·梅里日可夫斯基（1855—1921）认为"进化的新颖性起源于共生"，

---

① 刘满芸. 共生理念下的翻译学维度考察［J］. 南京理工大学学报（社会科学版），2014（03）：62-68.

这个过程称作共生起源。① 而后,生物学家进一步研究发现,和谐共生在动物与动物、动物与植物、植物与植物之间都是普遍存在的现象。进而,科罗拉多大学的伊万·沃林(lvane Wallin,1883—1969)通过论证,提出新物种的产生都是源自共生,即共生起源(symbiogenesis),包括新的组织、细胞、器官、生物,甚至物种基本建立在长期甚至永久的共生基础上的,沃林把这称为"生物共生主义"。而植物学家斯科特(G. D. Scott)在自己发表的《植物共生学》(1969)中也提出,共生本质就是两个或多个生物在生理上相互依存程度达到平衡的状态,并根据这一概念的源起与发展、共生系统的状态和生理结合自然界的共生系统等做了扩充性研究。在原生动物学家维斯(Dale. S. Weis)看来,共生就是一对或几对合作者之间的稳定、持久、亲密的组合合作关系。最后,在美国生物学家琳恩·玛格利丝(Lynn Margulis,1938—2011)在1981年从生态学角度指出:共生是不同生物种类的组成者,在不同生活周期中主要组成部分的联合合作,共生就是生物演化的机制。②

(2)人文社会科学中的界定。

人文社会科学领域的对于共生概念界定,主要以两种观点作为典型代表。首先是日本学者尾关周二在《共生的理念与现代》一文中,以现代共生观为基础进行思考和分析,将这些观点分为三大类,即圣域共生论、竞争性共生论、共同性共生论。其中共同性共生理念更具有合理性和适用性,该理念主要强调共同与共生的相互补充(侧重于"共生"),谋求人、社会和自然之间的共同性"共生",这是基于客观现实(社会与时代)对关系的规定。

与此略有相异的是中国的研究者吴飞驰在《关于共生理念的思考》一文中强调:共生实则指的是人之间、自然之间以及人与自然之间形成的一种相互依存、和谐与统一的命运关系,从而强调一种和谐的共生理想(侧重于"共同"),这是基于中国传统文化中的"天人合一"思想观念、依照现实所需而界定的。③ 中日学者的观点并无冲突,均反映了人与社会、自然之间的紧密关联和相互依存,根植于不同层级与不同境地,是意义上的互补。共生所强调的是对自我关切与对他者关切的统一,是对自我与他者的双重肯定与强调。

综上,经过对共生内涵的综合理解,可以得出如下观点:共生可以理解为

---

① 刘满芸. 共生理念下的翻译学维度考察 [J]. 南京理工大学学报(社会科学版),2014(03):62—68.

② 刘满芸. 共生理念下的翻译学维度考察 [J]. 南京理工大学学报(社会科学版),2014(03):62—68.

③ 曹新. 构建共生课堂实现互助成长 [J]. 甘肃教育,2015(09):75.

以竞争、冲突为前提，基于某些共同的价值、规定、范式和目标向异质者开放的一种结合方式与关系，它体现了创生、发现、保持异质者的生命进程，这里主要指的是共同性共生，由此可以看出共生的生命性、异质共存性与过程性，具体来看是指以人为中心、以生命为目的、以异质为前提、以关系为方法、以交往与对话为途径的生命进程。① 如果聚焦在人身上，共生主要指向的就是人与自然、人与社会、人与人之间的一种紧密相连的命运关系，它对同质性共生与竞争性共生具有一定的规避与超越（但不完全否定）；体现在个体身上，强调的就是人与自我的关系、人与自我共生性的存在以及共生性的发展。

从一般意义上进行理解，共生可以看作是"共同生存"。但"共生"理念的深层内涵还应包括它的层次性，以生命的存在、延长和提升为维度，分解为共同生存、共同生活和共同发展。三者是和谐统一的，其中共同生存是基础也是前提，这使生物层面上的生命得以保存；共同生活则指生命的延续，需要统筹物质与精神两方面，而重在精神生活的追求，同时又为生命质量的提升准备条件；共同发展则更注重于关注生命质量的提升，从未来着眼要求一种更高水平和要求的存在。②

所以，共生一词不再是简简单单的一个描述生物、微生物存在与生存的自然科学概念，它还是一个与人类生存、生活与发展密切相关、具有人文主义色彩的观念和理论体系，它既涉及人类群体也关乎人类个体。随着时代的发展需要，它逐渐由现代科学领域（生物学尤其是生态学）向人文社会科学领域进行了更深、更广的拓展研究，使得人类对自身有意识的实践活动——教育的审视有了新的视角；更为发展新的课堂教学范式——共生课堂奠定了理论基础。

2. 共生教育

当今世界，全球的生态环境破坏与全球气候变暖、海平面上升危机、人口基数庞大与各种资源枯竭的矛盾、后疫情时代带来的经济危机与人与人之间以及国家与民族之间的冲突和摩擦，正日益困扰着我们，考验着我们。而信息化、网络化时代的来临，让各国的联系日益紧密，成了所有人共同生活的"地球村"。同时，知识大爆炸时代是对人的自由全面发展的强烈呼唤，使主客二分的僵化思维模式、"人是万物的尺度"的人类中心主义、科学主义的工具理性等思想的局限性充分显现。应时而发，应势而行，源起于生物学、建构于生

①　彭婷. 共生理论视域下教师学习共同体分析 [D]. 重庆：西南大学，2016.

②　李燕，胥兴春. "游戏化"抑或"知识化"：基于共生理论的幼儿园教育 [J]. 福建基础教育研究，2019（12）：106—109.

态哲学的共生思想便逐步引起人们的广泛关注。共生教育的兴起与发展也就是顺势而为,贴近时代的发展所需了。[①]

共生教育指的是在某种共生性的环境中培养具有共生性思维、良好人格品质与优秀行为习惯人才的教育。受教育者最终将获得多姿多彩的个性品质,与人为善、与自然、与他人以及自己和谐相处的共性特征,以及能够有意识地协调内外关系,最大化整体利益。由此定义,共生教育至少涵盖以下两个基本条件:人与环境。任何教育都是涉及人,最终也必然归结于人的问题,只有通过人的发展才能显示出某种教育的特质。共生环境也是共生教育内涵中不可分割的组成部分,共生性环境是实施共生教育的外部环境,是培养共生性人才的外部条件。

还需明晰共生教育的三层含义:首先是从教育目标的角度来说,培养适应未来社会的理想公民是共生教育的首要目标;其次从教育内容方面来说,需要从共生的思想出发,去指导课程的建构与开发;最后从教育实施途径的角度来说,共生教育需以共生哲学思想引领、指导,进行共生的教育实践才终将得以实现。

共生教育强调师生平等、互助、对话,利用共生理论协调师生的关系。[②]所以共生教育是所有受教育者共同成长的美好家园,是异质共存的最佳场所,它体现了在教育场域对异质"他者"的深刻关照。

3. 教育生态学

教育生态学是20世纪70年代中期兴起的一门新学科,它是教育学和生态学相互渗透的结果。教育学是研究人类教育现象和解决教育问题,揭示一般教育规律的一门社会科学。生态学是研究生命系统和环境系统之间相互作用的规律和机理的。[③]

教育生态学的创始人是美国哥伦比亚师范学院院长、著名教育家劳伦斯·A. 克雷明(Lawrence A. Cremin),他在1976年出版的《公共教育》一书中,专门用一章论述了教育生态学。教育生态学是运用生态学的方法来研究教育,从影响教育的物质环境、精神环境的相互联系中,综合性地研究教育发展的规律,从而不断提高教育的质量和水平。[④]"生态平衡、环境与适应"是教

---

① 李燕. 共生教育论纲 [D]. 济南:山东师范大学,2005.
② 王立. 黄厚江共生教学思想观照下的记叙文写作 [J]. 作文成功之路,2021 (6):84—85.
③ 吴鼎福. 教育生态学刍议 [J]. 南京师范大学报(社会科学版),1988 (03):33—36.
④ 吴鼎福. 教育生态学刍议 [J]. 南京师范大学报(社会科学版),1988 (03):33—36.

育生态学的基本观点。"生态学的方法与模式存在于教育中就是要清晰的指明教育情境的范围和复杂性。运用生态学的系统观、平衡观、联系观、动态观来考察教育问题就是生动体现了生态学的原理和方法的实际运用"。①

综上，教育生态学理论的实质就是依据生态学原理，特别是生态系统、自然平衡、协调进化等原理，观察和研究各种教育现象与成因，进而掌握一定的教育规律；用生态学的系统观、平衡观、联系观、动态观考察教育问题并指导教育的发展。从宏观上探究教育在整个生态系统中的地位，以及各种生态因素对教育目标的确定、教育制度的建立的作用和影响；从微观上阐明德育、智育、体育、美育和劳动技术教育发展的环境因素，学校的生态性质，以及生态教育在教育中的作用等，并从生态环境对教育的制约上，确定教育应有的对策。一句话，教育生态学就是研究教育与整体的生态环境相关联的社会的、精神的、自然之间相联系的科学。

（二）共生课堂的概念定义

《说文》有言："共，同也"；"生，进也"。共生者，相互依赖，彼此信任，共同生长也。"共生课堂"的"共生"，是统整的"共"，互动的"生"，以及深度的"共生"。

1. 基于共生理念的共生课堂

在课堂教学中，共生思想无处不在，教师与学生、学生与学生、主体与内容、创新与继承、素质与应试等矛盾之间，都是一种共生关系。共生意味着在允许异质、差异、竞争的基础上，走向相互间同质性的、和谐性的、共同化的利益追求。

随着共生理念的丰富和发展，共生理念逐渐作为重要依据和价值取向，用来解决各个领域的问题。我国学者柳夕浪首先将共生理论应用在基础教育领域。他认为共生是人成长的关键词，人的生存首先是一种关系性的生存，若割裂关系，将伤人损己；其次，共生以异质者为讨论的前提，强调对异质者的包容与接纳，通过交流与对话达成良性的互动关系。② 针对我国教育实践中存在的问题，他率先运用共生理念进行了审视，并开始了基于"共生"的基础上进行教育构想，为教育研究拓宽了视角。而在教育实践中，课堂教学作为教育工作的重心，是师生开展活动的重要组成部分，直接影响着学生的全面成长和教

---

① 王玲，胡涌，粟俊红，等. 教育生态学研究进展概述［J］. 中国林业教育，2009（2）1-4.
② 李运奎. 共生理念引领下的共生性课堂建构［J］. 江苏教育研究，2011（7）.

师的专业发展，共生课堂应运而生。

这里的共生课堂主要可以理解为处于平等关系的所有课堂角色，这与过往提出的以教师为课堂重点和学生作为课堂重点，都截然不同。在共生课堂中，教师与学生是在平等环境中相互完善、相互成长、相互帮助的关系，两者之间是平等对话，在精神、情感以及思维等层面上也能够产生对话交流。①

2. 教育生态学视野下的共生课堂

在教育生态学的视野中，共生课堂就是一个生态系统，一种新的课堂教学主张。这个生态系统主要由教师、学生、课程、环境与技术共同组成。② 课堂生态中存在的每个环节与人物都是课堂中的因子，而各个因子之间既相互联系、相互促进，又能各自实现个性化的发展。③ 当这些生态因子相互之间开展对话和合作时，课堂教学就达到了一种平衡，此时平衡状态的出现又会促进每一个生态因子自身的优化和发展。但偶尔也会存在某一因子出现问题，继而影响整个生态圈的平衡，从而阻碍所有要素的发展。共生课堂利用共生理论是为了更好地开展学习活动，不断促进课堂中的每一个生态因子的发展，从而促进学生的发展。

由教师、学生、课程、环境与技术等共同组成的生态系统，其系统中各个因子之间既相互联系、相互促进，又能各自实现个性化的发展：通过便利流畅的能量流动共同推动课堂学习（其中学生、教师、课程最为关键），从而实现课堂教学"人尽其才，物尽其用，美美与共，和而不同"的共生境界。从教育生态学的视角出发，可以看到课堂教学也是个"课堂生态系统"，包含了各类个体、群体（教师、学生）与多维生态因子（影响课堂教学的因素）的动态组合和互动，能量（教与学的情绪和兴趣等）和物质（知识和技能等）的传递与循环，等等。也正是在这个意义上，课堂教学可以说跟一些生态学基本原理丝丝相扣，遵循生态学规律，可以很好地指导我们的课堂教学。

因此，我们认为，共生课堂本质就是从生态学的视角切入，立足于教育生态学，通过改善教师、学生、课程、环境和教学技术等这些教学生态因子之间的关系，构建相互依存、和谐共生的课堂育人文化，最终实现教师与学生的自我发展和共同生长的课堂教学。它秉持"让学习深度进行，让师生真正成长"

---

① 郝雨婷. 浅析共生课堂的特色与教学艺术［J］. 新课程研究（中旬刊），2021（2）.
② 张波. 共生式课堂教学的演变：从病态异化到常态优化［J］. 当代教育科学，2017（07）：36-40.
③ 李运奎. 共生理念引领下的共生性课堂建构［J］. 江苏教育研究，2011（7）.

的教学理念，其中"让学习深度进行"是"共生课堂"的实践追求，"让师生真正成长"是"共生课堂"的价值取向。基于"共生课堂"的核心理念，我们提出"共生课堂"应当具备的七个特征：即有学科核心素养表达的可视化（可测）的教学目标；有学科内或学科间的内容统整；有激发学生主动学习的情景创设；有高质量问题引发学生思考和追问；有师生共同参与的合作学习；有信息技术与课程、教学的融合；有及时的教学反馈和科学的发展建议。"共生课堂"将"共生理念"作为课堂的终极追求，是唤醒师生生命自觉的课堂，是人与环境、师与生交互反馈、共同成长的课堂；是师生思维共振、情感共鸣的课堂；是自主共生、深度学习的课堂；是真正回归育人本位，促进师生生命质量提升的课堂。

二、共生课堂的内涵分析

"共生课堂"不是一种僵化的模式，而是一种教学理念与愿景，是教研员和教师共同追求的一种理想的课堂样态。"共生课堂"的提出，旨在促进学生的学习从机械的、浅表的、虚假的学习走向有意义的、深度的、真实的学习，让师生关系从平行、割裂的关系走向和合、共生的关系，让课堂教学回归"以学习者为中心"的育人本位。

（一）作为教学理念的共生课堂

将共生课堂看作一种教学理念，是基于我国教育事业发展产生的一项全新的教育理念，它与中华传统文化之间有着千丝万缕的关联，可以理解为世间万物的同根同源。所以将其解读为共生教学理念的本质内涵，具体就表现为人与人以及人与自然之间的和谐相处关系。[①] 运用在教育中则可引申为旨在强调师生之间一种和谐共处、教学相长、相互促进、互相学习的融洽关系。在共生教学理念的引导下能够创造的一种和谐的教学氛围，从而促使师生关系更为融洽，也更能促进教育工作的有序推进。

共生教学理念会引发教师对自身角色的重新思考，在功能上也会产生一定转变，如从传统的教师主导、学生主体向一种亦师亦友的平等关系进行转换。此时，师生之间能够一同学习、共同进步，学习在本质上是由学生主动发生，具有不可替代性，教学的作用仅在于进行课堂的组织、引导、促进该行为的持

---

① 徐轶. 共生教学理念指导下的高中数学单元设计策略研究［J］. 考试周刊，2021（68）：82－84.

续有序发生。而在课堂教学中或多或少存在瓶颈问题和不符合教学规律的现象，此时采取"共生"的教学理念，能够深度挖掘学生的群体资源，并在整个过程中充分调动学生、教师、课程等核心元素，采取科学的教学方式、策略、模式，高效、高质地完成教学任务，达成教学目标。

（二）作为教学原则的共生课堂

将共生课堂看作一种教学原则，首先是为了便于一线教师进行理解、操作，其次是能够依据课堂因子中的"师生共生""生生共生""课堂内外共生""知识技能共生"等四组共生关系，探究共生理论在课堂教学中应遵循的基本原则，并运用相关原则来化解教学过程中各种主体与内容中可能存在的矛盾与冲突。

1. 师生共生原则

在真实的课堂情景中，教学是教师的教和学生的学相互统一的双边活动。师生共生原则是追求师生关系上的一种平衡的价值取向，依据"相互更换、相互界定"的方式，承认在课堂教学过程中师生的角色是依据实际情况而异向改变的。此时的师生之间是相互促进、相互协作、一同进步的共同体，摆脱了既定角色的固着束缚，不再是主次、中心的关系。教学所能够达成的成果取决于师生双方的相互合作与交互反馈的程度。

2. 生生共生原则

生生共生原则是在具体的教育活动中学生之间形成的一种新型的以平等、合作为表征的人际关系，体现了来自生态学、共生哲学的共生、共存、共享的本质内容。回归到课堂当中，学生学习知识与技能的方式不再是简单的接纳和模仿教师传授的内容，而是通过学生之间的自主探究、小组合作、讨论交流等方式发现问题、探究问题和解决问题，教师则采取非指导性教学，适时加以点拨和引导。以此为原则的共生课堂则需留给学生们适当的时间和空间，使他们有机会进行小组合作、相互讨论，使学生之间相互效仿和彼此，从而达到共同发展的效果。

3. 课堂内外共生原则

我国古代著述最早、最完备的教育理论专著《学记》当中就已提出"藏息相辅"的教学原则。这里提及的"藏"指"正业"及正课，"居学"是"息"即课外作业和课外活动，"相辅"是课内学习要和课外活动有机结合起来，促使学生在学习功课之余得到有效的休息和放松，劳逸结合，更好地提高学习效率。[1] 体现在共生课堂中就是课堂内外共生原则，即改变封闭的教学时空，在学生完成规定时间内的正课学习后，在课下进行及时的练习，课后作业和课外活动都是课内教学的有效延伸，将学与用结合，理论学习和社会实践紧密联系，让学生走出课堂，利用好课外的时间和活动，巩固和完善在课内学到的知识与技能，实现课堂内外有机的交融与共生。

（三）以学习为中心的共生课堂

在教育生态学的视野中，课堂被视为一个生态系统，它应当由这些生态因子共同构成——主要包括学生、教师、课程、环境、技术等。这些生态因子相互之间发生着各种各样的生态关系，这些生态关系就是课堂的主体和中心。[2]

当这些生态因子之间相互对话、融合、和谐、共生发展，课堂生态就达到了一种平衡，这种平衡会促进每一个生态因子的优化和发展。反之，如果其中一个生态因子出现问题，就会打破整个生态圈的平衡，所有生态因子的发展都会受到阻碍。这种生态课堂的教学理念颠覆了课堂人类中心主义的思潮，摆脱了学生或教师为主体中心的单个主体模式，大大超越了传统课堂教学理论中对于质量、效率等的单一、固化追求，将课堂引入调动一切有利因素、合理运用学习资源、恰当协调相互关系、有效促进均衡发展的新境界。因而，它取代前述的诸多教育思想而成为主流确是一种发展趋势的必然选择。

共生课堂中整个课堂的核心应该指向学习，课堂实施的目的是更好地开展学习活动。具体到每一节课上，学习就是一个个的教学事件，放大到一个较长的时间段，就是通过不断学习而促进课堂中的每一个生态因子的发展。值得注意的是每一个生态因子的发展，不仅仅指向学生的发展，也不局限于人的发展。鉴于上述，我们可以将共生课堂理解为一个指向学习的方锥体的模型，如图1-1所示。

① 肖瑶. "藏息相辅"原则对现代语文教育的启示 [J]. 北方文学，2012（05）：163.
② 李运奎. 共生理念引领下的共生性课堂建构 [J]. 江苏教育研究，2011（7）.

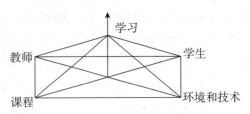

图 1-1　指向学习的共生课堂的方锥体模型

如图 1-1 所示，四个课堂生态因子彼此之间相互作用，形成了六种关系：教师与学生的关系；教师与课程的关系；教师与环境和技术的关系；学生与课程的关系；学生与环境和技术的关系；课程与环境和技术的关系。[①] 当这六种关系相互协调、流动畅通的时候，才有可能使课堂的核心——学习得到发展。当这些生态因子之间相互对话、融合、和谐、共生发展，课堂生态就得到一种平衡。这种平衡会使每一个生态因子得到优化和发展。

总而言之，共生课堂理念认为课堂是一个以学习为核心的生态系统，生态系统各因子之间的共生程度决定了学习可以达到的发展高度。这里的学习不仅仅是指学生的学习，同样包括教师、课程、环境与技术，这些因子在学习过程中都应该得到优化和发展。

第三节　共生课堂的基本特征与价值意义

一、共生课堂的基本特征

（一）我国传统课堂模式的优缺点分析

几十年来，我国的课堂教学受苏联凯洛夫的班级授课制理论影响，形成了课堂上的三个中心：课堂中心、教材中心、教师中心。在课堂上，多年来常见的场面是排列整齐、井然有序的课桌椅，学生面朝黑板，聆听讲台上教师的讲授，然后教师进行教学活动、学生应答、教师评判。

1. 优点

无可厚非，在新中国成立初期，该教学模式完全符合中国整体教育资源缺

---

①　周振宇. 共生科学课堂内涵、特征与实践［J］. 中小学教师培训，2017（6）：33-36.

失、文盲多、社会人才缺额大、急需扫盲和培养大批建设人才的状况，在当时具有显而易见的优点：

（1）可以组织实现大规模教学，一名教师能同时教众多学生，扩大了单位时间的教学，一定程度提高了教学效率，而且使绝大多数学生共同前进。

（2）主要以"课"为教学活动单元，保证了学习活动的循序渐进，从而使学生能够牢固获得较为系统而又完整的学科知识。

（3）由教师设计、组织并实施上"课"，以教师的单方面讲授为主，间或采取其他方法，保证教师在整个教学过程中始终处于主导地位。

（4）固定的班级人数和统一的时间单位，有利于学校合理安排各科教学的内容和进度，节省人力物力成本，并有可控的教学管理，开展高效的教学活动。

（5）在以班为单位的集体学习中，学生因为拥有共同目的和相似的活动集结在一起，学生之间可以互相观察、启发、切磋、砥砺，学生可与教师及同学或是校园内其他人员进行多向交流，互相影响，从而增加信息来源或教育影响源。

（6）它能在国家规定的时空内，比较全面地完成教学任务，有利于学生多方面的发展。它不仅能使学生获得系统的知识、技能和技巧，同时也能保证对学生进行思想政治影响，启发学生创造思维、想象能力及学习热情等。

2. 缺点

随着现实需要的不断发展和教育理念的革新，这种教学方式的弊端也逐渐显露且愈发突出：

（1）教学活动基本由教师主导，以教师为中心，过分强调教师权威，使学生学习的主动性和独立性受到一定程度的限制。

（2）学习过程主要采取传授法，学生较为被动地接受现成的间接经验、知识成果，难以探根溯源，缺乏对知识技能的探索，使学生的创造性不易发挥。

（3）学生实操动手机会较少，教学的实践性不强，局限于课堂、校园内的教学方式，不利于培养学生的实际操作能力。

（4）教学时间、内容和过程固定化、形式化，较难接纳和适应更多的教学内容、模式和方法。

（5）它以"课"为活动单元，而"课"的时空规定较为严格，缺乏灵活性，所以，往往教师不得不将某些完整的教学内容和教学活动进行分割来适应课时、课程的要求。

（6）它强调的是整齐，规模化，难以照顾学生的个别差异，几乎不能真正做到因材施教。

（7）缺乏真正的合作性。教师同时向全班学生施教，而每个学生接受程度不同、接受知识花费的时长不一，掌握知识的方式各异，因而学生主要为了独立完成自己的学习任务，与同伴之间的分工协作少，无必然的依存关系。

由于国家经济基础和底层建筑的所需和要求，我们的课堂进度过快，知识体系庞大，短期来看对于接受能力强的两成左右的学生是有利的，但是，从中长期来说，可能会伤害和影响其他学生的长远发展。基于共生理念的共生课堂可以成为建构一种新型的教学方式的积极探索，以此真正将学生看作自主的，有足够认知能力和思维能力的人，尊重他们的情感体验、道德准则和人生追求。

（二）共生课堂的基本特质

当今世界科技进步日新月异，网络新媒体迅速普及，人们生活、学习、工作方式不断改变，儿童青少年成长环境深刻变化，人才培养面临新挑战。[①] 共生课堂的出现显然不是对以往诸多课堂教学理念的全盘否定，而是一种丰富、优化和提升。它依旧重视学生发展，只是把教师的位置摆到了学生学习中一个应有的高度，开始重视两者之间的均衡和协调；它同样认可并积极践行生命和智慧在课堂上的绽放与激扬，但也着重注意防止了人类中心主义的泛滥，防止在课堂中将追求人的发展置于无上地位的情况出现，拒绝滥用、浪费资源，在课堂学习中不仅做到"人尽其才"，还达到了"物尽其用"，为整个系统的可持续发展提供了更大的可能。不同的人格会表现出不同的气质，同理，共生课堂也因其独特的内在机理展现与众不同的外显特征。

1. 关系和谐

共生课堂着重强调生态因子之间的关系，只有参与者之间的关系是和谐的，课堂中才能够产生共生状态；反之，若是共生课堂成为现实，必然会展现参与者之间相互依存、相互促进的和谐情形。所以说，课堂生态因子之间建立和谐融合的相互关系是共生课堂的必要条件，也是必然特征。

首先是教师与学生的关系。在共生课堂中，教师与学生之间应当是一种彼此适应、相互依存、彼此尊重、相互欣赏的关系。彼此适应体现在教师需要认真探寻和研究学生的学习特点、风格、认知规律以及情感状况，根据学生的基本情况，确定教学的内容、速度和风格，做到适时调整自己的教学策略。同

---

① 中华人民共和国教育部. 义务教育课程方案和课程标准（2022 版）［M］. 北京：北京师范大学出版社，2022.

时，学生也应适应不同教师的不同教学风格，快速融入不同的学习环境，尽快达成师生思想的连接和交融。相互依存指教师应当为学生授业解惑，进而提高学习的深度和广度，教师要根据学生的学习普遍情况适当的更改教学预设，提升课堂的完整性。彼此尊重和相互欣赏在课堂上的体现不仅仅是精神上的追寻，更是师生双方的思维、情感和心灵的碰撞。

其次是师生与课程的关系。师生与课程之间是一种相互依存、相互促进的关系。教师的教学因为具备课程才有的学科特性，教师在开展教学的过程中要随机应变，需要及时发现教材及其他教学资源中的问题，并进行适当改写和编制。既要充分利用教学资源，又要做到不完全依赖和乱用、滥用，避免造成教学事故。同时，学生对于课程的喜爱程度和接受力度都是课程优劣评判的主要体现，这给课程进行调整、教材的甄选和其他教学资源的扩充与修正都提供了客观的依据。学生的发展可以促进课程向深度、广度发展，课程资源的合理、科学化配置又可以促进学生的发展。

再次是师生与环境、技术之间的关系。教师对环境的合理布置和整改可以促进课堂学习质量的提高，从简单的课桌的排列方式由"秧田式"改为"马蹄形"或"圆桌形"就可以充分促进学生之间的交流和互动；利用好光线的强弱变化可以用来设置不同的教学情境；教室的文化设计包括校园内的环境改善都是改善学习氛围的好方法。随着科技的飞速发展，教育技术也得到了飞跃，各种多媒体辅助教学设备，线上学习软件，在线上课交流平台已经层出不穷。当然，环境和技术对于学生学习的支持并不是越昂贵、越先进越好，而是需要根据实际情况，越适合学生的学习、越贴合学生生活的越好。所以需要注意配置现代教学设备的实用性，切勿造成物质上的浪费，阻碍教育的可持续发展，降低授课的效率和扩大师生交流屏障。

最后是课程与环境、技术的关系。课程的实施是肯定需要环境和技术进行支撑的，越是特殊的教学内容、教学环节对环境和技术越是有更高的要求，需要声、光、电手段共同起作用，比如教材的使用往往搭配着对应的光盘，储存了丰富的教学资源，当下电子教材、网络视频等学习资源包都体现课程与技术的共同作用。课程资源的不断丰富也带动了环境和技术的发展，并反作用于课程，使得课程资源不断走向新的高度和深度。①

2. 动态平衡

课堂教学是教师和学生在情景中的交流与对话，它是动态的、多层次的、

---

① 李运奎. 共生教育理念下的课堂教学研究 [D]. 桂林：广西师范大学，2011.

多角度的非线性过程，所以无论是高师或是名师都无法完美预设课堂所有的内容和环节。① 课堂的生态系统达到动态平衡需要在整个课堂当中，各个要素都处于合理的发展状态，在功能上保持协调一致性。② 共生课堂是"共同""生长"的课堂，在师生的共同参与下，能够不断发现问题，改进调整，持续完善。

首先是在人际关系中呈现动态平衡，在整个共生课堂中，"人"是最重要也是决定性要素，即学生之间的、师生之间的人际互动。学生与学生的关系是一种带有目的性的竞争合作关系，一面是由于目的性是人际交往的重要特性，学生之间的交往也不例外；另一面，竞争和合作本身是矛盾的，但又统一于事物本身。教师与学生是一种协商性共赢的合作关系，一方面，师生关系的协商性决定了其关系的不可强制性和平等性；另一方面，教师的主要任务就是指导学生开展学习，师生就是在合作中实现共生、在共生中实现共同成长。在此，学生之间和师生之间的人际关系都恰如其分地体现了共生课堂和谐共生的基本理念。

其次是课堂学习的动态平衡，其中包括学习目标、学习内容、学习环境和学习反馈的整体性平衡。这里从教学目标转向学习目标，说明共生课堂的立足点已然从教师转向了学生，学习目标就是实现学生自己的事情，但这并不是由此否定教师的主体地位，学习目标是二者间合作的共同需求。共生课堂基于社会的发展和教育信息化的现实情形，以及学生的个性化和社会化的现实需要，呈现多样化、多元化和个性化的学习内容。学习环境大抵分为物理环境、文化环境和心理环境，基于共生课堂的学习环境动态平衡主要体现在以人际的和谐、精神的和谐与心理的和谐为内涵的三类环境的和谐统一。学习反馈的动态平衡主要表现在学生及时给予反馈，教师能够善用反馈，迅速做出有效回应，学生也应充分利用教师的回应信息实现协商合作，从而实现发生学习—反馈—发生学习—反馈。

最后是认知与情感的动态平衡。心理学家皮亚杰认为："认知与情感是平等发展的，情感和认知过程的发展是互相促进，和谐共进的。"③ 认知是对接收的信息进行感知、识记、保持、应用，而对于信息进行选择，对有价值的信

---

① 蔡小雄，陈发志. 基于动态平衡的课堂"五环节"设计 [J]. 中学数学，2015 (1)：47—51.

② 尹达，田建荣. 课堂生态系统动态平衡机制研究 [J]. 教育理论与实践，2014 (20) 10—12.

③ （美）瓦兹沃思（Wadsworth, B. J.）著；徐梦秋，沈明明译. 皮亚杰的认知和情感发展理论 [M]. 厦门：厦门大学出版社，1989.

息进行筛选和分类、加以吸收并进行知识的积累，是情感因素所做的主导作用。[1] 共生课堂重视学生的认知与情感的统一，促进学生获得认知与情感的和谐发展。叶澜教授指出："我们的课堂教学存在一个突出的问题，就是缺乏对学生生命价值的尊重。"共生课堂已经着眼于学生本位，开始改变"一言堂"和"满堂灌"的教学模式。时时刻刻关注学生，从根本上对人的生命存在给予整体的关怀，关注学生的学习情感、学习品格、学习智慧和个性发展，引导其积极参与学习的有效探索，从而进行有效的学习。[2]

3. 个性发展

所谓"个性"，通常是指一个人特定的品质、情操、态度、心理情况、兴趣和理想，是在一定的社会条件和教育影响下形成的一个人不同于他人的比较固定的本质属性。[3] 这里提及的"个性"发展除了特指课堂中师生等社会属性的人的发展外，也指向课堂生态系统中的其他因子。共生课堂的最大特点是每个身处其中的参与者都应当谋求个性化的发展。所以，关注共生性的发展是共生课堂的基本原则，个性化的发展则是共生课堂的终极追求。

首先是师生的个性化的发展。因为课堂生态系统中的各个因子之间相互作用、相互促进，所以，不仅仅是学生，教师也应该获得积极而有效的发展。学生可以在课堂中进行学习掌握知识、培养技能、养成正确的情感态度和价值观，并且因为共生内在的异质共存、尊重多元的理念，使得每个个体也可以张扬自己的个性，形成自己的独特思想。每个教师可以在课堂上采用具有自己风格的教学方法、表达自己的思想，一方面提高了教学水平，另一方面实现在教育中的理想追求，最终实现教师教育思想、教学风格、技能专长、人格魅力等的发展。

其次是课程的"个性化"发展。课程的个性化发展趋势并非意味着只是去尽力适应学生在发展水平上存在的个体差异，相反，其关注的是学生所处的社会文化对学生的影响作用，强调课程对儿童与成人共同构建文化的作用。[4] 课程个性化的关键在于教师把握课程和设计课程的能力，并在其与学生的共同参

---

① 周萍娟. 社会课堂中认知过程与情感教育的和谐统一 [J]. 丽水学院学报，2007（01）：103－
105.

② 杨晓冬，李丹. 构建生态平衡的课堂 [J]. 湖北教育，2009（9）：4－6.

③ 任思刚主编. 成为最受欢迎的中学教师丛书 教师的自我发展 [M]. 呼和浩特：内蒙古大学出版社，2009.

④ 北京华职引领教育科技有限公司. 高职学前教育系列 幼儿园课程 [M]. 南京：东南大学出版社，2016.

与中进行实证研究，不断发现问题，不断改进，不断完善，不断提升。

最后是环境和技术。学生的课堂学习很大程度上依赖于环境，比如教室座位的排列过于密集可能导致学生间无序、无效交往的增加，过于稀疏又可能导致好的课堂气氛难以形成，科学技术的发展能够给课堂中学生的学习带来诸多方便与效率的大幅提升。共生的课堂就是环境和技术适度参与的课堂，师生展示出良好的课堂表现。

综上，共生课堂的所有参与者都在参与课堂的过程中获得了提升。人与环境彼此包容和相互渗透，它们之间的关系从来都是不固定的，它是动态的、过程中的，它在参与者彼此的协商与互动中转化和改变。① 通过人的主观能动性对课堂各参与者进行改造和提升，这些参与者本身的提升又反作用于课堂，反哺于课堂的学习活动，形成美美与共、和而不同的良好状态。

二、共生课堂的理论价值与实践意义

共生课堂通过改善教师、学生、课程和技术等这些利益相关体的关系，使各个主体相互优化，实现每个主体的自我发展和共同生长。共生课堂是对传统课堂教学的超越，为优化课堂教学提供了新的方向，拓宽了课堂教学研究领域的视野，也丰富了教学理论研究的内容。

（一）共生课堂的理论价值

1. 更新教学理念

（1）树立了关注学生的教学价值观。

教育具有未来性、生命性和社会性。传统课堂的价值观将自然、人和社会简单割裂，将课堂看作一个孤立、封闭的实体，没有将课堂作为课堂利益者生命中重要组成部分看待。共生课堂以动态生成的视角对待学生，将学生视为有活力、有兴趣、有潜力的生命个体，重视学生的生命存在感，丰富学生的生活体验，激发学生的自主意识和创造能力。共生课堂将促进学生主动成长、健康发展作为课堂教学的核心价值。

（2）树立了将学生作为主人的主体观。

学生是活生生的生命个体，拥有自主性、差异性和创造性。随着现代社会的发展和终身学习社会的建立，信息技术能够帮助学生轻松地接触到新鲜的事

---

① 安桂清. 整体思维视域中的教学愿景［J］. 全球教育展望，2005（7）.

物和学习到更广博的知识，现代学生往往观念新颖、信息灵通、个性飞扬，这为今天的教育教学带来了新的机遇和问题。因此，学生应成为学习的主体、认识的主体、发展的主体，教师应转变为促进学生学习的指导者、协助者和合作者。

（3）树立了民主平等、教学相长的师生观

师生关系是教师和学生在学校进行教育教学活动时结成的双边关系。传统的师生关系并不对等，教师是师生关系中拥有权威的一方，学生对教师通常是绝对地服从。现代师生关系则摒弃了这一观念、认为民主平等是良好师生关系的基础，只有在这个基础上才能实现师生间互尊互爱，教学相长。建立民主平等、教学相长的师生观是构建共生课堂的基本要求，也是使课堂充满生命活力的关键。

2. 转变师生角色

共生课堂对教师提出了新的要求，更加注重教师的参与和教师的执教热情，强调教师对教学活动的整体设计和对课堂的整体把握，必须保证"生命在场"的效果，课堂教学的核心价值也应该是促进学生有生命的深度学习。随着信息技术与教育深度融合，教师需要在课堂上呈现的内容愈加丰富，教师就拥有了一个新的角色，那就是资源的创造者，这不仅要求教师具有相应学科的专业知识，还要求教师具备较强的信息处理能力。教师可以利用信息技术帮助学生及时解决问题，通过网络平台随时了解学生的学习状态和学习进度，与学生保持相同的学习频率。在共生课堂中，教师也是学生的指导者、协助者和教学活动的执行者，教师指导学生开展小组讨论、参与项目式学习等，随时关注学习目标的达成情况，在合适的时机给予学生鼓励和引导。共生课堂的特征使教师的角色发生转变，作为共同体的学生，其角色也自然会产生变化。学生不仅是课堂教学的主动参与者，更是主动研究者。在共生课堂中，教师和学生之间的关系是互尊互爱、相互帮助、共同成长的。因此，学生可以将本节课的疑难问题提出来，与教师进行线下或线上的探讨。由于学生之间也是共同体，学生可以在上课的时候带着未解决的问题与小组成员讨论，进行协作解决，相互交流想法，实现思维的碰撞。可以说，共生课堂中的学生是积极主动的，是课堂的主角。

3. 丰富教学理论

"科学知识的生产，乃至所有知识的生产，都不完全是一种客观和理性的过程，其中包含了大量个体缄默知识的参与。没有这种个体缄默知识的参与，就不会有任何科学和科学问题的确定，就没有任何科学证据的产生和辩护作用的发挥，也就做不出任何科学的发现。"① 共生课堂的学理基础和内涵，并非将哲学、心理学、教育学的经典理论的简单应用，而是经过了选择、判断、改造后的重构，拓宽了当代课堂教学理论的研究视野，对课堂教学模式的进行深入与细化，进一步丰富了我国教师专业发展理论和课堂教学理论研究的内容，尤其是渗入了生态学的概念，结合了信息化技术、多媒体应用等教学模式的研究。

（二）共生课堂的实践意义

1. 提供教学改革的实践路径

课堂教学不仅是学校育人的主阵地，也是师生共同参与的教学活动。高质量的课堂教学有利于提升教育质量，有利于提高人才培养质量。共生课堂的提出不仅需要科学严谨的理论作为支撑，还需要形成切实有效的教学实践路径，能够在教学中不断检验其合理性，否则就会变成空中楼阁。共生课堂使学生在学习过程中充满趣味性、积极性，最大限度地实现了课堂教学的有效性，改变了传统课堂教学反馈的延迟性、机械性。

2. 达成较大范围的区域辐射

"共生课堂"在研究过程中不断扩大区内影响，其研究过程和研究成果达到了辐射全区的作用。各学科教学工作坊在常态研修活动中邀请区内其他学校教师参与进来，共同研讨、共同实践。除此之外，在学科教学工作坊展示评比活动中，区内集团校多所学校积极参与到展示评比活动中来，观课、议课、评课，团队研讨发表观点，真正融入"共生课堂"的研究当中。

"共生课堂"建设成果还在重庆市巫溪县整域推广，在贵州赤水、安徽淮北、深圳龙岗等多个省市推广应用，培训区外教师 10 万余人次。建设经验先后在全国教育科研工作会议、中泰国际论坛、重庆市基础教育教研工作会、成渝双城经济圈"双减"背景下基础教育高质量发展研讨会等会议上作经验交流。

3. 实现教学资源的广泛应用

共生是建立在对生命关怀和对具有差异者全面接纳的基础上，通过平等对话和理性竞争，达成相互促进、共同发展的理想生存状态。在共生理念引领下

---

① 石中英. 知识转型与教育改革［M］. 北京：教育科学出版社，2001.

的课堂教学尊重师生生命活动的自主性和多样性，强调理解、对话与合作，达成全面的和谐共生的理想。共生课堂研究取得了阶段性的成果，基于"共生课堂"理念撰写出的各学科专著、教辅资料等图书，所开发的量表工具等各类资源，被广泛应用于校本教研、区级教研以及教师培训活动中，促进了区域教学方式的变革和师生生命智慧的提升与发展。除此之外，各级名师工作室、国培、市培、区培均采用了"共生课堂"研究所形成的成果，在研修与培训中促进教师的专业成长。

第二章　共生课堂的理论基础及实践要点

共生课堂是根植于教学实践中并融入新的教育理念而形成的一种创新型的教学模式，有其独特性范式。共生课堂的构建与完善离不开哲学、心理学和教育学三大理论基础的指导。哲学理论能够有效指导实践，加强理论与实践的有效结合，提高和改善实践效果；心理学理论能够为认识共生课堂中主体的学习发生机制和学习共同体的打造提供参考；教育学理论直接指导共生课堂的教学模式设计及其实践操作。

第一节　共生课堂的哲学基础及实践要点

一、"知行合一"传统哲学思想

知行之辩是中国古代哲学史上的重要命题，历代哲学家、思想家都对此有过阐释并形成了自身的独特见解与理论。王阳明在批判继承前人提出的知行之辩的基础上，提出了"知行合一"思想，并阐明了"知"与"行"的相互依存关系，体现了其深刻的哲学思维方式。王阳明的"知行合一"思想，强化了学用结合的重要性，对现代的社会实践以及文化发展仍有极大的指导作用，也为变革教育理念、改进教学方式以及推进共生课堂实践探索提供了坚实的理论基础。

（一）"知行合一"传统哲学思想

1. "知行合一"思想的发展脉络

在中国古代哲学史里，"知"与"行"是一对重要的哲学范畴，关于"知"与"行"的讨论最早见于儒家经典《尚书》的《说命中》篇："非知之艰，行之惟艰"。① 其大意是要想知晓一件事情的道理其实并不难,但实际做起来就难了。这种以知易行难为核心观点的命题方式简要地将知行联系起来,此后,诸子百家、历代各派哲学家都对知行命题进行了不同的阐释与辩论,有关知行的思想理论得到了不断的发展与丰富。

先秦百家争鸣时期,儒家创始人孔子虽论及"生而知之",但更注重"学而知之"。他从学习与知识的关系出发,以知识积累更多依靠后天学习的观点为基础对知与行的关系进行了探索。在《论语》中关于孔子的知行观的阐述,如"贤贤易色,父母能竭其力,事君能致其身,与朋友交言而有信。虽曰未学,吾必谓之学矣。"② 其大致意思是,"一个人能够尊重贤者而不重女色;侍奉父母,能够竭尽全力;服侍君主,能奉献身心;同朋友交往,诚实守信。这样的人,即使他说没有学过什么,我也一定认为他已经学习了"。在孔子看来,学习的过程就是知与行的过程,或者说,"'行'就是'学','学'里面包含'行','学'好的标准就是'行'"。③ 孟子作为儒家学派的重要代表人物之一,其认识论的形成是建立在其性善论的基础上。在关于知行问题的辩论上,孟子认为是知先行后以及知行分离。孟子提出"不学而知",认为我们的良知、德行以及道德观念等是生来就有的,所以人们可以通过审视自身,由内省来认识自身。荀子有言:"不闻不若闻之,闻之不若见之,见之不若知之,知之不若行之,学而不行止也。"在知行关系上,荀子阐明了行重于知、行难于知的观点,在前人的基础上有所突破,遵循了从物质到精神的认识路线。墨家学派创始人墨子在《明鬼(下)》提出"天下之所以察知有与无之道者,必以众之耳目之实。"认为人的认识来源于自己的感官所能感觉到的实际。

进入两汉时期,百家争鸣的盛况不再,汉武帝推行罢黜百家,独尊儒术思想,儒学成了占据统治地位的思想,中国古代哲学也相对地走向了一个缺乏活力的时代。在这一时期,董仲舒作为儒学的主要代表人物,其思想主张统摄着当时的社会,其"天人合一""三纲五常"等思想至今耳熟能详。在关于知行问题的讨论上,董仲舒主张圣人是神而先知,他指出:"名者,圣人之所以真物也,名之为言真也。"④表明了他"先知后行"的知行观,但这个知是天意给的先知,人们再按照这个知去行。西汉末期的扬雄则认为:"多闻则守着以约,多见则守着以卓。"(《法言·吾子》),他强调了见闻之知以及后天肯学的重要

---

① 方克立. 中国哲学史上的知行观 [M]. 北京:人民出版社,1982.
② 朱熹. 四书章句集注 [M]. 北京:中华书局,2016.
③ 方克立. 中国哲学史上的知行观 [M]. 北京:人民出版社,1982.
④ 董仲舒. 春秋繁露 [M]. 北京:中华书局,2011.

性。东汉时期的著名思想家王充跳出了西汉唯心主义神学的桎梏，批判了董仲舒的"天人感应"神学论，其认识论闪烁着唯物主义认识路线的光辉。他认为"知物由学、不学不知"，强调了学习对于获取知识的重要性。此外，他还强调实证的重要性，"事莫明于有效，论莫定于有证"（《论衡·卷二十三·薄葬篇》），也就是说获得认识之后，要用行来验证得到的知正确与否。王充的思想充满了批判性和辩证性，对唯物主义做出了重要贡献。

宋元明清时期，对于知行关系问题的讨论逐渐走向成熟，各个学派也形成了较为系统的知行理论。宋代的程朱理学在知行关系上提出"知先行后"的观点。在知行观上程颢与程颐的立场基本一致，但也有细微差别。在获得认知的途径上，程颢主张心内求理，而程颐则更主张心外求理。程颢认为天理和人心是一致的，想要获得知识不必向外在的其他人或物索求，只需要内省、反思即可得到真知真理。程颐则在此基础上有所突破，提出可以借由探求外物之理来得到启发从而获得内心天理，即"格物致知"。在程颐看来"在天为命，在义为理，在人为性，主于身为心，其实一也"。他强调心中的理与万物的理是一样的，即万物同一理，人们可以通过穷格外物之理启发认识内心之理。此外，程颐还通过"不知不能行""能知必然能行""知而不行，只是未真知"这三方面来论证知先行后，在强调知为本的基础上将知行连接起来，认为只要有彻底的知，就必然会有行，这其中已初显知行合一的思想特点。[①]朱熹继承了程颐"先知后行"的基本观点，发展了其"格物致知"观点，并补充阐明了知行之间互为依赖、不可偏废的关系，建立了较为系统的客观唯心主义哲学体系。

陆九渊是南宋时期著名的哲学家、教育家，更是心学的创立者，与朱熹齐名，但两者思想主张截然不同，陆九渊是主观唯心主义的典型代表人物。陆九渊主张"心即理"说，认为认识是由心到物、由内到外的过程。陆九渊反对朱熹的"心""理"二分之说，主张"心"与"理"合二为一。他说："四端者，即此心也，天之所以与我者，即此心也。人皆有是心，心皆具是理，心即理。"[②] 王阳明继承了陆九渊的思想理论，成了心学的集大成者，其最著名的观点就是"知行合一"，这也是他哲学思想体系的核心。

2."知行合一"哲学思想的主要内容

王阳明部分地继承了陆九渊的心学并将心学理论体系不断完善，成了中国古代哲学理论的重要代表人物。其思想发生于"格竹子"事件，而后对朱熹的

---

① 张黎. 王阳明"知行合一"思想及其价值研究［D］. 南昌：南昌大学，2021（08）.
② 陈来. 有无之境——王阳明哲学的精神［M］. 北京：人民文学出版社，1991.

"格物致知"做出批判，他之后被贬贵州龙场，经"龙场悟道"后提出了"心即理""心外无物"等命题。王阳明对程朱理学中知行分离的观点做出批判，发展了朱熹关于知行相互作用的观点，进而得出"知行合一"思想。王阳明知行合一思想的核心内容主要包括了对"知""行"内涵的独特见解，以及对知行如何合一的知行功夫论的诠释。

（1）知与良知。

"知"的含义，一种是作为动词的指知道、知晓、了解的含义，另一种是在中国古代，"知"与"智"相通，有智慧、智能以及才智等含义。例如，孔子有关于"生而知之者"以及"学而知之者"的阐述，表明了孔子认为知识来源有天生而来以及后天习得两种方式的观点。对于此，孔子强调自己的学识来源于后天的努力学习，也即"我非生而知之者，好古，敏以求之者也"。不同于孔子的有关于知识来源的二重性的观点，孟子在孔子的基础上提出来"良知良能"说，认为："人之所不学而能者，其良能也；所不虑而知者，其良知也。孩提之童，无不知爱其亲者；及其长者，无不知敬其兄也。亲亲，仁也；敬长，义也。无他，达之天下也。"在孟子看来知识是天赋秉性，来源于心中的良知。在知行合一思想中，王阳明把"知"界定为良知，认为："心自然会知。见父自然知孝，见兄自然知弟，见孺子入井自知恻隐，此便是良知不假外求。"[①] 王阳明关于良知的界定显然继承了孟子的思想，但在具体的内涵上又实现了对孟子良知概念的突破。王阳明认为："良知，心之本体，即所谓性善也，未发之中也，寂然不动之体也。"[②] 王阳明的"心之本体"论旨在说明，良知是一个人内心的应有状态，这种良知是天性使然，是一种能完全摆脱私欲，无杂念的主体。

（2）"行"的内涵。

王阳明的知行合一思想是发源于对程朱理学中的知行分离观点的批判，他认为"知外无行"也即"知即行"，主张"行"要去"知"中找，"行"要以"知"为基础。王阳明提出："知犹水也，人心之无不知，犹水之无不就下也，决而行之，无不有就下者。决而行之者，致知之谓也。此吾所谓知行合一者也。"王阳明把"知"比作"水"，临近决口的水会自然向下流，这是水的属性，这就和"行"是"知"的属性是一样的道理。在王阳明看来，行是知的基本属性，知而无不善，行而无不善，就如同"水决而行之则无不向下"一样，

---

① 王阳明著，叶圣陶点校. 传习录［M］. 北京：北京时代华文书局，2014.
② 王阳明著，叶圣陶点校. 传习录［M］. 北京：北京时代华文书局，2014.

所以说"知而不行只是未知"。此外，王阳明还主张学、问、思、辨等主观意识活动皆为"行"。在他看来："夫学、问、辨、行，皆所以为学，未有学而不行者也。"这里的行的含义也包括了主体的思维意识上的意动以及心理活动的后期延续，也即"行"是"知"前期的认知活动基础上的延伸。在对知行合一思想的不断深入探索中，王阳明后期提出了他关于知行合一的经典论断，即"一念发动处，即便行了"，以此来补救当时社会上人们知而不行的落败局面以及倡导人们发挥内心良知的能动作用。

（3）"知"与"行"如何合一。

王阳明在对知与良知的论述中，指出良知即是人心的本心，具有天然地向善的特性，而这种向善的特性可以驱使行为主体在面对一件事情或看到一个对象时，会第一时间产生出符合该对象的动机与意识，而意识和动机在王阳明看来就是行。知与行，不谈先后、轻重，而是着重强调两者相辅相成，合二为一。知对行进行指导，行对知进行检验，知通过行的检验成为真知，真知必然能行，最终在呈现真知的行中达到至善。正如王阳明在回答顾东桥来信时所说："知之真切笃实处，即是行；行之明觉精察处，即是知。"对于知而不行者，王阳明回答说："此已被私欲隔断了，不是知行本体。未有知而不行者；知而不行，知是未知，圣贤教人知行正是要复那本体。"也就是说，良知本体在感知一个价值时如果没有被私欲干扰，那么它一定会将这个价值感知发展成为切实的行为，那么知行本体的"合一"便能呈现为行为工夫中的并进。此外，在知行合一中，王阳明指出："知是行的主意，行是知的功夫"。强调知是行的目的、结果，行是达到知的方式、途径。行不是盲目的行，是有意图、有目的地行；知也不是脱离实际的幻想、思索，知是为了能行。如此，"知行合一"即表现为"且知且行，且行且知，即知即行，即行即知"[①] 的一体性。

二、"知行合一"哲学思想与共生课堂实践要点

真正的学习不是在坐而观之的过程中自然而然地发生的，真正的教学也不是在单向输出的课堂中产生，课堂教学之于学生的意义，不是那些片段化的知识与技巧，而是那些能够内化为其所用的知识、能在实际行动中运用知识去解决问题的方法以及在学习过程中不断形成的社会认知与世界观。共生课堂围绕学生中心，以"让学习深度进行，让师生真正成长"为基本理念，强调学生的自主学习和学会学习，这些要点与知行合一中的求真知、践真行以及关注主体

---

① 陈来. 有无之境——王阳明哲学的精神 ［M］. 北京：北京大学出版社，2013.

能动性的核心观点不谋而合，也为共生课堂的建构与实施提供了重要理论基础。

（一）知行合一创生共生课堂的价值旨趣

王阳明知行合一思想的突出特点在于特别强调主体的自觉能动性以及道德自律的精神。知行合一思想以良知为基点，赋予良知以充分的自主性以及"不假外求"的内在自觉性，充分肯定了人的主观能动作用，促进个体价值的觉醒。蒙培元曾经指出，王阳明把实践的主体能动原则提高到空前的高度，"知行合一"变成了主体自身的自我实现也是实现"天人合一"的途径[①]。共生课堂则注重尊重学生的主体地位，倡导建立新型师生关系，通过创建和谐健康的师生合作氛围，给予学生开展自主学习的良好心理环境。在共生课堂中，学生能充分参与课堂，主动学习掌握知识、锻炼能力、形成正确的情感、态度、价值观，并且在和谐共生、尊重多元的课堂理念中，给学生的个体特点以有利的发展空间。同时，教师作为学生学习的重要引导者，可以在共生课堂中施展自己的独特教学方式，在与学生的交流互动中找到突破教学方式的切入点，在动态、发展以及互动共生的课堂上充分发挥自己的主体能动性，以提高教师自身教学水平，充盈教师的生命价值，使课堂成为教师完善自我、成就自我的大舞台。在知行合一思想的指引与渗透下，共生课堂建设者不再只是把课堂视为学生开展学习、获得知识的单一场所，而是学生在知行协同中充盈生命的重要孕育场，也进一步推动教师转变教育观念，不再只是将课堂当作其发挥专业特长，履行职责的工作场地，而是通过不断改进教育实践，实现个体生命全面发展的重要平台。总的来说，王阳明"知行合一"思想中展现出的主体性、能动性和平等性理念与共生课堂的价值追求有着一致的内在契合性，能够激活共生课堂发展的活力，极大地促进共生课堂相关主体主观能动性的发挥，对于创新教育教学方式也有着积极的启发意义。

（二）共生课堂的实施指向知行合一

王阳明知行合一思想提出是为了批判当时社会上的盛行的知而不行以及知行分离的现象。强调对于事物的认识不仅要在思想上达到"真知"，更要在真知的导向下做出符合真知的行为，充分发挥真知的能动性，并在知与行的相辅相成作用中走向知行合一。共生课堂的构成要素则强调要有学生自主学习的真

---

① 蒙培元. 理学范畴系统 [M]. 北京：人民出版社，1997.

实发生，而学习的真实发生需要学生亲身参与实践中，在真实的学习情境中形成丰富的学习经验，并在实践中检验认识，进而进一步提高认识。显然，知行合一中对于真知、真行以及知行结合的强调是共生课堂实施中促进学习真实发生的重要实施路径。此外，在教育上，知行合一思想呈现出注重心得、体验、理解和独立判断能力的思想特点。王阳明强调："学问也要点化，但不如自家解化者，自一了百当。不然，亦点化许多不得。""自家解化"也即学生的自主学习，也就是要着重培养学生的自学能力，让学生能够养成举一反三的自学习惯，提高学生的思维能力。在着重培养学生自学能力的同时，也注意到教师的主导作用，即"学问也要点化"。而这种"点化"的目的在于能让学生"自家解化"，也就是教师在教学活动中发挥主导作用的同时，也要注重推动学生去积极思考，让学生去体验，去反思。无论是在共生课堂中指向学科核心素养的教学目标还是在促进学生自主学习的情境创设中，促进学生自主学习、让学生学会学习都是共生课堂的重要目标指向。而王阳明知行合一思想中对于学生自主学习以及教师主导作用发挥之间的矛盾的消解提供了解决思路，也为共生课堂的实施取向提供了参考。

三、新唯物主义理论

新唯物主义是当前在各个学科领域关于物质的讨论的一种新转向，它的出现表明人们对自然生态、社会和文化生活的解读向着更加物质化的范式转变。随着越来越多的人加入新唯物主义的讨论中，新唯物主义的理论观点正在得到多种学科视角的诠释以及内容上的革新。关于"什么是新唯物主义"这一问题，有学者回答说："它也许最好被描述为一个松散的被排斥者的聚会。那些与之相关的人几乎毫无例外地使用不同的术语来描述他们自己的立场。"就当前关于新唯物主义的研究中，不同学科如代理现实主义、精神分析、后人类女权主义、投机现实主义、行为者网络理论、投机建构主义以及过程神学等都在使用不同的术语来描述他们自己的立场。随着《新唯物主义研究杂志》(*Journal of New Materialist Research*) 的创办，标志着"新唯物主义"的研究正在广泛走向跨学科的视角。新唯物主义研究领域的扩大，代表了不同学科的学者试图将注意力转回物质。部分生态学、量子物理学和后人类主义的思想家建议回到"关于物质的性质和体现在物质世界中的人类的位置的最基本问题"，这种对物质本身的重新思考促使人们考虑"物质成为"而不是"物质是"，这些"成为的编排"涉及"物体在关系场中的形成和出现，身体以对它们来说有肉体意义的方式构成它们的自然环境"(Coole & Frost, 2010)。新唯物主义思想挑战了长期存在的西方人文主义关于人是什么以及人与世界的关系的假设。它批判了人类与机器、人类与动物、自然与文化的二元对立，以支持将人类作为一个离散的、有界限的、稳定的实体的过度简化的概念。当前的研究认为，新唯物主义思想通常遵循以下四个基本原则。

首先，所有物质都有某种形式的能动性。古典的人类中心主义观点认为人类（和其他一些动物）具有行动能力，而大多数非人类是惰性和被动的，与此不同，新唯物主义思想主张所有物质都有行动能力。简·贝内特（Jane Bennett）的《活力物质》（2010）旨在"将物质本身所固有的活力理论化，并将物质从被动的、机械的或神赐的物质形象中分离出来"。总而言之，新唯物主义者正在重新发现一种物质性，这种物质性将物质化，表现出"自我转变"的内在模式，迫使我们以更复杂的术语来思考因果关系，认识到现象被卷入众多相互交织的系统和力量中。

第二，新唯物主义要求社会思想更仔细地参与物理和生命科学的发展。新唯物主义要求人们"挑战自己，使自己对自然科学有足够的了解"（Hird，2004）。新唯物主义者认为人们需要关注日常生活中的物质细节，以便将力量和运动视为与物质本身不可分割的，而不是物质的外部事物。还有部分其他新唯物主义思想家转向神经科学或情感心理学来思考身体或身体各部分之间关系的物质性，这些关系超过（或早于）有机体的意识，或发生在没有意识的实体之间。

第三，新唯物主义对内部和外部的界限模糊化给予了特权。Barad（2007）对物理学的解释取决于他所说的"纠缠"，即所有实体并不先于它们的关系，而是从它们中产生的方式。他建议我们将实体视为"内部活动"，而不是互动的，在他看来，所有实体都是从特定现象的关系中产生的。新唯物主义者主张对一个不断变化的、复杂的本体进行科学严谨的描述，其中的实体并不是作为稳定的、有界限的事物而存在的。

第四，新唯物主义可以被看作是一种挖掘所谓的语言或文化转向的愿望，以肯定在几十年来对文本和话语的迷信中丢失的各种物质性。对此，新唯物主义提醒人们更准确地关注超越表征主义话语的物质和机构（Breu，2014；Thrift，2008；Vannini，2015）。诚然，这并不是说人们可以不用表征的理论和批判，而是让我们注意到整个物质世界的出现、可能性、潜力和危险，这些都是这些表征的基础和可能。

四、新唯物主义与共生课堂实践要点

在人类的社会生活中，无论是一个社区、一所大学还是一个家庭，都带有着建构的色彩，身处其中的人们往往都可以看到它们是深深的社会建构，沉淀了各种文化意义，尽管这些文化意义有时是相互矛盾的。对此，新唯物主义主张将这些空间视为充满了事物的，在这里，事物具有代理权，或者像 Jane Bennett（2010）所说的"事物的力量"，我们被要求听到"事物的召唤"。当然，这种对物质力量的召唤并不是要我们去重新思考由文化意义创造的更大整体中的各个部分，而是希望我们考虑人类和非人类纠缠在一起的方式，也即物质之间的复杂关系。作为人类我们居住在一个无法回避的物质世界里，教育教学活动也是在实际的物质世界中开展，以此为出发点，在新唯物主义者看来，教育空间被认为是"超越了单纯的话语"（Helfenbein，2012），在效果和影响上是物质的，并且是由在那里度过的身体构成的，而教育空间中话语和物质之间的这种张力正是转向新唯物主义的动力。而课堂教学是一个复杂且多元的系统，教学过程更是包含了教师、学生、教学目的、教学内容、教学方法、教学环境以及教学媒体等多种要素，若能够更为全面地认识这些要素并激发这些要素的活力，充分挖掘它们的潜在功能，使得它们在课堂教学中有序发挥各自的功能作用，则会大大提高课堂教学的效率与质量。

在新唯物主义的指导认识下，我们会发现教学、学习和课程的空间场所被重新考虑为相互关联的，因为它们总是以物质和伦理的方式纠缠在一起。共生课堂以"共生"为主旨，其深刻内涵内在地包含了课堂教学中各要素之间的相互作用和相互促进，呈现出物质之间复杂的纠缠关系，就此而言，新唯物主义理论能为共生课堂中共生主体及其相互关系的理解提供参考，为共生课堂的持续发展、建构提供了坚实的哲学理论基础。

首先，新唯物主义对传统"物质"概念进行了超越，认为物质性是开放的、复杂的、多元的，物质关系也是流动的。由此，在共生课堂中，不仅要看到学生、教师、课程、环境与技术等基本构成要素之间互动关系，也要在关系的、涌现的意义上理解要素的物质性。由此，对于共生课堂各要素的认识将会由主客对立的关系思维转向为共同体的关系思维，使得在共生课堂教学中，师生都能解放思想，能够认识到周围物质世界对于主体意义建构的重要影响作用，真正地形成共生的观念，从而在课堂教学实践中实现师生共同成长。

其次，共生课堂主张借助智能技术来创设智能化的学习环境以让学生的学习深度进行，为此，我们需要能正确认识到人与人、人与智能技术的共生理念。而新唯物主义关于物质的观点能够为我们理解人工智能等新技术提供全新的视角，在新唯物主义思想的视野下，物质不仅是客观的实在，同时也是人的意识、观念的物化表现——物质决定意识，而意识又被物化成物质，我们所看到所创设的环境、人造机器，不仅是人所面对的客观实体，实则也是创设、制造者的代理主体。基于此，在新唯物主义哲学思想的指导下，师生可以更为深入地认识到智能技术与机器等物质的教育活力，实现人与技术和谐共生，让智能技术有机赋能教育教学，从而使得学习能在技术的辅助下更为深度的进行。

最后，以新唯物主义为思想指导的共生课堂，能够深化对教育活动的物质空间的认识，从而更加注重共生课堂中各要素内在物质性的发挥，促进共生课堂中情感要素的参与，以增强师生对于课堂共同体的归属感。由此，在共生课堂才能跳出"单一主体中心论"，实现由"中心论"到"共生观"的转变，真正做到"让学习深度进行，让师生真正成长"。

第二节　心理学基础上的共生课堂及实践要点

一、人本主义教育心理学

（一）人本主义教育心理学的理论渊源

人本主义教育心理学的形成根源于人本主义心理学相关理论在教育领域的实践与应用，主要代表人物是马斯洛和罗杰斯。早在十九世纪末，随着冯特创建了世界上第一所心理学实验室，心理学正式脱离了哲学而成为一门独立的实验科学。作为一门典型的实证科学，受当时社会崇尚实证理性的科学主义思潮的影响，心理学在成立之初，其研究主题主要集中于对人的心理活动进行控制与监测。之后，以华生为首的古典行为主义心理学家主张将自然科学的实验法引入心理学，通过在高度人工化的实验室中，以动物为被试者，并人为控制其他变量，以此来控制与监测动物的行为变化，并把相关实验结果机械地移植到人类社会生活的情境中。诚然，当时的实验确实取得了一定的研究成果，增进了人们对于人的身心发展规律以及人的生物性的各个方面的认识。但是，行为主义心理学过于强调环境对行为的机械决定性，忽视了人类所特有的不同于动物的复杂的心理活动，后期引起了许多反对的声音。人本主义心理学的出现揭示了行为主义心理学逐步狭隘化的现状，为心理学的发展开创了一条新路径。

到了 20 世纪中叶，随着人本主义思潮的不断发展，在心理学领域引起了一场影响深远的人本主义运动，人本主义心理学由此诞生。作为一种人本主义在心理学中产生的学术思潮，人本主义心理学对于人的看法是截然不同的，它强调要对人的存在进行哲学的和科学的理解，要最大限度地实现人的潜能和价值。人本主义心理学作为对传统心理学贬低人性的生物还原论和机械决定论的反叛，它弘扬历代人本主义"尊重人性"的精神，倡导对人的尊严与价值的研究，强调社会文化应促进人的潜能的发挥和普遍的自我实现，以解决现代人所面临的科学技术与人类生存的二律背反，成为代表心理学发展趋势的"第三势力"。① 作为现代人本主义心理学的重要代表人物马斯洛、罗杰斯以及罗洛·梅等人都对行为主义心理学做出了批判，明确强调了人的正面本质和价值，着重关注人的成长和发展，也即自我实现。之后，马斯洛和罗杰斯不断丰富其思想，分别提出了需要阶段论以及个人中心治疗理论等，并将其思想理论应用于教育领域的实践，形成了内容丰富的人本主义教育心理学。总而言之，人本主义教育心理学沿袭了传统人本主义的基本思想，摄取了人本主义心理学的观点，以培养身心全面发展的完整的人为教育核心目标，重视人的价值、思想与情感，对于指导当前以学生为中心的教学改革有着重要理论意义。

（二）人本主义教育心理学的主要观点

1. 马斯洛的人本主义教育心理学思想

马斯洛的人本主义教育心理学思想主要以自我实现理论与内在学习理论为核心。马斯洛对人类的基本需要进行了研究和分类，他将人的需要分为七个由低到高的层次，依次为生理需要、安全需要、归属和爱的需要、尊重需要、认识与理解的需要、美的需要以及自我实现需要。他认为人的需要是有层次的，只有低层次的需要得到满足，人才会产生高层次需要，并且认为处于高级需要层次的人更容易获得自我实现。自我实现可以大致描述为个体充分利用和开发自我的天资、能力和潜能等过程，且被定义为人的终身使命的达到与完成②。

促进人的全面发展，培养"全人"等一直是人本主义教育的理想，马斯洛则将"自我实现"作为教育目的，他认为，教育的目的在根本上就是人的'自我实现'，这代表着丰满人性的形成，是人种能够达到的或个人能够达到的最高度的发展。而这种自我实现的教育目标的达成，需要以个体的完全发展为前

---

① 宋广文. 人本主义的教育心理学 [J]. 教师博览，2012（01）：50—53.
② 车文博. 人本主义心理学 [M]. 杭州：浙江教育出版社，2003.

提，为此，马斯洛提出了内在学习的观点。马斯洛反对行为主义的灌输式、机械式的训练以及外在驱动的学习方式，提倡依靠学生内驱力、开发学生潜能、导向自我实现的内在学习。内在学习是一种主张自觉的、主动的、创造性的教育模式，它会打破一切束缚学生的清规戒律，促进学生依靠内部动力进行自主学习，充分发挥个体的想象力和创造力[①]。这种由内部驱动的学习才能激发学生学习动机，鼓励学生积极参与，发展学生的潜能从而更好地达成自我实现。

2. 罗杰斯的人本主义教育心理学思想

罗杰斯是人本主义心理学的核心代表人物之一，他在推进人本主义心理学上最主要的贡献在于他极大地推行人本主义心理学理论在实践中的应用，尤其是将他的"求助者中心疗法"观点迁移到学校教学当中，对当时的教育改革产生了深远的影响。罗杰斯在人本主义教育心理学方面的理论成果主要有教育目的论、意义学习理论以及非指导性教学等。罗杰斯认为教育目的就是要培养"完整的人"，当然这种完整的人是理想化的教育目的，在教育实践中则着重培养能够适应发展变化、学会学习的人。

人本主义教育心理学强调学习的过程而非结果，强调教学的目标在于让学生学会学习，因而在学习观上，罗杰斯反对填鸭式的教学，提倡学生在内心驱动下积极主动地学习需要的知识。为此，罗杰斯将学习方式划分为有意义学习和无意义学习两大类。他认为有意义学习不仅仅是获得知识的学习，而且是一种使得人的认知、情感、态度以及个性等方面获得发展的学习。罗杰斯的有意义学习主要包括四个要素：第一，学习具有个人参与性质，并且把认知和情绪都投入进去；第二，学习是个体自发的，靠内部动机和内部感觉进行；第三，使学生行为、态度和人格获得全面发展；第四，自我评价比他人评价更重要[②]。

在教学观方面，罗杰斯的教学观是建立在其学习观的基础之上的，提出了以学生自发学习为特征的非指导性教学理论。在非指导性教学中，教师的任务不再是教给学生知识，而是为学生提供各种各样的学习资源，和学生共同营造良好的学习氛围。同时，教师的角色将发生转变，以"学习的促进者"取而代之。为此，教师要以真诚的态度对待学生、为学生的学习创设安全且自由的心理环境，还要帮助学生理清自身的需求、帮助学生发现学习的个人意义。在这样以学生为中心的教学中，学生的主体地位和个性潜质得到极大的发展空间，

---

① 陈琦，刘儒德. 当代教育心理学 ［M］. 北京：北京师范大学出版社，2007.
② 陈琦，刘儒德. 当代教育心理学 ［M］. 北京：北京师范大学出版社，2007.

学生成了学习的关键，这样的教学是开放性的，学习的过程就是学习的目的所在。

二、人本主义教育心理学与共生课堂实践要点

（一）自我实现是共生课堂的内在价值追求

马斯洛将"自我实现"作为教育的终极目的，此处的"自我实现"包含了两层含义：一是完整人性的实现，也就是人在认知、情感、心理、审美以及能力等方面的完整发展；二是个人潜能的自我实现，也就是个体的差异化潜能的实现。可以说，自我实现是个体发展的完美状态，是一个人的本性和潜能都能得到充分的发展与表现。共生课堂则秉持着"让学习深度进行，让师生真正成长"的基本理念，在课堂教学上营造和谐平等的氛围，催生学生自主学习的意识，旨在让学习者在课堂教学活动的互动中学会如何学习。在共生课堂中，学习者的主体自主性得到尊重，同时被赋予追求个性化发展的自由，能促进个性潜能的发展，提升学习者的应变能力。更重要的是共生课堂构成要素的协调以及教学环节的设计等方面均指向于课堂主体的全面发展，在很大程度上促进了课堂主体的完善的人格变化，成为能够不断发展以及适应变化的"完整的人"，充分发挥主体能动的自我实现者。在共生课堂的建构者看来，共生课堂就是能够促进自我实现的课堂，也就是实现学习主体的个性、潜能和价值的平台，是真正能使人成为自己、实现自我的一种途径。因此，共生课堂的内在价值导向与"自我实现"理论在本质上是趋向一致的，在"自我实现"的理论指导下，共生课堂的构建与实际开展得以不断完善。

（二）有意义学习让共生课堂深度进行

有意义学习理论主张有认知和情感共同参与的学习才是有意义的，而仅仅停留在"颈部以上"的学习是机械无效的，学生需要全身心地投入学习活动中，以达成个体与学习内容的交互，内化为个体的认识，学习才能对学习者产生意义，也更利于学习效果的提升。共生课堂则以"让学习深度进行"为基本理念，具有明晰的学习愿景、智能的学习环境、深度的学习过程、新型的教学关系等整体特质。可以说，共生课堂为学生的学习创造了自由的氛围，获得心理安全感，因为个体只有在自主且自由的活动中才能解放个性、进行创造性思考、赋予情感以及获得经验，拓宽学习的心理空间，实现深度学习。此外，以有意义学习为思想导向的共生课堂则更会关注到学生的创造性的发挥，摆脱传

统的灌输、说教式的教学方式，鼓励学生通过自主、合作、质疑、探究等方式展开学习。共生课堂还主动寻求智能技术的协助，打造智能化学习环境，拓宽学习的物理空间，也助力学生的自主学习，鼓励学生在自由的感悟和新颖别致的想象中不断向解放自身创造性迈进，从而让有意义学习真正的发生，让共生课堂得以深度进行。

（三）移情性师生观为师生真正成长奠基

罗杰斯的人本主义教育心理学思想非常关注教育教学中各个主体的情感因素，其非指导性教学理论思想在本质上对情感要素的强调，并以个体受他人的情感约束的假设为起点。基于这样的认识，罗杰斯极力主张改革传统的教学模式，转变以往以教师为绝对领导者，学生为客体的师生观念，倡导建立平等、尊重、融洽的师生关系，教师要真实地表露情感，给学生传达出教师真诚的关心。在罗杰斯看来："同感理解是形成一种自发的、经验性学习氛围的另一个要素。当老师能够从内心深处理解学生的反应，能敏锐地意识到教育和学习方式在学生看来怎样，那么产生有意义学习的可能性也会增加。"[1] 这种移情性的师生观能够增进教师对学生的同感式理解，为课堂教学创造出平和、信任、互通的心理环境，让学生在相对自由的环境之中认识自我、解放自我，进而充分发掘自己的潜能，让学习更为深度地进行，从而让学生得到真正的成长。此外，这种凸显情感倾向的师生关系，能够在开展共生课堂实践时，重新审视教师自身成长过程中情感要素的重要作用，因为，情感发展贯穿于个体生命成长的各个阶段，教师情感对教师专业发展不仅具有工具性价值，更具有本体性价值。特别是在教师专业发展由外部驱动到内在主动的转变中，教师积极正向的情感素质是必不可少的，因为兴趣、热爱、迷恋等情感体验是由一定的对象（目的物）所唤起，是驱使人的行为的内在动力，只有通过主体内在的自豪、自信、胜任和自我满意等情感体验加以巩固，才能获得持续、稳定的内在动力[2]。由此，这种强调师生之间互相尊重、情感交互的和谐师生观才能够更为彻底地将师生关系由权威与服从式转向平等的交流，课堂教学也能从呆板的学习场所转变为一个充满生机的"新世界"，教师和学生互相成为彼此成长发展路上的重要他人，从而实现真正的共生式发展。

---

① 卡尔·罗杰斯. 罗杰斯著作精粹［M］. 北京：中国人民大学出版社，2006.

② 朱小蔓. 与世界著名教育学者对话（第一辑）［M］. 北京：教育科学出版社，2014.

三、具身认知学习理论

（一）具身认知学习理论的思想渊源

具身认知（Embodied Cognition）是 20 世纪 90 年代末在国外认知理论研究中出现的一种新思潮①，在批判"离身认知"的基础上出现。具身认知摈弃离身认知中将认知过程看作计算机的符号加工过程，将身体与认知过程相分离的观点，主张身体在认知过程中发挥着关键作用，身体体验及其活动方式影响着认知。

具身认知虽然是一种新的认知理论，但其思想渊源，在哲学意义上最早可追溯至古希腊时期。在这一时期，心理学与哲学并未分开，心理学依附于哲学。苏格拉底和柏拉图在解释心理问题时，都将身体和灵魂分开进行研究。苏格拉底（Socrates）主张"死就是灵魂和肉体的分离，处于死的状态就是肉体离开了灵魂而独自存在，灵魂离开了肉体而独自存在。"②柏拉图（Plato）继承了这一思想，并提出了学习的"回忆说"，认为学习不是从外部获得知识，而是对知识的回忆过程，忽视了身体在教育中的作用，导致身心成为对立的实体。笛卡尔（Descartes，R.）便在这种背景下提出了实体二元论。实体二元论即将"身"和"心"视为两个完全不同的实体，二者之间是相互独立的存在，不受彼此的影响。③

海德格尔（Martin Heidegger）用"存在"的观点对身心二元论提出了质疑。存在是个体与客观世界没有主客体之分，存在世界之中。人存在于世界中，通过身体来感知世界，与世界互动获得认知。在这个过程中，认知的形成借助于身体，身体处于这个世界中。④虽然海德格尔的观点并未对当时的心理学研究产生直接的影响，但为具身认知理论的进一步发展奠定了基础。梅洛庞蒂（Merleau-Ponty，M.）知觉现象学思想的涌现，也使得身心二元的理论发生了转向。梅洛庞蒂提出了"身体—主体"的概念，改变了人们头脑中根深蒂固的身心二元论的思想，不再将人的身体看作是脱离灵魂的独立存在，而是把

---

① 张永飞. 具身化的课程 基于具身认知的课程观建构研究［M］. 昆明：云南人民出版社，2017.

② ［古希腊］柏拉图，杨绛译. 斐多：柏拉图对话录［M］. 北京：中国国际广播出版社，2006.

③ 叶浩生. 身体与学习：具身认知及其对传统教育观的挑战［J］. 教育研究，2015（04）：104—114.

④ 王珏. 身体的位置：海德格尔空间思想演进的存在论解析［J］. 世界哲学，2018（06）：109—117.

人看作是积极创造的主体，主体性的体现正是通过人的身体与世界的互动实现的。[①]

就心理学发展史的角度而言，具身思想可追溯至杜威（Dewey，J.）和詹姆斯（William James）的机能主义。杜威提出，将经验和理性截然分开是错误的，一切理性思维都以身体经验为基础，并从适应环境的整体角度来看待心理活动。詹姆斯的情绪学说认为"情绪由观念引起，观念导致情绪体验，情绪体验导致身体动作"[②]，强调身体动作在情绪体验中的重要作用。这些理论观点都重视身体体验对认知过程的作用，促进了具身认知研究思潮的形成。1991年，瓦雷拉（Varela，F）、汤普森（E. Thompson）等人出版了《具身心智：认知科学和人类经验》一书，提出了"生成"的概念，认为生成认知主要包括三个方面：首先，人的心智不仅仅局限于头脑中，与整个生命集体和环境都息息相关；其次，认知是大脑、身体和环境相互作用的涌现；最后，个体的心智不是独立出现，而是嵌入人际情境中。[③] 镜像神经元的发现也佐证了认知对身体的依赖性。意大利科学家里佐拉蒂（G. Rizzolatti）等人在恒河猴大脑皮层F5区发现了一种新的视觉——运动神经元。"镜像神经元和镜像神经元的研究重新定位了身体运动系统在中枢神经系统的整个图式中的角色，对于超越身心分裂具有极为重要的作用"。[④]

（二）具身认知学习理论的观点

具身认知理论就是在对传统认知观的质疑中产生。它强调认知并不是抽象符号的运算，主张身心一体，认为心智、大脑、身体和环境是紧密联系的整体，他们相互作用，相互影响。由于具身认知研究者的研究领域和学术背景不同，对于具身认知的含义尚未形成明确统一的概念，在此介绍几种被广泛引用和认同的观点。

莱考夫（G. Lakoff）和约翰逊（M. Johonson）在其著作《肉身的哲学：具身心智及其对西方思想的挑战》中，提出了第二代认知科学，并提出了具身哲学的三个基本观点：心智本质是具身的；思维是无意识的；抽象概念大部分

① 唐语思. 梅洛—庞蒂与具身认知的哲学基础 [D]. 长春：吉林大学，2018.
② 叶浩生. 心理学与身体：经典传统与现代取向 [J]. 心理学探新，2015（04）：291-298.
③ 李恒威. 生成认知：基本观念和主题 [J]. 自然辩证法通讯，2009（02）：27-31，110.
④ Garbarini, F. & Adenzato, M. At the Root of Embodied Cognition: Cognitive Science Meets Neurophysiology [J]. *Brain and Cognition*，2004（56）：100-106.

是隐喻性的。^① 心智本质上是具身的。这是具身认知理论的核心观点，认为心智不仅依赖于大脑，更依赖于身体。不同的身体具有不同的心智，心智无法脱离身体而存在。思维是无意识的。认知过程的发生大部分都是无意识的，我们无法监控神经活动的过程。抽象概念大部分是隐喻性的。隐喻无处不在，存在于语言中、思想和行动中，我们的思想和行为都是以隐喻为基础的。人类的概念系统都是通过隐喻来构成和界定的。他们认为认知过程与身体体验密切相关，反对传统认知科学对身体结构及其体验的忽视。瓦雷拉认为使用"具身"意在强调两方面：第一，认知依赖于经验的种类，这些经验来自具有各种感知运动的身体；第二，这些个体的感知运动能力自身内含在一个更广泛的生物、心理和文化的情境中。^② 威尔逊（M. Wilson）在《具身认知的六个观点》中论述和评价了具身认知的基本观点：^③ ①认知是情境的，认知活动发生在现实世界的环境中，且内在地包含知觉和行动。②认知活动是有时间压力的，认知发生于与环境的实时交互中。③我们将认知工作置于环境中，利用环境来提取信息，减少工作量。④环境是认知系统的一部分。⑤认知是为了行动。心灵的功能就是指导行动。⑥离线认知（Off-line）是基于身体的。我国学者叶浩生认为，心智基于身体，身体与世界的互动方式决定了我们的认识方式，心智是身体及其作用于世界的活动塑造出来的，有什么样的身体就有什么样的心智。^④ 身体的结构、感知等都影响着心智的性质与特性。叶浩生将具身的理解概括为四个方面^⑤：①作为身体学习的"具身"。将身体视为为学习发生的部位，把身体视为知识的渊源，通过身体活动获取对各种"活"的生活体验。②作为身体经验的"具身"。身体经验是人的一种存在方式，源于身体的结构和身体感觉运动系统的独特体验。作为身体经验的"具身"造就了认知在内容和方式上的差异。③作为认识方式的"具身"。概念和范畴的形成都是基于身体的，因此具身就成为一种认识方式，成为构建、理解和认知世界的途径和方法。④作为与环境融为一体的"具身"。心智是根植于环境的，心智、身体、环境融合为有机的整体。

---

① Lakoff G，Johnson M. Philosophy in the Flesh：The Embodied Mind and Its Challenge to WesternThought [M]. New York：Basic Books，1999：3.

② ［智］F. 瓦雷拉，［加］E. 汤普森，［美］E. 罗施著. 具身心智 认知科学和人类经验 [M]. 杭州：浙江大学出版社. 2010.

③ Wilson M. Six Views of Embodied Cognition [J]. Psychological Bulletin and Review，2002，9 (4)：625−636.

④ 叶浩生. 心智具身性：来自不同学科的证据 [J]. 社会科学，2013 (5)：117−128.

⑤ 叶浩生. 具身认知的原理与应用 [M]. 北京：商务印书馆，2017.

　　纵观研究者对具身认知的不同解读，虽然存在差异，但都有共同的特征。由此，具身认知的观点大致可归纳为以下三点：首先，遵循身心一体的观念。心智是具身的，认知根植于身体，身体直接参与认知活动，并影响着认知。其次，强调身心与环境的交互。认知活动源于身体经验，身体经验则是个体与外部环境相互作用的产物，身心始终处于与自然环境与社会环境的互动之中。最后，重视认知的情境性。认知活动总是发生在某一特定的环境中，发生在个体与环境的交互之中。

（三）具身认知学习理论与共生课堂实践要点

　　具身认知学习理论是具身认知理论在教育教学领域的具体应用。具身认知学习理论为共生课堂的建构提供了可靠的学理依据，并为共生课堂教学活动的实施提供了心理学基础。具体而言，具身认知学习理论在学习内容、学习活动和教学过程等方面为共生课堂提供了支撑。

1. 学习内容的情境性

　　具身学习理论指导下的学习是具身的、情境的。具身认知认为认知发生在现时的、具体的情境中，会受到具体的物理环境和社会文化、历史背景的影响。认知不是抽象的、普遍的个体性活动，而是具体的、个性化的、参与的活动，认知是情境的活动。学习作为认知活动的一种，同样如此，离开情境，学习就难以发生。学习根植于具体的情境中，是个体在日常生活中通过实践活动获得的，只有在相应的情境中学习，学习才会有真正的意义。在更广阔的物理、社会、文化和历史情境中进行学习，学习内容才会更为形象、生动，学习者可以更为深刻地理解知识的来源与发展。各种新兴技术的飞速发展，为教育教学活动注入了新的活力，为学习的情境化提供了极大的便利和可能。在教学中充分利用各种智能技术设备，打破时空局限，将课内与课外、线上与线下的边界无缝融合，为学生创设虚实融合的学习环境，充分体现学习内容的情境性。共生课堂将情景创设作为课堂教学要素之一，根据课程目标和内容进行教学情景的创设，使得学习有一定的现实或模拟情景。通过情景创设将教学目标转为问题或任务，激发学生在课堂内进行主动学习，让学生身临其境地感知问题，有利于学生对问题的理解和知识的获得，深刻体现了学习内容的情境性。

　　杜威指出任何经验都是个体与环境相互作用的结果，个体与环境的交互形成了情境,情境和交互作用这两个概念互不可分。[①] 具身认知理论认为认知有赖于身体与环境的相互作用。学习者与周围环境的交互在理解学习内容的过程中起着关键作用。学生在课堂活动中通过不断的情境交互,有意义地建构所学内容。其中,情境交互涉及两个层面,一方面是师生之间、学生之间的交流互动,另一方面则是学生身体已有经验与情境的交互。通过师生、学生及其与环境之间的交互,学生能基于身体原有经验,建构新的知识,理解学习内容,并对经验进行实践巩固。共生课堂为学生打造的智能化学习环境中,学习环境能够支持学习者的身体运动,并根据学习者的表现做出相应的反馈,使学生在人机互动中,在多通道感知中理解学习内容,完成学习任务,逐渐达到学习目标。

2. 学习活动的体验性

共生课堂作为自主共生、深度学习的课堂,无论是情境性的学习内容,还是生成性的学习目标,抑或是动态性的学习过程,都是以具体的学习活动为依托和载体的。具身认知理论认为,我们的心智和认知都是具身的,身体的结构和体验影响着认知活动。认知的发展根植于人的身体结构以及最初的身体和环境的相互作用中。认知与身体是紧密联系的,认知依赖于身体经验,认知活动离不开身体的体验。课堂学习活动作为一种认知活动,如何增强其体验性是在设计学习活动时首要考虑的问题。在基于新技术、新理念设计学习活动时,一方面要多角度、多方位地为课堂教学活动设计相应的学习环境,使其尽可能地促进学习者直接经验的获取;另一方面要充分利用学习环境所提供的空间和技术支持,把学习者获取经验与转换经验的过程结合起来,让学生在具体体验中概括、反思和巩固经验。

共生课堂提倡基于情景创设和任务驱动,促进学生开展自主学习,并重视课堂教学中学生的自主学习。在教学过程中以学生为中心,重视学生学习的体验性,将学习活动置于开放性的学习环境之中,给予学生足够的身体自由,丰富学生的课堂体验。通过问题转换和创意设计,促使学生开展主动探究、问题解决和学科实践,激发学生学习兴趣,引导学生的注意力,使学生能够全身心地投入学习活动中,在身体力行、交流互动的过程中获取知识、发展能力。

3. 教学过程的具身性

教学过程的具身性强调的是师生的身体状态、彼此之间的互动以及与教学

---

① 王辞晓. 具身认知的理论落地:技术支持下的情境交互 [J]. 电化教育研究,2018(07):20—26.

环境的互动在知识传递过程中发挥的作用。[①] 教学过程的具身性重视师生双方的身体在教学活动中的重要作用，将身体回归到课堂教学中，有利于重新树立师生平等的地位，建立良好的师生关系，让师生在课堂教学活动中做到"身体在场"。师生的身体状态都会对课堂教学产生不可忽视的影响，其是学生身体状态影响着教学效果。研究表明，具身性因素，如手势、身体动作，对学生的记忆、阅读、语言理解都有非常重要的作用，有助于学生理解知识，发现并解决问题。身体动作在某种程度上能促进学生理解、吸收所学知识。教师身体状态影响着教学过程。教师在上课过程中的面部表情、身体姿势、与学生的眼神接触等行为表现，对学生都有非常重要的影响。恰当的手势和面部表情能给学生带来被肯定的愉悦体验；教师身体动作的恰当运用能清晰地呈现教学内容，帮助学生更好地理解知识内容。教学活动的具身性还体现在师生、学生之间的良性互动。通过交流、互动与合作，进行文化知识的传承与创新，使得课堂教学活动变成师生间的双向交流过程，师生在互动中进行思维的碰撞、知识的共享、智慧的共鸣，学生在互动的过程中建构知识，获得能力发展。

共生课堂将师生共同参与的合作学习作为要素之一，通过教学打造学生与学生，学生与教师的学习共同体，使教学过程富有创造性。学习共同体的建立，离不开师生、学生之间的交流互动和师生双方的身体参与。在师生双方身体参与、良性互动的过程中，建立民主平等的师生关系，激发学生对知识学习的热情，促进学生对学习内容的认识和理解。通过师生合作、学生合作，培养学生的合作能力和人际交往能力，进而提升学生的综合素质。

第三节　教育学基础上的共生课堂及实践要点

一、中国古代养成教育思想

（一）中国古代养成教育思想的发展

养成教育的重点在于"养成"。依据《汉字标准字典》，与"养成教育"中

---

① 贾丽娜，田良臣，王靖，马志强，周倩. 具身教学的设计研究——基于身体参与的多通道整合视角［J］. 远程教育杂志，2016（01）：82-89.

的"养"最契合的解释应是第七项,即"教育训练,使形成某种品质、习惯等"。① 这种解释与"养成"的含义相差无几。虽然不同版本的字典和词典对"养成"的含义表述不同,但其含义大体一致。如《现代汉语大词典》将"养成"解释为"培养而使之形成或成长",② 光明日报社出版的《现代汉语大词典》则把"养成"解释为"修养使形成,培育使长成"。③ 对于养成教育的理解,学界有不同的看法。有学者认为养成教育是通过社会、学校、家庭等多方面的协同教育和影响,综合多种教育方法和途径,全面培养青少年认知、情感、意志、行为的综合能力,促进青少年健康发展的教育。④ 另有学者从"养成"与学生的关系角度出发,指出养成教育就是青少年形成好习惯的训练与习得过程。⑤ 关鸿羽在《养成教育》一书中指出:"养成教育就是培养学生良好行为习惯的教育。"⑥ 养成教育专家林格说: "养成教育是培养好习惯的教育。"⑦ 由此,养成教育就是通过有目的地长期培养和训练,使学生养成良好习惯的教育方式。⑧

作为教育的重要组成部分,养成教育是中国传统教育的一个重要特征。早在先秦时期,《周易·蒙卦》就提出:"蒙以养正,圣功也。"⑨ 启蒙不是把学识和道德规范强加给孩童,而是要启发才智,涵养善性,从而成就至圣之功。儿童处于蒙昧无知、幼稚茫然的阶段,对于社会、自然和人生只有初步的认识,了解还不够深入,只有对其进行正确的教育,才能把他们引入正道。这种启蒙、养正、入圣的教育,就是养成教育的目的。为了对其进行更好的教育,因此产生了学校教育机构,如春秋战国时期的"小学""庠""塾"等,根据学生的年龄的大小,安排不同的教育内容,对儿童进行道德行为的规范训练。到了秦代,秦始皇为了达到思想统一,统一了文字,法家思想成为主导,实行"以吏为师"的政策,对儿童进行的教育,与之前有所不同。社会公共道德与行为规范不仅成为儿童教育的专门内容,还以法律的形式普及于社会民众,并

① 许嘉璐. 汉字标准字典 [M]. 沈阳:辽宁大学出版社,2001.
② 阮智富,郭忠新. 现代汉语大词典(上册)[M]. 上海:汉语大词典出版社,2000.
③ 现代汉语大词典(彩图版)[M]. 北京:光明日报出版社,2003.
④ 魏莉莉. 从养成教育之标准看学校教育 [J]. 当代青年研究,2004(05):21—23.
⑤ 杨雄. 养成教育与青少年发展 [J]. 当代青年研究,2004(05):1—5.
⑥ 关鸿羽,沈淑娥. 养成教育 [M]. 北京:中国卓越出版公司,1990.
⑦ 林格. 教育就是培养习惯 [M]. 北京:清华大学出版社,2007.
⑧ 柳云霞. 转变态度培养习惯 如何做好中小学生养成教育的工作 [M]. 北京:光明日报出版社,2017.
⑨ 朱安群,徐奔编著. 周易 [M]. 青岛:青岛出版社,2011.

对儿童识字教材进行了整理和规范化。汉代实行"罢黜百家，独尊儒术"的文教政策。除了识字，经学成为儿童养成教育的重要内容之一。课程内容以识字、算术、《论语》《孝经》为主，并根据入学季节的变化进行相应的调整。养成教育与人格形成和伦理思考紧密联系，德教内容的深度有所加强。隋唐时期，由于科举制度的影响，养成教育的内容偏于应试，但道德教育仍然是养成教育的重要内容，包括在儿童教育中大力提倡学习《孝经》。由于国家局势的稳定、经济与文化的繁荣发展、思想环境的宽松，不少士人能自由地发表对养成教育的看法，并到教育场所去实施教育活动，对养成教育具有重要的推动作用，并为宋代的养成教育奠定了良好的基础。在宋代，新的学派和新的教育内容如雨后春笋般不断涌现，蒙学和书院的高度发展，使得养成教育的规模不断扩大，在体制、学科设置和教学内容方面较以往都有很大程度的变化。宋代以后，养成教育中的道德教育进一步加强。自元朝之后，中国古代养成教育开始进入最辉煌的时期。在民族融合的过程中，一方面实现少数民族的汉化教育，另一方面利用儒家的文教思想对中原人民进行教化统治。公办教育机构规模不断扩展，并向社会底层延伸，使得养成教育逐步面向全民，很大程度上推动了教育的普及化。明代继承了元代在乡村设立私学的做法，民间的官办启蒙学堂也不断发展。其养成教育同样承担着启蒙教养和社会教化的职能，教育目的、课程设置与教材编排都与这两项职能紧密相关。清代统治者高度重视小学办学的质量，小学由官学统一治学，养成教育的学校设置、师资配备、课程安排和教材编写都由国家统一规定。[①] 由此可见，中国古代养成教育起源早，历史悠久，在我国教育发展史上有重要的地位。

（二）中国古代养成教育思想的内容

中国古代养成教育思想内容丰富，主要包括养成教育的目的与任务、养成教育的内容、养成教育的方法与途径。

我国古代养成教育的目的和任务是使学生"成人"又"成才"，具体体现在培养受教育者的知、情、意、行上，即培养人的道德情操。[②] 这与现代德育的原理吻合。"知"是指道德观念和道德认识，是人们对是非、善恶、荣辱的认识、判断和评价。正确的道德认识对培养学生良好的道德品质具有关键作用。我国古代教育家非常重视通过教育来提高学生的道德认识。孔子的"学而

---

① 张誉馨. 中国古代小学儿童养成教育的发展历程研究 [D]. 北京：首都师范大学，2014.
② 苏全有，郝丽丽. 古代中国养成教育论略 [J]. 当代青年研究，2008（07）：19—24.

知之""择其善者而从之；多见而识之，知之次也"等理念，都是为了解决学生的认识问题。程颢、程颐将格物致知看作是立身之本，朱熹认为格物致知的主旨在于从日常生活中来践行道德规范。王阳明认为良知是人人固有的先天的道德标准，是人们判断事物的准则。"情"即道德情感，指人们对事物爱憎、好恶的态度。通过对学生道德情感的培养，使其爱憎分明。孟子提出的"侧隐之心，仁之端也；羞恶之心，义之端也；辞让之心，礼之端也；是非之心，智之端也"也与道德情感有关。"意"即一个人的思想和志向，是良好道德品质的一个重要方面，良好的品德都离不开坚强的意志，有了坚强的意志，即能"富贵不能淫，威武不能屈"。"行"即道德行为。中国传统道德教育尤其重视"知""行"统一。如荀子的"不闻不若闻之，闻之不若见之，见之不若知之，知之不若行之"；王阳明强调"知行合一"，认为"知是行之始，行是知之成"。

我国古代养成教育的内容主要包括三方面：勤俭教育、礼让诚实教育、孝亲教育[①]。古代非常重视用勤劳、勤学、勤勉的范例来影响儿童，从日常生活来培养俭约品德。古代儿童的各类生活常规大多是以礼让为宗旨，孔子更是将"礼"作为教育的核心内容。古人崇尚"百善孝为先"，认为这是处事的基本，是道德的起点。孝在养成教育中占有非常重要的作用，在物质上侍奉双亲也是孝的重要内容。

我国古代的养成教育重视少年儿童的心理特点和身心发展规律，从儿童的实际情况出发，从日常生活行为出发，并对此做出具体的规定，语言通俗易懂，言简意赅。读、写是古代养成教育的基本方法，通过熟读理解书本内容。重视比喻在教学中的作用，采用寓教于喻的方式，从具体的事物引出抽象的道理，使儿童易于接受。古代养成教育的途径主要是通过家庭、学校、社会等方式，并与受教育者相互配合，协调一致。

二、中国古代养成教育思想与共生课堂实践要点

中国古代养成教育是以道德品质为核心的综合素质培养，旨在教会学生如何做人，在提倡素质教育的今天仍然具有重要意义。共生课堂作为新时代的课堂教学范式，其核心思想与中国古代养成教育一脉相承。

（一）共生课堂和养成教育的目的一致

中国古代养成教育的目的是从知、情、意、行等方面培养学习者的道德情

---

① 苏全有，郝丽丽. 古代中国养成教育论略［J］. 当代青年研究，2008（07）：19—24.

操。中小学阶段正是青少年儿童长身体、长知识的关键时期，是对他们进行道德情操、心理品质和行为习惯养成教育的最佳时期。共生课堂将提升学生的综合素质作为最终目的，将教育目的融入具体的教学要素中。将学科核心素养目标转化为单元主题目标以及具体的课时教学目标，在可视化、可测量的目标中发展学生的素养。核心素养包括文化基础、自主发展、社会参与三个方面，综合表现为人文底蕴、科学精神、学会学习、健康生活、责任担当、实践创新六大素养。这些内容在一定程度上和养成教育的知、情、意、行高度契合。通过统整学科内和学科间的内容，设计相应的教学内容，实现学生的学习目标。通过创设情景、自主学习、教学评价等方式，在不同的环节发展学生的能力，提升学生的素养，从知、情、意、行等方面培养学生的道德情操，提升学生综合素质。由此，无论是中国古代的养成教育思想，还是共生课堂，都将学习者的道德情操作为学生发展的内容之一，都以促进学生的全面发展作为最终目的。

（二）共生课堂是实现养成教育的途径之一

中国古代养成教育的实施需要学校、家庭、社会和受教育者相互配合，而共生课堂只是养成教育的实施途径之一。人的全面发展，需要家庭教育、社会教育和学校教育相互作用、相互配合，其中学校教育占主导地位。共生课堂作为学校教育的重要组成部分，对学生养成教育具有重要的影响。在共生课堂中，教师肩负着价值引导的责任。通过教师的引导，学生获得必要的价值知识学习、道德理性的启迪。学生也会树立正确的价值观，从而提高他们的价值判断、价值选择的意识与能力，进而提升学生的道德认知。在教学过程中，教师创设相应的教学情境，使养成教育贴近生活实际，使学生在内含生活体验的情景中提升自己的道德情操。共生课堂遵循以学生为中心的理念，充分尊重学生的身心发展规律和个性差异，设计贴合于学生道德生活的教学活动，使学生在教学活动中获得多样性的道德体验，充分调动学生对道德的感知与感受。教师通过教学目标、教学内容和教学活动，将知、情、意、行进行整合，将养成教育内化于日常的学习活动中，引导学生在复杂多样的生活世界做出审慎的价值判断，学会自我反思与评价。由此提高学生的道德认知，丰富学生的道德情感，增强学生的道德意志，强化学生的道德行为，从而为新时代培养出合格的社会主义建设者和接班人。

（三）共生课堂是对养成教育的丰富和完善

养成教育起源于中国古代，在不同时期都会注入新的内涵和发展理念，其内容也在不断丰富和完善。共生课堂是新时代的教学产物，有着新时代独有的特征。养成教育思想从宏观上说明了教育的目的和任务、教育内容、教育方法，共生课堂都有明确的规定和具体的要求。养成教育将培养人的道德情操作为教育的目的和任务，共生课堂则将宏观的教育目标细化为人文底蕴、学会学习等多方面的素养，将培养学生的合作能力、自主学习能力贯穿于具体的教学活动中，并将促进学生深度学习，提升学生综合素质作为最终目标。共生课堂的教学目标不但更具体、更丰富，还更具操作性和可测性。在教育内容方面，养成教育主要包括勤俭教育、礼让诚实教育、孝亲教育三方面内容。共生课堂则将学科内和学科间的内容进行整合，并利用信息技术开发个性化的学习资源，使教育内容更加开放、全面。在教育方法方面，养成教育注重读、写、寓教于喻的方式，让学生易于接受。共生课堂则充分利用教育技术，打造智能化学习环境，采用多种教学方式，为学生提供个性化的学习指导，注重学生学习的情境性、体验性、个性化和多样性。由此，共生课堂在一定程度上丰富和发展了养成教育思想的内容，充分考虑时代发展的特点，使养成教育思想的一些内容更为具体化、时代化。

三、马克思主义关于人的全面发展学说

（一）马克思主义关于人的全面发展学说的形成过程

人的全面发展理论是马克思主义的重要内容，而马克思人的全面发展理论并非无本之木、无源之水。早在古希腊时期，苏格拉底、柏拉图等哲学家就对人的发展有重要思想贡献。[①] 在批判和继承前人思想的基础上，通过片段零碎的语句，马克思在其不同作品中逐步提出并正式确立了人的全面发展学说。

青年时期的马克思就对人的全面发展有了初步的认识。在《青年在选择职业时的考虑》一文中，马克思认为青年在选择职业时应考虑"人类的幸福"和"自身的完美"，青年不仅要实现"自身的完美"，更要实现他人的"完美"和幸福。[②] 马克思在《1844年经济学哲学手稿》中从劳动出发考察人的本质，确立了劳动异化理论，认为私有条件下的劳动是一种"异化的劳动"，标志着马克思人的全面发展思想的初步形成。但此时，当时的马克思欠缺对现实的人的

[①] 陈阳. 论马克思人的全面发展理论对初中生素质教育的启示 [D]. 南京：东南大学，2017.

[②] 中共中央马克思、恩格斯、列宁、斯大林著作编译局译. 马克思恩格斯全集 第40卷 [M]. 北京：人民出版社，1982.

真正认识，导致人的具体特征远离了现实，此时他关于人的全面发展思想还未成熟。此后，从《关于费尔巴哈的提纲》到《共产党宣言》是马克思人的全面发展思想基本形成和进一步发展的时期。在《关于费尔巴哈的提纲》中，马克思确立了实践观，从社会关系出发解析了人的本质，对人的本质有了新的认识，进而为人的全面发展思想提供了支持。在《德意志意识形态》中，马克思从唯物史观的角度出发，充分论证了人的生产能力的发展是人的全面发展的重要内容。《共产党宣言》指出："代替那存在着阶级和阶级对立的资产阶级旧社会的，将是这样一个联合体，在那里，每个人的自由发展是一切人的自由发展的条件。"由此，马克思理论中人的全面发展思想逐步成熟。

《资本论》的诞生，标志着马克思人的全面发展思想的真正确立。在第一部手稿中，马克思将人类社会分为三大历史形态，并展现了人的发展过程。文中提到，在社会的第二种形态下，形成"全面的关系、多方面的需要以及全面的能力体系"；并在第三个阶段，强调"自由个性"。马克思还揭示了资本的本质，说明劳动对人的发展的意义，揭示了剩余价值规律，点明了人的全面发展的内涵及其实现条件。通过深入而严谨的分析，表明人的全面发展符合历史规律。至此，人的全面发展思想得以成熟和完善。

（二）人的全面发展学说的主要内容

要把握人的全面发展思想首先要正确理解人的本质，正如马克思所说："人是一切社会关系的总和。"在此基础上，马克思揭示了人的全面发展的主要内容，即人的能力、需要、社会、个性的全面自由发展。

其一，人的能力的全面发展。人的能力即劳动能力的全面发展，马克思在其著作中，提得最多的就是体力和智力的全面发展。人通过劳动得以存在和发展，在通过劳动改造自身和改造世界的过程中，也在劳动中获得自身的发展。人的体力和智力是人从事一切劳动活动的生理和心理基础。就个人而言，能力的全面发展是指德、智、体、美、劳的均衡发展，个性、心理、性格、兴趣、意志、气质等方面的健全发展，个人潜力和智能地最大限度的发挥。[①] 此外，马克思指出，人要学会在不同社会职能中互相交替，人可以选择任何部门实现自我发展；除生产性劳动之外，还可以根据自己的兴趣选择能够发展自己能力的活动，以实现劳动能力的全面发展。

---

① 宁克强，魏茹芳. 人类文明的呼唤 马克思主义人的全面发展思想的当代审视 [M]. 石家庄：河北人民出版社，2009.

其二，人的需要的全面发展。人作为自然存在物和社会存在物，对自然和社会都有不同的需要，既包括基本的生活物资需要，又包括社会交往以及实现自身个人价值和社会价值的精神需要。这些需要都要通过人的生产劳动去实现。人的劳动程度就决定了人的需要的发展程度。马克思并不提倡单方面地发展物质或精神需要，他认为只有精神需要和物质需要都得到满足，才符合人的发展规律，才是一个全面发展的人应有的。同时，为了克服人的片面发展，要提升人的道德和思想水平，从道德层面促进精神需要的发展。

其三，人的社会关系的全面发展。人作为一切社会关系的总和，通过创造各种各样的社会关系，实现自身的发展。社会关系既包括物质交换关系，又包括伦理道德关系、政治法律关系、思想文化关系等。社会关系具有普遍性和全面性。普遍性即人通过与外界的联系，获取外界信息，发展出普遍的社会关系。全面性则指人社会交往的深度，即人与人之间不仅仅是物质关系，还有其他关系。社会关系对个人的全面发展有着重要影响，人的能力也在建立社会关系的过程中得到发展。因此，要发展普遍、全面的社会关系，从而促进人的社会关系的全面充分发展。

其四，人的个性的全面发展。马克思多次提到个性，并经常将"自由"与"个性"搭配，可见个性的自由是人的个性发展中不可或缺的一部分。个人全面发展是自由个性的建立基础。"自由个性"是作为主体的人必须具有的一面，个性的形成过程就是个体主体性得以发挥的过程。人的个性的发展也就是人的自由的发展，所谓自由发展是指人不屈服外界所强加的活动和条件，根据自己的兴趣爱好，自由地从事多方面的活动，发展多方面的能力。人的个性的全面发展是每一个现实的人的发展，具有独特性和自主性，是个体根据自身需要，发挥自身的主观能动性，推动自身的发展。

四、马克思主义关于人的全面发展学说与共生课堂实践要点

马克思主义关于人的全面发展学说是共生课堂的指导思想和理论基础。具体而言，人的全面发展学说是共生课堂的理论渊源，共生课堂是对人的全面发展学说的具体化。共生课堂既来源于人的全面发展学说，又是在新时期对人的全面发展学说的具体贯彻和发展。

（一）人的全面发展学说与共生课堂具有一致性

根据马克思对人的能力发展的具体要求，人的全面发展主要是指德、智、体、美、劳等方面能力的发展。就此而言，人的全面发展学说与共生课堂具有

一致性。其一致性主要体现在以下几方面：

首先，目标具有一致性。无论是马克思关于人的全面发展学说，还是共生课堂，其目标都是促进人的全面发展。共生课堂的目标是让学习深度进行，通过明晰的学习愿景、新型的师生关系、智能化的学习环境和深度的学习过程促进学生综合素质的全面发展。马克思关于人的全面发展学说认为人的全面发展就是促进人的能力、社会关系、需要和个性的全面发展。二者虽然理念不同，但要达到的教育目的和人才培养目标在本质上是一致的。

其次，内容具有一致性。共生课堂通过教学内容、教学过程、教学环境创设等方面，促进学生的综合素质发展。学生的综合素质，既包括德智体美劳等能力，又包括其作为社会存在物和自然存在物所需要的社会关系。同时，作为一个独立的人，学生的精神需要和物质需要也要通过学习活动、社会交往得到满足。通过教育教学活动，明确自己的独特性、发现自身的兴趣爱好，从而发展自己的个性。只有这些方面获得充分发展，学生的综合素质才能提高。换言之，共生课堂与人的全面发展学说的内容在某种程度上是包含与被包含的关系。

（二）共生课堂是人的全面发展学说的具体体现

由于人的全面发展学说过于抽象和概括，在教育教学实践中难以操作和监控，共生课堂则为人的全面发展学说在课堂教学实践中的实施提供了条件，是其在教学实践中的具体体现。共生课堂通过教学活动，将人的全面发展学说的目标分解为具体的内容，结合区域特色和实际情况，使其具有较强的现实可操作性。为了提升学生的综合素质，促进人的全面发展，共生课堂将课堂教学构成要素分为素养目标、内容统整、情境创设、自主合作、技术整合和以评促教六个要素。每个要素有不同的内涵和要求，将人的全面发展目标融入各个要素中，通过整合各个要素，最终实现人的全面发展，让师生共同成长。此外，由于长期以来人们对"人的全面发展"内涵理解的片面化，在实践中更多地注重发展学生的共性，统一的管理、统一的模式、统一的要求，忽视了学生的个性发展。而共生课堂通过创设智能化的学习环境，为学生的个性化和多元化学习提供便利，注重学生的个性发展。借助自主学习、合作学习等，强化学生发展的个性化、主体化和多样化。共生课堂对个性发展的重视，是人的全面发展中个性自由发展的重要体现，也为人们深刻而具体地理解全面发展学说提供了正确的思路。

第三章 共生课堂的范式建构

共生课堂是重庆市渝中区着力打造的一种课堂教学范式，反映了渝中区课堂教学的探索成果。本章从范式的概念入手讨论共生课堂的概念和构成要素，旨在厘清共生课堂作为一种区域教育改革范式所具有的独特性，在此基础上进一步讨论共生课堂的建构历程，旨在从理论和实践方面对共生课堂的形成和发展进行有效梳理，全面展现共生课堂的范式建构。

第一节 课堂范式的要义和要素

课堂范式是指在课堂这一特定区域内，共同体所接受的课堂理论、方法、技术等的总和，它包括了教育价值取向、教学目标选择、教学方法及内容的选择等要素。共生课堂作为一种区域课堂教学范式具有教学范式的共同特点及构成要素。本节内容主要从范式以及教学范式的一般理论入手进行讨论，旨在更好地阐述共生课堂的具体概念及特殊内涵，在此基础上讨论共生课堂的界定及理念，并根据课堂教学范式的构成要素，进一步探讨共生课堂作为一种课堂教学范式的操作体系和评价机制，为课堂教学提供参考。

一、范式、教学范式的概念和内涵

（一）范式的概念及发展阶段

1. 范式的概念

所谓"范式"是一种对本体论、认识论和方法论的基本承诺，是共同体接受的一组假说、理论、准则和方法的总和，包括共同体成员所共享的信仰、价值、技术等集合形成的理论基础、实践规范和行为方式。

"范式"的概念是由托马斯·库恩提出，并在其著作《科学革命的结构》

中系统阐述的。在这本著作中，库恩并没有直接对"范式"做出明确的定义，他多次提到了"范式"一词并阐述了"范式"的不同层次的含义。虽然他对于"范式"具体内涵的界定是模糊的，但他在《科学革命的结构》中对于"范式"的定义还是可以归纳为三个方面，即科学活动开展的基础、一种实用性的工具以及一种公认的信念。①

在库恩看来，"范式"虽然是某个时间段内公认的科学成就、操作方法或是科学信念，但它不是永恒不变的，新范式替代旧范式的过程就是科学发展的过程。"范式"这一概念在哲学及其他领域得到了广泛的应用，各个领域的"范式"也在不停地更新换代，在这个范式不断更迭的过程中，各科学领域也得到了发展。

2. 范式的发展阶段

范式在科学研究领域运用十分广泛，研究范式对科学探究活动起到了规范作用，在科学研究领域普遍存在，而研究范式同样不是一成不变的，不同学科甚至不同流派都有着自己独特的研究范式，随着学科及流派的不断发展，研究范式也在不停地更新换代。

科学研究到目前为止出现了四种范式。人类最早的科学研究范式是"经验科学"，即第一范式。经验科学又称实验科学，主要指以实验的方法进行科学研究，比如化学领域就广泛应用了这一范式。在这一阶段，伽利略进行了著名的比萨斜塔实验，确定了重要的重力学定律。在中国，钻木取火、指南针、火药的发明也出现在这一阶段。与经验科学相对应的是"理论科学"，也就是第二范式。在实验的基础之上，科学家们尝试寻求更为精简的实验模型，理论科学比起实验科学来说更加偏重理论的认识和总结，主要的方法就是采用演绎和归纳，将实验结果形成理论，比如我们熟知的牛顿第一定律。20世纪40年代后，随着计算机的出现和发展，科学研究的第三范式形成了，即"计算科学"。量子力学和相对论的出现使得科学研究的难度不仅仅局限于实验设计，在这一需求下，计算科学应运而生。通过计算机模拟仿真实验和分析数据，人们对于复杂的现象也能进行科学研究，例如模拟核试验、模拟气象实验、人工智能等。科学研究的第四范式是"数据密集型科学"，它是从第三范式中分离出来的，针对数据密集型科学由传统的假设驱动向基于科学数据进行探索的科学方

---

① 王力冉. 试论库恩范式的多重定义 [J]. 大众文艺, 2021 (09)：222-223.

法的转变①。与第三范式不同的是，第四范式不是先做出理论假设再搜集数据，而是先有了大量的数据，再利用计算机对这些数据进行分析，进而得出未知的理论，例如信息资源云服务、大数据挖掘服务等。

科学研究的四种范式是相互支撑、相互补充的，每一种范式都是应时代的需求在前一种范式的基础之上形成的。同样地，教育学领域也经历了范式的发展。在西方教育学研究史上，研究范式经历了以赫尔巴特和夸美纽斯为代表的"哲学思辨范式"阶段、以实证主义教育家斯宾塞和实验教育学家梅伊曼、拉伊为代表的"科学实证范式"阶段以及第二次世界大战之后逐步形成与发展的"诠释规范范式"。对于我国的教育学研究范式发展，我国学者楚江亭等将其分为三个阶段："教科书范式"阶段、"教科书改革范式"阶段以及"后教科书范式"阶段。② 目前教育研究范式主要有量化研究和质化研究两种。量化研究范式主张，客观世界是不变的以及存在普遍的客观规律，主要理论基础包括实证主义和逻辑实证主义，其研究方法主要是实验法和问卷法等。质化研究范式主张社会世界是人为的，社会行为都是有意图的，研究者则需要去探寻这样一种意图。质化研究范式的理论基础包括解释学、建构主义、现象学以及批判理论，主要采用的研究方法包括了人种志、访谈法、文本分析、个案研究以及叙事研究等。我国教育学研究还处于蓬勃发展中，因此教育研究的范式也将不断地完善和更新。

（二）教学范式的概念及发展阶段

1. 教学范式的概念

教学范式是范式在教育领域的具体运用，国内外有许多学者都对教学范式的概念做出了界定，但总的归纳起来，教学范式包含两个方面的内涵。第一，教学范式具有理论性，对具体的教学实践活动具有指导作用；第二，教学范式具有实践性，它包括了教学过程中的具体操作行为。由此可见，与研究范式不同的是，研究范式属于科学研究方法论的内容，而教学范式包含一些教学范例，可以具体到教学方法、课程结构、教学层次等方面，它属于实践方法的范畴。

---

① 邓仲华，李志芳. 科学研究范式的演化——大数据时代的科学研究第四范式 [J]. 情报资料工作，2013（04）：19—23.
② 楚江亭，李廷洲. 范式重构教育学研究取得进步的必然选择 [J]. 北京师范大学学报（社会科学版），2014（05）：25—34.

课堂教学范式指的是有关课堂教学的本质认识、核心理念、操作规范，体现了课堂教学的价值导向、整体特征和实践样态。而区域教学范式则是某一个区域着力打造的一种课堂教学范式，反映了这一区域对于课堂教学的探索成果。

2. 五种主要的教学范式

目前西方存在五种主要的教学范式，从这几种教学范式入手，能使我们更好地理解教学范式的发展与变革。[①]

（1）艺术范式。

顾名思义，教学的艺术范式也就是将教学看作一门艺术。艺术给人带来美的体验，具有偶然性和不确定性，教学也一样。教学不是按照固定的程式来进行的，教学过程中充满了各种不确定因素，并且教学的过程与艺术创造的过程一样，是倾注了感情的。说到教学的艺术范式，就不得不提到创作了《教学艺术》的黑格特，他认为教学是一门艺术而不是科学，对于一个好的教师来说，扎实的专业知识和对教学以及学生的热爱都是必不可少的。这看起来与我们现在的教学观念比较贴近，但是将教学视为一门艺术同样会导致人们对教学的认识片面化，忽视教学的规律和基本原则，导致教育质量的下降。

（2）科学范式。

教学的科学范式认为教学是一门科学，应该按照科学的原理进行教学活动。这种范式与艺术范式不同，它更强调教学的规律和基本原则，而不是一味地关注教学活动的自由性。一些教学科学范式的倡导者认为，教育质量的下降就是因为过分强调了教学的艺术性而忽视了教学的科学性，应该将应用科学的基本原理运用到教学上来，使教学更加规范化。但更多学者认为，教学的科学性和艺术性缺一不可，只有将二者联系起来才能使教学更加立体有效。

（3）系统范式。

教学的系统范式则是指用系统论的基本原理来解释教学活动。教学的系统范式将教学视作一个整体，从宏观的层面去考察教学活动中各个因素各自的地位以及相互关系。系统理论为人们探究教育教学提供了一个新的视角，但它同样有不足之处。首先，它过分关注教学系统本身，没有充分考虑教与学的灵活性和偶然性等特点；其次，系统范式对教学内容关注甚少，忽视了教学最基本的育人功能；最后，系统范式没能揭示教学的本质所在。

---

① 陈晓端. 当代教学范式研究［J］. 陕西师范大学学报（哲学社会科学版），2004（05）：113-118.

（4）能力或技能范式。

教学的能力或技能范式与艺术范式不同，艺术范式认为教学是一种与生俱来的能力，教师带有一丝天才的意味，但教学的能力范式则是将教学看作是一种能力或技能，是可以进行学习和培养的。教学的能力或技能范式对于教师教育有着积极的推动作用，也更加规范了教师这一职业，强调教学能力与技能的重要性，但同时也忽视了教学的情感性因素。

（5）反思范式。

教学的反思范式认为教学是一种反思的实践活动。将教学视作一种反思的实践活动有两层意义：第一，教学是一种实践活动。教学离不开实践，脱离实践来谈的教学是空泛的，教师要从不断地教学实践中提高自己的教学水平，教学范式也要扎根于教育实践并且指导教育实践；第二，教学的过程同时也是反思的过程。许多年来，教学领域中反思的重要性遭到了不同程度的忽视，绝大多数教师没有反思的习惯，教师专业发展道路单一。教学的反思范式强调了教师要在实践过程中进行有效反思，在反思和再次实践的过程中不断提升自己，保证教学质量的提高。

3. 教学范式的变革以及发展趋势

库恩认为，范式的演进都会经历前范式时期和反常时期，然后形成新的范式，教学范式的变革也同样遵循这一规律。理论界一般将教学范式类型分为传统教学范式与现代教学范式，它们各自对应工业化时代和信息化时代。在工业化时代，教学范式经历了第一次变革，即从"以教师为中心"的教学范式转变为"以学生为中心"的教学范式。这一次变革体现出了人们对于学生在教育中的主体地位的重新认识，杜威提出了"以儿童为中心"的教学范式，对以赫尔巴特为代表的传统教学范式提出了挑战和批评[①]。将学生放在教育教学的中心是一种进步的体现，但这一范式也过分忽视了教师在教育中的指导性地位，使教育走向了另一个极端，极大地影响了教育质量。

随着科学技术的飞速发展，信息化时代的到来使得现代教学理念也发生了相应的变化，教学范式也发生了第二次变革。智能时代的到来为教学范式的转型带来了许多挑战。首先，智能时代对教学提出了新的挑战。在智能时代，科学技术逐渐融入教育，为教育赋能。教育手段从传统的仅限于师生之间的知识传授转变为各个平台互通共融的智能化教育手段；学习资源除了传统的静态资

---

① 王文丽. 试论教学范式及其变革研究［J］. 东北师大学报（哲学社会科学版），2017（01）：179—183.

源以外还增加了丰富多样的动态学习资源；学习环境也从传统的物理课堂转变为虚实融合、多维互动的智慧教学环境。其次，人才培养对教学提出了新的要求。在智能时代，信息的传递方便快捷，人们随时能够从互联网平台获取知识，传统的以知识传授为导向的教学已经无法满足智能化时代对于人才培养的要求①。在这种时代背景下，一些旨在培养具有高阶思维、能够进行深度学习的新时代创新人才的教学范式不断涌现出来，比如"翻转课堂""以学习为中心"以及"共生课堂"等。

当前课程改革通常是以区域为单位进行，由当地的教育管理部门进行规划和推进。核心素养的提出更加需要区域课程改革的持续推进，其中教学范式的转换则是至关重要的一步。区域推进教学改革对于形成区域教育教学文化具有重要作用，有助于整体提升教育质量，实现教育公平。在推进区域课程教学改革过程中，区域特色的课堂教学范式也将自然而然地形成，进而为教学实践提供有力支撑，成为区域教育发展的内生动力。因此，区域教学范式是某一地域范围内的教育管理者及教师所拥有的对于课堂教学的理念共识以及这一共识之下的具体教学模式，形成区域教学范式是落实核心素养要求的重要手段。各区域的政治、经济、文化各项事业发展不同，其形成的教育文化也不同，进而建构的教学范式也应有所差异。"共生课堂"则是重庆市渝中区根据共生理念以及基础教育课程标准建构的指向学生学科能力以及核心素养培育的区域教学范式。

二、作为教学范式的共生课堂构成要素

随着时代的进步，人民对教育也提出了新的要求，教育应该要均衡发展、和谐发展、可持续发展，师生之间应该形成一种互惠共生、共同成长的关系，这样的教育理念呼吁一种新的课堂教学范式，课堂教学改革势在必行。重庆市渝中区为响应全面提高教育质量的时代要求，推进了区域义务教育课堂教学质量提升试点项目，这一项目的核心就是实行"共生课堂"的教学范式。课堂教学范式是指某一区域内的教育管理人员及教师对课堂教学所持有的理念共识，以及这一理念共识指导之下的课堂教学实践操作模式。共生课堂作为一种教学范式，是一个由本质认识、设计理念、主体关系、操作体系、评价机制等要素所构成的有机整体。因此，根据对渝中区中小学已有课堂教学的实践经验提

---

① 陈明选，来智玲. 智能时代教学范式的转型与重构［J］. 现代远程教育研究，2020（04）：19－26.

炼，基于共生课堂的价值导向，"共生课堂"这一教学范式，具体包括以下一些基本要素。

（一）本质认识

教学范式的本质认识是指对于教学过程的本质进行界定及分析，深入理解课堂教学所秉持的核心理念。随着时代的发展，基础教育课程也在进一步深化改革，当前教育的时代命题落在培育学生核心素养上，而课堂教学则是实现教育变革的关键。我们清楚地认识到，无论科技如何进步、社会如何发展，教学的本质都应该体现在"育人"二字上，重视学生在教学过程中的主体地位，关注每一位学生的个体发展。

"共生课堂"是渝中区构建的课堂教学理想样态，其价值追求在于回归课堂本真，服务学科育人的教学实践，为优化课堂教学提供明确指向。"共生课堂"所秉持的核心理念是"让学习深度进行，让师生真正成长"。"让学习深度进行"体现了共生课堂教学范式的实践追求，在课堂教学中融入生态学的观念与技术，让学生有自主学习的真实发生和时间安排，让深度学习贯穿课堂教学的始终。"让师生真正成长"是共生课堂的价值取向，实现教师与学生的自我发展和共同成长是共生课堂的最终愿景，共生课堂通过改善教师、学生、课程、环境和教学技术等这些教学生态因子之间的关系，构建相互依存、和谐共生的课堂育人文化，促进师生之间的沟通与交流，让师生在课堂中产生思维共振和情感共鸣，进一步促进教学质量的提升。

总的来说，共生课堂作为一种区域教学范式，体现了渝中区在中小学课堂教学上的价值追求，即是学校教育要以学生为本位，通过课堂教学促进师生的生命成长和共同发展。"共"是共同要求，体现在课堂内各要素之间相互依赖、彼此共生；"生"既是互动生长，又是以生为本，强调在课堂中要关注学生的主体性，让所有因子在和谐的环境中共同生长，让课堂不断焕发出生命的活力。

（二）设计理念

课堂教学目标、内容、方法等要素的设计理念和基本观点是教学范式的主要构成要素，将各要素的基本理念和观点进行详细的分析和阐释，能够帮助我们更好地理解这一教学范式的理念及具体操作模式。在"让学习深度进行，让师生真正成长"这一教学理念的指导之下，共生课堂在目标、内容、方法上具有其独特的设计理念和基本观点。

1. 教学目标

共生课堂教学目标的设计理念与核心素养的提出紧密相关，自教育部颁布的《关于全面深化课程改革落实立德树人根本任务的意见》中提出"教育部将组织研究提出各学段学生发展核心素养体系，明确学生应具备的适应终身发展和社会发展需要的必备品格和关键能力"以来，发展学生的核心素养成了当前课程改革的风向标。

学科核心素养是学生通过学习某一学科而逐渐形成的关键能力、必备品格与价值观念[①]。学科核心素养的提出倒逼教学设计的改革，从"双基"到"三维"再到"核心素养"，课堂教学的目标更加丰富立体。与三维目标不同的是，学科核心素养所包含的能力更广，这就需要将发展学生学科核心素养的教学目标进行界定，我国学者喻平认为知识是学科素养生成的本源，知识理解、知识迁移、知识创新就是发展学科核心素养的三级教学目标[②]。共生课堂的价值取向是"让学习深度进行，让师生真正成长"，它意味着这样一种和谐共生的课堂是能够真正促进学生综合素质的发展的，学生的综合素质也就是我们所提到的核心素养。为实现这样的目标，作为教学范式的共生课堂需要对其教学目标进行可视化表达，让学科核心素养能够真正落实到课堂教学实践中去。

因此，共生课堂这一教学范式要求有学科核心素养表达的可视化教学目标，渝中区对于这一要素提出三点具体要求：第一，将学科核心素养的课程目标转化为单元主题目标以及具体的课时教学目标。第二，基于学科核心素养的内涵和形式，结合学业质量的发展性评价，对教学目标进行科学准确的表达。第三，做到表现性目标的可视化和素养目标的可测性表达。对教学目标的进一步细化和明确对于课堂教学的实际效果具有一定的促进作用，能够帮助学校管理人员与教师更好地理解共生课堂的教学理念，为形成区域特色课堂教学范式奠定基础。

2. 教学内容

共生课堂强调教学的内容要在学科内或学科间进行统整。新一轮课程改革强调课程应该向综合化方向发展，要改变课程内容繁、难、偏、旧的现状，加强课程内容与学生生活、现代社会以及科技发展之间的联系，设置不同于分科课程的综合课程，对学科课程的内容进行统一整合，使学生学习的内容更加具

---

① 余文森. 论学科核心素养形成的机制 [J]. 课程. 教材. 教法，2018，38 (01)：4-11.
② 喻平. 发展学生学科核心素养的教学目标与策略 [J]. 课程. 教材. 教法，2017 (01)：48-53，68.

有包容性和整体性，同一学科的内容更加连贯，不同学科之间也可以联系起来，使学生能够从整体上去建构认识世界的思维模式。

在核心素养的背景之下，某一学科内容要基于学科核心素养进行整合，使教学内容不仅仅局限于知识本身，更要关注知识相关的意义。学科内的内容要基于教材的逻辑和真实教学情境进行统一整合，知识要具有连贯性和整体性，也要符合学生的实际情况，贴近学生的生活。目前我国采用较多的课程结构还是分科课程，分科课程占的比重过大会导致课程结构的失衡，并且会导致不同学科知识产生割裂，不利于学生的全面发展。在当前的教育背景下，分科课程应该向综合课程进行转变，减少学科门类，将学科知识按照不同领域进行划分，将相同领域或相同主题的知识进行整合，设置包容度更广的综合课程。

在内容统整这一设计理念之下，渝中区对于共生课堂的内容设计提出了以下两点具体要求：第一，教学内容的设计要保证学科学习内容的完整性、连续性和严密性。第二，围绕素养导向的目标，依据学科内容进行学科内或跨学科的主题或单元的有机统整。即教学内容应以单元或主题的形式进行有机整合，打破学科之间的界限，使内容具有灵活性和整体性，有利于学生对知识进行建构，也有利于知识的迁移和运用。

3. 教学方法

教学方法是教学范式的重要组成要素，对教学实践具有指导作用，因此共生课堂的教学方法也应贯穿以学生为本、促进师生共同成长的教学理念，教学过程中采取的教学方法应该要为学生的学习服务，促进学生的深度学习，通过情境创设、方式创新以及技术融合来构建和谐共生的课堂环境，为学生和教师的成长与发展提供支持。

首先，注重激发学生主动学习的情境创设。在教学中创设情境可以将学生的认知与情感结合起来，利用所创设的优良教学环境引起学生的情感共鸣，使学生在学习过程中能够更加投入，全身心地沉浸在教学情境中。共生课堂强调深度学习的过程要贯穿始终。深度学习不同于浅层学习，它强调知识的迁移和运用，而知识的迁移和运用极大地依靠了学习环境，如果没有在教学中创设情境，学生就很难实现深度学习。情境教学下的知识不是死板、片面、烦琐的，而是生动、全面、联系实际的，学生在真实的情境中能够更好地理解知识、建构意义，然后再利用各种具体的情境解决实际问题，积累实践经验。共生课堂是思维共振、思想共鸣的课堂，教师在要根据学生的发展和知识的本质，创造性地构建教学情境，启发学生主动思考、深度学习，建立在感悟和思维的基础之上的主动学习更有利于学生核心素养的形成与发展。因此共生课堂要求根据课程目标和内容进行教学情境的创设，使得学习有一定的现实或模拟情景；要求通过情境创设将教学目标转化为问题或任务，激发学生在课堂内进行主动学习。

其次，学生自主学习和师生合作学习共存。共生课堂提倡一种和谐共生的师生关系，师生之间是平等、互助、共生的，在教学中应该以学生的自主学习为主，让深度学习自然发生，同时，教师应积极与学生进行合作，帮助学生更好地学习，这也可促进教师自身的专业发展与成长。要促进学生的自主学习，在教学之前就要基于情境创设和任务驱动，激发学生的学习兴趣，以任务驱动学生进行自主探索、主动学习。在课堂教学中，应该安排更多的时间供学生开展自主学习，再对教学问题进行转换和创意设计，促使学生开展主动探究、问题解决和学科实践。除此之外，教师在这个过程中要形成小组学习的合作机制和方式方法，开展参与式团队化学习，培养学生的合作能力；通过教学打造学生与学生，学生与教师的学习共同体，使教学过程富有创造性。

最后，将信息技术手段与课程和教学密切结合。目前我国已经进入教育信息化2.0阶段，信息技术在教育教学中运用得也越来越广泛，将信息技术手段与课程和教学内容进行融合不仅是信息化时代对教育发展的迫切要求，也是培养学生核心素养的关键因素。共生课堂强调各因子在课堂这个生态系统中的和谐共存，技术也是其中非常重要的组成部分。在共生课堂中，不仅教师与学生之间的关系要和谐发展，信息技术手段与课程内容和教学目标也要呈现一种彼此适应，互惠共存的状态。共生课堂强调将信息技术与课程设计进行有机结合，开发支持课堂教学的微课或教学资源包，让教学方法不再局限于传统的讲授式教学，信息技术能够为学校课堂提供高效快捷的教学工具。除此之外，还可以将信息技术与教学设计紧密结合，开展课前学习资源的开发或课后个性化学习分析和支持。信息技术的融入可以实现课后对学生课堂学习情况的分析，再针对每个学生的不同情况制订个性化学习方案，为学生的课后学习提供技术支持。

（三）主体关系

教学范式中的主体关系是指课堂教学中各主体之间所呈现的相互影响、相互联系的状态。不同教学范式对主体关系的认识也不同，传统的"教学中心范式"将教师看作教学的主体，师生之间是一种单向的支配与被支配关系，学生只需要按照教学计划完成学习任务，就被认为是掌握了进入社会所需要的知识和技能。随着学校教学方式的不断变革，"教学中心范式"逐渐向"学习中心范式"转轨,"学习中心范式"与传统的"教学中心范式"不同,它将学校环境中的各种因子看作一个共同体,而教师和学生都是这个共同体中的学习者,它强调学生在学习过程中主体性的发挥,师生之间是平等互助的关系。① 共生课堂即是一种"学习中心范式",它注重建构和谐的学习环境,在这个环境中各主体之间的关系是相互依存、和谐共生的。

共生理念追求异种生物之间的互惠互益和相互共生,强调尊重个性、和而不同。课堂主要由学生、教师、课程、环境与技术四种因子构成,在共生理念下的课堂中,这四种因子同属于一个生态系统,学生学习的效果与一切生态因子的均衡和谐发展密切相关。也就是说,教师与学生、教师与课程、教师与环境和技术、学生与课程、学生与环境和技术的关系、课程与环境和技术之间的关系都是和谐共存的,所有因子在这种环境下都能得到独立的发展又能共同提升,形成美美与共、和而不同的良好状态。②

在师生关系方面,在课堂这个生态系统中学习是这个生态系统的核心,要使这个生态系统持续发展,各个因子之间必须保持和谐共生的关系。在共生课堂中,教师和学生之间是一种相互依存、互利共生的关系。学生的学习离不开教师的教导,教师也会因为学生的反馈不断学习、提高自己的教学水平,在教学过程中,不仅是教师在教导学生,学生也会反作用于教师,促进教师的专业发展。共生课堂强调师生的共同成长,意味着在学生主动学习的同时,教师也要参与进去,与学生合作完成学习任务。教师在教学中的角色应该为学生学习的指导者和服务者,学生依然是学习的中心,在学习过程中,教师要尽可能地帮助学生,为他们提供丰富的教学资源,不要过多地干涉学生,只需做好组织协调的工作。互惠共生是课堂教学共同体的最理想的共生关系模式,特别强调师生以及生生之间的相互依赖和彼此获利的共生形态。而在我国部分课堂教学实践中存在着教师和学生的角色迷失,师生之间并非以一种"共生"的形态存在,而仅是"共存"于课堂中,这就导致了学生的主体性被逐渐消解,呈现一种僵化的师生关系③。因此,彰显教师和学生在课堂中的主体地位,构建师生以及学生之间的学习共同体,对于共生课堂来说尤为关键。

---

① 王丽娜,李平. 范式转换视阈下教学共同体的构建 [J]. 当代教育科学,2014 (18):27—30.

② 周振宇. 共生课堂——一种基于教育生态学的新思考 [J]. 教育研究与评论,2010 (6):48—54.

③ 蔺海沣,杨柳,王昕也. 课堂教学共同体建构从"共存"走向"共生"[J]. 教育理论与实践,2018 (38) 29:3—6.

（四）操作体系

　　课堂教学的关键在于实践操作，一堂课如何安排，课前、课中、课后分别应该做什么，关系到课堂教学的高效与否，而高效课堂必须重视模式的构建，即要将教学环节之间的相互关系以及操作的流程进行规定，形成这一教学范式所特有的操作体系，更好地服务于课堂教学实践。共生课堂的教学目标应该依据课标的总体原则、学校教学的核心观念以及各学段的内容目标进行设置，最终目的是打造和谐的教育环境，实现师生之间的共同发展和成长。在这种教育目标下，共生课堂的教学环节应该具有适切性、有效性和时间分配的合理性。适切性即是指教学环节要围绕既定的教学目标展开，教学过程要适应学生的学情，要能激发学生学习的主动性和积极性，以及教学环节要具有实际可操作性；有效性是指教学环节要能促进知识、思维、能力的发展，能帮助学生进行深度学习，突破学习过程中的重难点，达成学习目标；时间分配的合理性是指不同教学环节的时间分配合理以及不同角色所参与的教学时间要进行适当的安排，比如一堂课不能全由教师讲授，应当分配一定时间让学生进行自主学习。

　　共生课堂与其他课堂教学范式相同，在"大课堂"概念下，其教学环节都可以分为课前、课中、课后三个部分，这里就从这三个教学环节出发对共生课堂的操作体系加以说明。

　　首先，在课前环节，教师应对学生的学情进行分析，制订教学案。教学案是渝中区针对共生课堂的特点提出的一个物化要求，教学案是教案和导学案的优化整合，它对整个教学过程起到统筹规划的作用，对于教师的教学和学生的学习都具有一定的指导意义。共生课堂强调课程目标要聚焦到单元以及具体的课时上，并且教学要真正促进学生各方面素养的提升，因此在教学案的内容上，必须在学情分析的基础之上，制定好学习目标，确定好教学的主题、模块以及需要的课时，再设计好课堂教学的过程以及评价量规，最后再对教学案进行检测反馈和分析反思。除此之外，为了支持学生的课前自主学习，教师需要提供基于课程节点的课前学习资源包，在课前环节学生就可以根据自己的实际情况进行自主学习，课前学习有利于提高课堂教学效率以及培养学生的学习兴趣和自主学习的能力。课前环节的有效规划对共生课堂的整个操作体系都有着统领性的作用，也能够保证课中以及课后环节的顺利进行。

　　其次，在课中环节，教师需要先根据学生的特点创设生动有趣的学习情境，并且在情境中设置一些学习任务，以激发学生学习的兴趣，让其主动参与到学习任务中去。以任务驱动学生自主学习一般包括以下几个基本环节：创设情境，以真实生活为背景引导学生开展学习活动；科学设计学习任务，根据学生的学习能力水平设计明确、完整的学习任务；引导学生自主探索，根据不同学生的具体情况设置学习任务，因材施教，促进学生的多样化发展①。在教学方式方面，教师应依照学习任务单进行课堂教学，基于学习目标设计形成学习任务，在课堂中给予学生一定的时间开展自主学习和小组学习，在这个过程之中适当地引导，鼓励学生进行主动探究、问题解决和学科实践。共生课堂强调生态系统各因子的和谐发展，其中也包括了技术和课程的融合，因此在课堂中，教师也需要正确运用科学技术手段，比如利用微课支持学生的课堂学习，着力于攻破课堂教学的重点和难点，同时也能够帮助学生学习，提高学生的信息技术素养以及创新能力。

最后，在课后环节，教师应鼓励学生形成单元或课时内容的思维导图，以知识树或鱼骨刺等为表达形式，帮助学生在头脑中形成完整的学习内容体系以及逻辑关系，对于课上学习的知识起到巩固作用。除此之外，信息技术融入课程能够提供基于课后巩固提升的练习资源包，使学生在课后也能开展自主学习，对于平时的学习内容自觉进行查漏补缺，为下一阶段的学习打好基础。教师在课后还应做好评价工作，根据制定好的评价量规对照教学目标进行教学情况检测，深入分析学生的学习情况，并且根据反馈情况及时调整教学进程，保证每一位学生都能得到充分的发展。

（五）评价机制

教学评价是教学范式的一个重要组成部分，它是指着眼于教师教学行为、提高课堂教学质量而进行的对教师课堂教学的设计、过程及结果的评价②。在课堂教学中，评价占据着十分重要的地位，但评价不仅仅是简单地为教师的教学进行打分，而是通过评价检查教学效果，为教学过程提供反馈信息，不断地促进教学质量的提高。教学评价具有导向性、诊断性、反馈激励性等特点，评价并不是教学过程的终结，而是教学设计不断完善发展的一个重要纽带。当前我国的教学评价还存在着许多的问题，比如教学主体的自评和互评出现形式化的现象、过度关注评价的甄别功能而忽视了评价的诊断和发展性功能、评价标准存在随意和僵化的问题等③。基于这些问题，现在的课堂教学改革呼吁一种

---

① 杨洁. 中学生自主学习的意蕴和实施策略 [J]. 教育理论与实践，2022（02）：58−60.

② 丁朝蓬，梁国立，Tom L. Sharpe. 我国课堂教学评价研究概况、问题与设想 [J]. 教育科学研究，2006（12）：10−14.

③ 陈振华. 教学评价中存在的问题及反思 [J]. 教育发展研究，2009（18）：84−87.

着眼于促进学生发展的教学评价，教学评价的重心应该从教学结果的好坏转移到能否真正促进学生的发展上来。

教学评价的最终目的是促进学生的发展，这与共生课堂的理念殊途同归。共生课堂提倡深度学习、合作学习，教师和学生在课堂教学的过程中实现共同发展。教学评价可以针对学生的学习情况进行及时反馈，教师再根据反馈的情况调整教学的内容和方法，也可以针对每个学生的不同情况做出有针对性的建议。因此，共生课堂提倡以评促教，要求评价机制中有及时的教学反馈和科学的发展建议。首先要结合课堂教学目标和内容，对学生的学习过程和阶段性结果进行及时的多样化评价与反馈，即注重形成性评价和总结性评价；在教学过程中及时监控学生的学习进度，再对照教学目标调节学习活动，以保证学习活动的顺利进行和教学目标的顺利实现；在一个学习阶段结束之后也要对学习结果进行多样化的评价和反馈，检查结果与目标之间的差距，为下一阶段的学习提供调整方案。其次是通过及时的教学评价反馈，对学生的学习特点、方式、过程和阶段性结果进行深入分析。共生课堂追求学生的个性化发展，在教学评价阶段，就可以利用一些信息技术图表对学生进行个性化的分析，教师掌握这些数据之后能够更好地为学生的学习和发展提供指导。最后是根据反馈和结果分析，为学生的学业发展和素养提升提供有针对性的建议和对策。教学评价的目的是促进学生的发展，它的评价主体是学生，所有的评价活动都应服务与学生。但评价的内容不能仅限于知识的掌握，而是要从整体上对学生进行全面的分析，为学生兴趣、爱好、能力等各方面的发展提供恰当的建议和应对措施。

第二节　共生课堂的建构历程

质量是教育的生命线，提高课堂教学质量是学校永恒的追求。古希腊物理学家阿基米德说过："给我一个支点，我就能撬动地球。"学校课堂教学质量提升同样需要支点，以达到事半功倍的效果。一直以来，由于政策导向、教育关注点等不同，课堂教学提质增效的支撑点也不断在师资、管理、课程建设、教法等诸多要素之间摇摆不定。随着未来对学生核心素养培养和对教师生命质量关照的呼声越来越高，"共生课堂"将成为撬动中小学课堂教学质量提升的关键支撑点。为了形成一个可借鉴、可复制、可推广的"共生课堂"教学范式，2018 年渝中区整合优质资源，建立起了科研院校、研训机构、教育主管部门、中小学校四方联动机制，正式开始了"共生课堂"的区域探索之路。

一、共生课堂的区域探索和学校实践

（一）共生课堂区域探索的主要举措

1. 打造环境，提升教育信息化水平

2018年4月，教育部颁发《教育信息化2.0行动计划》，擘画了教育现代化发展新格局，明确提出了"通过实施教育信息化2.0行动计划，到2022年基本实现'三全两高一大'的发展目标"，其中"三全"指的是教学应用覆盖全体教师，学习应用覆盖全体适龄学生，数字校园建设覆盖全体学校；"两高一大"即信息化应用水平和师生信息素养普遍提高，并要建成"互联网＋教育"大平台。这为基础教育教学方式变革提供了方向性指导，以教育技术助推课堂教学质量提升将成为教育发展的主流趋势。渝中区教委积极贯彻落实文件精神，努力打造信息化、智能化、人本化的学习环境，使之成为开展"共生课堂"的重要基础。基于此，本区域拉开了"教育技术助推行动研究"的序幕。

了解区域教育信息化客观发展水平和现状，对准确把握后续工作重点有着重要的现实意义。课题组成立了专门工作小组，在三所试点学校开展前期调研，主要针对三个方面：一是教育信息化软、硬件环境打造情况，具体包括一体机、DV摄像机、录播教室配置、资源平台建设等；二是教师在教学中应用信息技术的积极性、教师信息技术应用能力培训、考核制度建设等情况；三是教师信息技术应用能力，主要包括对电子白板、微课、资源包、可视化思维工具等的使用情况。在调研分析的基础上，课题组着力在试点学校建构出了具有自身特色与亮点的新型校园生态，其创新点主要体现在以下几个方面。

首先，着力营造智能化生态环境。校园生态环境是教育信息化发展的外显形式，更是组织"共生课堂"的关键场所，它既包括基础设施、信息终端、应用系统等"硬"环境，还包括学习空间、课堂氛围等"软"环境。课题组秉承"共生课堂""让学习深度进行，让师生真正成长"的教学理念，结合各试点学校实际，充分借助了大数据、云计算、互联网等技术优势，打造智能化校园环境，建设了网络辅助教学系统、数字化自主学习环境等各类教育教学应用系统，以满足教学教研和学习活动需要。

第二，重构数字资源平台。教育信息资源是推动基础教育信息化纵深发展的重要动力。在重构数字资源的过程中，课题组通过自建、引进、合作等方式开发了具有区域特色的数字资源平台。一方面，借助"渝中智慧教育"建设，优选出"北师智慧"为开展教学的基础平台；另一方面，通过自主研发和共享

应用策略，着力建设彰显区域特色的"共生课堂"资源共享平台和统一、互通的学习管理平台。

第三，强化技术与教学的融合创新。在理论上，渝中区以"共生课堂"教学评价指标标准中的"可视化"为切入点，结合前期调研，开展了基于信息技术的"知识可视化"在"共生课堂"教学中的应用研究；在实践上，开发了"共生课堂"教学视频互动量化分析工具，对部分"共生课堂"工作坊展示活动进行了课堂教学视频量化特征分析。与此同时，教师利用学习分析技术，能够更加客观、动态地掌握学生的学习风格、媒体偏好、兴趣、认知水平等，不断调整学习进度、策略，实现生本教学。

2. 夯实基础，强化教师队伍建设

教师质量问题是教育领域一个常抓常新的课题，随着社会进步与科技发展，教师队伍建设经历了从外延式扩张到内涵式发展、从专业到卓越的重大转型。2019 年，《中共中央国务院关于深化教育教学改革全面提高义务教育质量的意见》坚持将教师队伍作为办好教育的第一资源，明确提出发挥"教研"在"建设高素质专业化教师队伍"中的支撑作用。渝中区为全面提升区域师资力量，夯实"共生课堂"实施基础，以深入了解区域课堂教学现状、教研组建设情况与现实需要为前提，从教师教学认知、教学期望、教学能力、教学策略和教学环境等五个维度系统分析教师教学效能水平。

基于现状调研分析结果，课题组遵循教师成长规律和校本教研基本规范，围绕区域推进"共生课堂"建设，建立了学科教学工作坊校本教研机制，构建了基于"共生课堂"和学科课程标准的教师专业研修课程体系，形成了"新手—熟手—能手—高手"教师教学能力进阶模式，以工作坊为载体，以课堂教学改革为核心，以提高教师教学设计能力、变革课堂教学方式为重点，推进区校"双边联动"协同教研，促进教师专业成长。

（1）建立"共生课堂"教学工作坊。

学科教学工作坊是以区教师进修学院学科教研员为主导，以区内试点校学科教师为主体，利用外部资源，以自组织形式组建的促进课堂教学改进以及教学质量提升的专业研修团队。从 2019 年 5 月到 2021 年 6 月，课题组在试点校成立了 27 个学科教学工作坊，实现了对试点学校义务教育阶段所有学科、所有任课教师的全覆盖，按照问题导向、任务驱动、共生发展的基本原则和建队伍、提能力、出成果的建设思路，形成了清晰完备的顶层设计。

在核心团队方面，形成了正副坊主双负责制，每个工作坊遵循"1＋1＋2＋N"的金字塔形成员构成，由区域学科教研员 1 人担任坊主，学校教研组长或骨干教师 1 人担任副坊主，区教师进修学院和学校共派 2 人担任研究人员，学科 N 名教师担任坊员。整个教研团队分工明确，以共同的价值追求、稳固的组织构架、科学的运作模式，支撑起学科教学工作坊的建设；在运行机制方面，课题组先后制定了《学科教学工作坊建设指导意见》《学科教学工作坊管理办法（试行）》等文件，出现《学科教学工作坊建设方案模板》《学科教学工作坊工作记录模板》等规范文本，形成了科学规范的系列制度；在工作内容方面，一方面可以围绕"理论研学、专题研讨、特色研究"这三类研修主题，重点聚焦"共生课堂"，开展常规性的专题研修；另一方面还可以依据学科特质、已有基础、重点难点问题开展有针对性的特色研究，形成了"共性＋个性"的系列研修主题；在运行方式方面，为保证学科教学工作坊的规范运行和创新实施，形成了"常规管理＋团队展示＋阶段总结"为主线的评价制度。

（2）构建教师分层培养课程体系。

教师专业发展贯穿于教师整个职业生涯，许多国家的教师专业标准对教师专业发展的阶段进行了划分并提出了基本要求：英国教师专业标准从合格、核心、成熟、优秀和专家五个教师发展阶段规定了每一阶段教师的素质特征；澳大利亚国家教师专业标准从毕业、熟练、精通和领导四个阶段描述了每一教师发展阶段的基准；美国全国教师教育认证委员会（NCATE）、洲际教师评价与支持联盟（INTASC）、全美教师专业教学标准委员会（NBPTS）和优质教师证书委员会（ABCTE）四个机构分别制定了针对候选教师、新教师、成熟教师和杰出教师四个有关职前、入职和在职教师的专业标准。[①] 但与西方各国相比，我国教师专业标准还始终停留在一般性的标准层面，即抛开教师已有的发展程度差异来谈标准，使得专业发展标准区分度不高。基于此，我们构建起了教师专业标准体系与分层培养课程体系，以实现教师从"新手—熟手—能手—高手"的专业能力进阶。

新手教师正处于职业目标的形成阶段，是影响其职业倾向的关键期。在这一时期，需要针对新教师在教学过程中面临的问题和挑战，引导其探索解决路径，有效实现从新手教师向熟手教师的跨越。基于此，我们以新教师发展需求为导向，结合新教师岗位标准和区域教育发展对教师的要求，围绕职业领悟与师德践行、教学常规与教学实践、班级管理与育德体验、教学反思与教研基础四个维度，从区级层面、学校层面、团队带教层面和指导教师带教层面分层推

---

① 周淑琪. 新手教师和专家型教师评价素养研究——基于教师专业标准的比较 [J]. 比较教育研究，2014（01）：12-17.

进。与此同时，依托"区校一体化"区级教师培训课程建设项目，设置"新入职教师培训的课程开发"专项，建立了本土化的新入职教师培训精品课程、网络课程资源库和学习资源库。

熟手教师处于职业认同形成的关键期，其能否克服职业高原现象顺利成长为能手教师，在很大程度上取决于熟手教师是否能够主动地参与教学研究。为了激发熟手教师在教研中的主观能动性和提高教师培训的实效性，我们坚持目标小、针对性强、能操作、有突破的原则，以教育教学实际问题为载体，通过设置专题课程和开放课程，开展"靶向突破式"培训，以实现熟手教师在某个领域或某个方面的突破。

能手教师往往具有系统的专业知识、娴熟的教学技能、过人的实践智慧、自觉的科学研究以及自相一致的职业认同。这一发展阶段，主要以工作坊研修的方式，使能手教师担任坊主的"助教"的角色，在坊主的指导下，协助坊主完成教学指导和学习指导工作，聚焦区域学科教学中难点和热点问题，实现能手教师个人专业成长研究力的提升。

高手教师应当是具备学者风范的教师，他们不光能够教书育人，还能够沉浸于科研，深挖任教学科性质特点，他们富有创新精神和实践意识，不仅具有独到的教学实践操作体系，还能自成一派，形成自己独特的教学理念、教学思想、教学风格。对于这一发展阶段的教师来说，个性化的科学研究是至关重要的。因此，我们以名师工作室为载体，让高手教师带队伍、做研究，在不断聚焦和定位工作室特色中，真正成长为教育教学改革的领头羊。

3. 优化管理，形成组织合力。

马克思合力理论是马克思主义理论的重要组成部分，他在论述物质生产及其发展过程时，深刻阐释了合力的性质，指出："单个劳动者的力量的机械总和，与许多人手共同完成同一不可分割的操作（如举重、转绞车等）所发挥的社会力量有本质的差别。"他将其看作是一种由劳动个体自然生产力融合而成的新的力量——集体力。马克思关于生产合力的观点为我们从管理学的视角来搭建双边联动、多元参与、优势互补的"共生课堂"项目支持系统提供了重要的理论支撑，保障项目以优质的组合模式为基础，以合理的分工协作为桥梁，以各要素主动作为为动力，推动项目有序运行。

一方面，完善的组织机构是合力形成的基础和前提条件。本着"四方联动、按需集群"的工作原则，区教委牵头设立了区级领导小组，负责项目的行政决策、总体推进；组建了专家指导小组，负责项目的顶层设计、成果提炼；成立了工作小组，负责项目的组织、实施、监控等日常工作。形成涵盖区教委、专家团队、教师进修学院、试点学校四方的教育发展共同体，各工作小组职责明确，最大限度地发挥了各自优势，最大限度地激发了组织成员的活力。

另一方面，健全的运行机制是系统工程高质运行的必要保障。为此，课题组以整体性为原则着力构建了四个方面的工作机制，一是引领机制——领导小组会商制度，即每学期定期召开全体会议，负责项目实施过程中重大问题的决策并授权工作小组采取措施执行决策；二是推进机制——工作小组例会制度，即每月召开一次工作小组工作例会，就有关问题做出决策部署，协调推进各试点学校的工作；三是常规机制——工作小组汇报制度与试点学校汇报制度，即定期向领导小组报送工作计划、工作总结，随时接受领导小组的督导和评估；四是促进机制——项目工作责任制度，即按照项目实施方案和工作方案，项目办公室分学期将试点工作分解成为若干具体任务，进修学院和试点学校依据不同任务分别组建工作团队，由各工作团队负责人具体负责实施。

4. 保障机制：完善质量监测体系。

质量监测体系是关于课堂教学改革效果的过程管理体系，其建立的根本目的不在于监测本身，而在于对课堂教学改革各方面细节的准确把握和对教学质量的保障；其实施也并非只是为了提供一个关于课堂教学改革成效的终结性报告，更为重要的是为课堂教学提供改进的依据和对策建议。因此，从这个角度来看，质量监测体系的形成性功能将得到充分凸显——既有助于学校层面改善教师的教与学生的学，也有助于区域层面改进教育决策，进而促进课堂教学改革的可持续进行。

（1）教学评价系统。

教学评价是课堂改革的核心关切与焦点问题，是促进"共生课堂"立德树人的内在动力与实践尺度。基于此，课题组分阶段、分层次研制了一系列评价工具，形成客观、高效的教学评价系统。建立教学评价系统的首要任务是制定教学质量监测的标准，标准既应体现国家义务教育的方针政策与立德树人根本任务要求，以明确教学质量提升的整体方向和质量保障的基本参照，同时也应反映各利益相关群体对其的理解和诉求，以形成质量评价的共同话语体系。

基于此，课题组研制出《渝中区"共生课堂"教学评价指导标准》（如表3-1），形成教学质量评价指标基本框架，具体包括课程意识、交互教学、真实学习、新型关系、工具运用等五个维度的评价内容。

表3-1 渝中区"共生课堂"教学评价指导标准

评价内容	关键指标	评价要点	观察要点
课程意识 （20分）	教学目标	素养化 明确、具体、可测	设置合理，达成有效
	教学内容	统整化 主题、结构	任务驱动，情景融入
	学习者	主体间性 动机、生成	关注学习，学生主动
交互教学 （25分）	问题设置	关键化 启发、挑战、全体	学情导向，思维发展
	高质反馈	互动化 指导、习惯、策略	表现评价，积极客观
	活动开展	情景化 任务、路径、时效	目标导向，合理调控
真实学习 （25分）	元认知	过程化 主动、调整、方法	学会学习，反思改进
	探究参与	生成化 应变、思考、时间	学情研判，有效启发
	展示互动	精准化 倾听、对话、共享	目标一致，反思跟进
新型关系 （20分）	教师角色	生本化 学友、教练、促进	帮助者，激发者
	师生关系	联动化 双主、相长、共建	优化环境，共同发展
	生生关系	伙伴化 共学、共享、共进	和谐发展，团队学习

评价内容	关键指标	评价要点	观察要点
工具运用（10分）	数字工具	资源化	丰富内容，工具支持
		关联性、新颖性、多样化	
	思维工具	可视化	思维发展，深度学习
		高认知、高参与、个性化	
	学习工具	任务化	目标导向，重构内容
		创新性、合作性	

　　该评价指导标准一反教学监测标准单方面关注学生学习行为或教师教学行为的局限性，综合性地对教学的关键环节、关键区域进行跟踪监测，并根据监测标准收集到的资料和证据，及时诊断教学改进过程中的某些趋势和问题，从而更加客观、深入地描述课堂教学质量，而非通过简单化的"贴标签"的形式来证明其质量情况。教学评价系统不仅形成了质量标准指标体系，还以《渝中区"共生课堂"教学评价指导标准》为母本，研制了具有可操作性的"共生课堂"观察量表和分学科的教学评价量表（截取初中数学学科部分内容为例，如表3-2），借助学习分析工具，全面了解课堂教学情况，开展基于实证的全员全程教研。

表3-2　数学学科"共生课堂"教学评价量表（课程意识和工具运用部分）

评价内容	关键指标	评价及观察要点	分值	评价得分
课程意识（20分）	教学目标	1. 体现数学学科素养和立德树人的育人功能	5	
		2. 目标制定符合数学课程标准的要求和学生的实际，明确、具体，具有可测性		
	教学内容	3. 注重教材内容整合和处理，注重知识的关联，凸显数学学科特点，渗透数学思想方法，体现主题化、结构化	10	
		4. 内容讲解正确，符合学生认知规律，前后衔接自然，有预设有生成，容量适当，满足不同学生学习需求		
	学习者	5. 学习方式多样化（听讲、自学、探究、讨论、交流等）	5	
		6. 学生主动参与学习活动，形成良好的学习习惯		

续表

评价内容	关键指标	评价及观察要点	分值	评价得分
工具运用 （10分）	数字工具	25. 合理地运用现代信息技术辅助教学	3	
		26. 体现信息技术与课程内容的整合，注重实效		
	思维工具	27. 借用信息技术使内容形象化、可视化	5	
		28. 能将现代技术与传统方法有机结合，改变学习方式，实现个性化学习，促进思维发展		
	学习工具	29. 任务驱动，合作开发学习资源	2	
		30. 运用开发的学习资源，创新学习，促进目标的达成		
合计			100	

与此同时，为进一步摸清学生在具体的知识技能、过程方法、情感态度价值观等方面的优势与不足，课题组还研制了调研考试质量监测与分析模型，利用大数据、云计算等信息技术实现对全员的调研情况进行纵横比较、监测分析，建立起常态化的教学质量评估机制。

（2）学科教学工作坊评价系统。

在实际学科教学工作坊中，围绕各个学校、各个学段、各个学科的阶段性目标，围绕理论研学、专题研讨、特色研究三大研修任务，采用集体备课、课例研究、教学评比、经验交流等多样化的形式，着力帮助教师解决课堂教学中存在的实际问题，提升教师对教学策略与教学方式最优化的认识与实践力，通过"示范引领＋现场实作＋实践反思"的过程，线上线下融合的研究性学习的实施，力求创新常态课堂教学范式，在一种平等、民主、和谐的人本环境中促进教师积极思考、合理借鉴与专业发展，进而实现师生的共同成长，这是学科教学工作坊开展的出发点与落脚点。但任何系统的发展趋势都会不断趋于稳定，系统一旦呈现出平稳状态，就难免会自我封闭，维护旧有秩序，排斥创新与新生力量，这是事物的固有属性，学科教学工作坊也不可避免地遵循这样的法则。换句话来说，就是当学科教学工作坊的基本运行机制形成，并逐渐发展成为教师群体的自觉化行为时，就会出现对一些重要环节进行取舍、简化的现象，进而导致整个教研过程趋于形式化，即有结论无过程。因此，精心搭建的学科教学工作坊开展研修的过程是否规范、效果如何、是否达到预期目的、后续研究应着眼哪些方面等，这些问题就显得至关重要，对学科教学工作坊进行系统评价的必要性由此凸显。

学科教学工作坊评价系统着眼于对工作坊的建设与制度、运行与管理、过程与成效进行综合测评与评估。总体而言，学科教学工作坊评价系统呈现出三个方面的特点：首先，评价的内涵彰显发展性。正如前文所言，评价不是"通过简单化的'贴标签'的形式来证明其质量情况"，而是以评价促进工作坊活动的不断调适、改进，促进教师、学校、区域的发展。这样的评价是立足当下，面向未来的。其次，评价的实施体现形成性与终结性并重的原则。形成性评价是在教学工作坊研修活动实施过程中，对研修计划、实施情况进行的评价，由于教学工作坊的研修活动是以学年为时间节点，分小组进行的，因此形成性评价有助于动态地了解研修过程，让教师能够清楚看到个体与群体的进步，以"反馈——调节——矫正"的路径，达到课堂教学改进、提升教学质量的目的。在学年度结束后对工作坊开展的阶段考评，课题组则研制了《渝中区学科教学工作坊评价量表》，从"工作坊建设、工作坊运行、工作坊成效、工作坊活动、教学质量提升"五个方面开展终结性评价，这有助于对各个工作坊进行客观价值判断。最后，评价的主体构成呈现多元化。因为任何一个评价主体都有自身的价值立场和评估角度，都具有不可替代的优势，与此同时，由于其特定身份的限定，各评价主体又有着自身不可避免的局限性。为了保障学科教学工作坊评价有效性，评价主体既有工作坊内成员，又有试点学校的其他教师和第三方专家。多方评价力量的整合，有助于营造理解、尊重、信任的教师专业成长环境。

（二）基于"共生课堂"的系列研究：部分试点学校案例

2018 年，全国教育大会提出要"加快推进教育现代化、建设教育强国、办好人民满意的教育"，在全面贯彻全国全市教育大会精神的基础上，重庆市渝中区教育大会提出"打造全国一流基础教育强区，加快推动渝中教育高质量发展"的目标，并坚持把深化课程改革作为促进区域义务教育优质化、均衡化、现代化发展的重要突破口。同年 12 月，渝中区教育委员会启动了义务教育课堂教学质量提升试点工作，按照"点校实验、培育范例、按需集群、重点突破、多维发力、全面提升"的工作思路，选取了鹅岭小学、东水门小学和大坪中学等学校作为试点学校。这些学校基于"共生课堂"分别聚焦校本研修课程构建、学科教学改进、教学工作坊运行机制三个方面展开研究，逐步形成了"研究中实践，实践中提升"的发展模式，学校师生的综合素养得到全面提高，学校的知名度与美誉度同步提升，并逐渐发挥示范带头和辐射作用。

【案例一】鹅岭小学

2019 年 6 月，中共中央国务院在印发的《关于深化教育教学改革全面提高义务教育质量的意见》中明确提出要发挥教研支撑作用，"完善区域教研、校本教研、网络教研、综合教研制度"，实施义务教育质量提升工程。作为行动研究的校本教研，对于学校课程改革、教学实践改进、教师专业成长都有着重要的促进作用，但在实践过程中，却仍存在教与研"油水分离"的状况，校本教研活动也并未凸显共同体的生态特质，探索和追寻能够从根本上内生出"教"与"研"共生的校本教研势在必行。2019 年，鹅岭小学成为渝中区义务教育课堂教学质量提升项目试点学校，学校紧抓这次发展机遇，针对"教师研修创新行动"展开深入研究，严格依据课程建构与应用的构成要素和基本过程，聚焦"共生课堂"下促进教师专业发展的校本研修课程的构建与实施，以期建立教师可持续发展的良性成长运行机制。

鹅岭小学根据试点项目的总体目标，围绕"共生课堂"理念，对照学校实际加以思考，拟定了"团队组建——需求调研、文献分析——课程构建——实践应用——修正课程"的基本思路，进行了一系列部署，生成了一系列经验。

就项目团队组建方面，在研究主题确定之初，学习研究组织就建立起来了，具体涉及领导小组的成立、学科教学工作坊的组建以及工作坊副坊主的选拔（坊主由区域学科教研员担任）。与此同时，为保证整个研究积极开展，学校还建立起系统的保障体系：首先，依据学校的研究思路，围绕学校的研究目标，具体制定了项目研究规划；其次，完善了项目的一般管理制度，落实管理职能，明确各自分工，针对以往学校开展类似研究的实践过程暴露出来的薄弱环节，还制定了专项管理制度，使得整个项目的管理有章可依；最后，优化了评价激励制度，结合学校学分制度和其他考评制度，建立起多层次、科学有效的评价机制，以激发教师在项目研究过程中的积极性和能动性。

就项目具体开展而言，首先，项目组组织成员搜集和学习了国内外相关文献，对"共生课堂""校本研修课程"等核心概念进行界定；二是学校开展了需求调研，通过调查研究了解和分析学校、教师的发展现状、需求，以此为参考因素使得后续建构的校本研修课程能满足不同层次教师的需求；三是将"共生课堂"的理念与学校的"自信育桃李，自昭以明德"办学理念相结合，拟定基于"共生课堂"的校本研修课程理念，并结合"共生课堂"对教师能力发展的要求、教师专业发展的路径和教师个人的发展需求，确定校本研修课程体系的构建原则；四是按照"基础研修、专业研修、拓展研修"三个层次的研修促进教师的专业进阶，制定对应的课程目标和课程内容，以适配不同学科、不同层级教师的发展需求。一方面，结合研修课程的目标和内容，探索"专家培训、教学研讨、同伴互助、校际交流"等研修路径，形成适宜的、具有操作性的研修方式，进一步完善课程体系构架。另一方面，根据《重庆市渝中区"共生课堂"教学评价指导标准》中的"共生课堂"基本理念、构成要素和教学评价指标框架，构建了校本研修三级课程内容框架，探究研修方式与课程内容的适配程度。

就项目成效而言，学校在开展教师研修创新行动的实践中，取得了一系列可喜的结果。一是形成了可供借鉴的试点经验，如以教学工作坊的方式升级校本教研、以行动研究提升教师专业能力等。在康德看来，认识是双向性运动，人在认识世界的同时认识自己，人在建构与创造的同时建构与创造自身，教育的实质就是经验的生成和经验的改造。教师通过教学工作坊与行动研究，从原有经验出发，对于研究过程中形成的新现象、新经验及时甄别梳理，积极建构，生成新的经验。以问题为导向，以行动研究为基本途径，以教学工作坊为支撑的教师研修模式对于教师经验生成与自主发展有着重要作用。二是提升了教学质量。学科教学工作坊围绕"共生课堂"的优化教学设计、课堂实施行动、教学诊断行动、教育技术助推以及学科特色等主题进行了一系列深入研修。随着研修的不断推进，教师能够将研修形成的新方案、新设想、新成果，通过意义理解与再建构之后，进行实践。在实践中使得"共生课堂"的理念在教师心中扎根，促进其实践智慧的生成，教师积极主动的教学改进行为被充分激发出来，与之相应地，教学质量也得到了稳步提升。三是促进了教师的专业发展。教师以课程标准为指导，细化精准教学目标，使目标素养化，体现学科特质，并设计适合的学习活动和新型的学习任务单来有效促进学生学习的深度，发展教师教学设计和组织实施能力。与此同时，教师通过课堂观察工具的使用，逐步从原来的经验主义转变为基于课堂的实证研究，能够发现教学中的真问题，形成了"三阶段两反思，循环跟进式"教学反思改进模式。具体而言，就是指教学原行为阶段、新设计阶段、新行为阶段三大阶段，在阶段与阶段的结合点上注入教师的反思，遵循"设计—实施—观察—反思"的路径，循环跟进，实现螺旋式上升，最终达到教学反思能力的整体提升与教学智慧的生成。

【案例二】东水门小学

渝中区东水门小学于 2001 年挂牌成立，由于朝天门片区改造，学校生源数量严重下降，现有教学班 12 个，学生总人数三百余人，其中流动人口子女占比达 90% 以上，学生家长大都是在本市从事基础建设的体力劳动者，文化层次较低，对子女教育投入少，对孩子的成长缺乏期待。尽管如此，学校始终坚守小学校办大教育的教育理想，秉持着"蒙以养正，玩中启智"的办学理念，在"打开，与万物同生"的文化核心表达与践行中不断探寻学校发展之路。但仍因为教师教学观念与教学行为相对保守、生源质量逐年下滑等，学校教学质量呈下降趋势。在此背景下，东水门小学锚定学科教学改进这一核心工作，立足校本，在指向深度学习的"共生课堂"教学改进体系中探寻出"设计优先—行动实证—评价整改"的改进路径和策略，形成了义务教育课堂教学质量提升的东小行动样例。

（1）"三步走"有效引领研究方向。

第一步，稳步启动——整体规划，谋定而动。工作的落实首先需要制度规范性和计划统筹性指导。基于此，学校将校本性融入校级项目相关文件制度中，大致分为两类：一类是基本运行制度类，以确保研究工作良性运行；一类是工作指导计划类，以明确研究任务和时间节点要求，保证项目研究与实践的递进主题化、目标方向性。与此同时，学校还明晰勾勒出基于"共生课堂"的课堂教学研究与实践行动图谱。

第二步，健步行动——系统改进，基于实证。在这一阶段，学校循着"问题——行动——改进"路径，以"循行动链，强关键点"的策略积极开展研究。在整个教学改进行动链上，首先强"设计优先"关键点，为达成设计规范，学校通过实践积极引导各学科教师厘清对"教学思想、内容、方法、技术、对象"设计变革的认识与理解；在"行动——改进"链条中，学校把关键点定位于基于实证，实践改进：一是开展课堂教学诊断实证研究，二是开展课堂教学改进的实践研究。

第三步，健步带动——由点及面，持续赋能。为了更好地让学校全体教师加入研究，克服学校教师年龄结构偏大带来的动力不足问题。学校采取"榜样引领，由点及面"的工作思路进行评价激励，即遴选一批出色的中青年教师担任学科工作坊副坊主，激发出"鲇鱼效应"，以个体学习带动全体学习，提高研究的参与度与实效性。

（2）生成经验：学科教学改进之理论建构。

学校始终坚持将切身实践与理论研究紧密地结合起来，边实践，边探索，边归纳，边检验，边完善，引导教师积极对实践过程中体悟、生成的经验进行正向解读，意义建构，形成了一系列的创新成果。

①"联研化行"校本研修联动共生机制。

该机制的内核是课堂教学能力的提升，即全面提升教师专业素养，让学生获得更优质的教育。外围的行为主体是由学校、进修学院、学科工作坊、教师组成共同体。其作用机理是：学科工作坊从方法层面解决实践中遇到的问题，即解决"怎么做"的问题；教师从实践层面进行实操，即解决"应该怎么做"的问题；进修学院从理论、知识、方法、技能层面进行培训，即解决"为什么这么做"的问题，把教研、科研的成果转变为培训课程，提高教师的专业水平；学校从督导层面发现问题，并通过解决问题的各环节来检验教师专业发展的成效，即解决"做得如何"的问题，如图3-1所示。

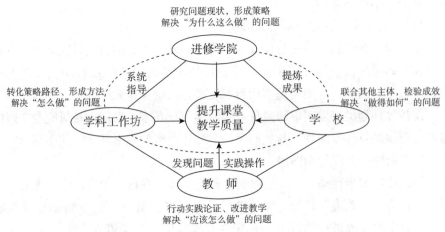

图3-1 "联研化行"校本研修联动共生机制

②义务教育课堂教学质量提升的行动样例。

学校首先以各学科"共生课堂"评价量表为观察工具，主要针对教学目标、教学情境、作业设计三个板块，诊断出现阶段课堂教学存在的问题，梳理出问题列表，并进行归因分析；其次，学校梳理出了教学改进实践研究流程，如图3-2所示，各学科工作坊基于前期教学诊断结果，按照图示的实施流程先后从教学目标、情境创设等进行研究改进，并形成了两大成果：一是基于"共生课堂"的"两化两性"教学目标设计策略；二是基于"共生课堂"的"三梯三面"教学情境创设模型。具体而言，前者是学校依照"共生课堂"倡导的教学目标应"指向素养""明确具体""可评可测"的要求，开展了系列研讨和实践活动后，参照四要素分析法（行为对象、行为动词、行为条件、表现程度）研制出的教学目标制定策略，即行为主体生本化、行为状况动词化、行为条件可操作性、目标达成程度可测。后者则是为了回应真实课堂诉求，围绕"情境为问题产生，问题为目标驱动，目标为教学达成"的核心理念，建构的问题情境创设模型（如图3-3所示），强调情境真实化、问题有效化、目标素养化的原则。

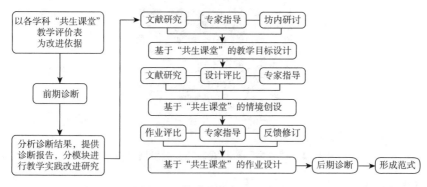

图3-2 教学改进实践研究流程

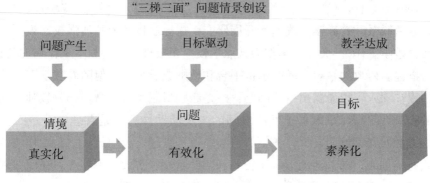

图3-3 "三梯三面"教学情境设计模型

③ "五力"阶段式教师专业发展支持系统。

学校通过建构起"专家引领——任务驱动——团队共研"的教师专业发展支持系统，如图3-4所示，聚焦教师成长五大能力：课堂规范力、课改执行力、教育创造力、教学反思力、教学创新力，助推教师实现从"新手-熟手-能手-高手"的专业能力进阶。其中，团队共研主要包括磨课现场、听（上）课现场、研讨现场三个研究场景。

图 3-4   "五力"阶段式教师专业发展支持系统

【案例三】大坪中学

2019 年，教育部印发《关于加强和改进新时代基础教育教研工作的意见》，明确指出区域教研机构要重心下移，"深入学校、课堂、教师、学生之中，紧密联系教育教学一线实际开展研究，指导学校和教师加强校本教研，改进教育教学工作"。大坪中学作为试点学校，积极推进学科教学工作坊的建设，努力搭建教研攻关平台、教改示范平台和教师成长平台。但随着教学工作坊运行的逐步深入，也暴露出一些问题：一是激励机制亟待建立，部分教师主动参与的积极性不高，难以真正发挥教师的主观能动性；二是管理有待进一步规范，成员职责不够明确、任务不够清晰，过程管理比较粗放；三是工作坊活动方式有待创新，部分活动形式比较单一，针对性、实效性不够等。在厘清现实问题后，大坪中学迅速组建了工作小组，拟定研究思路（如图 3-5），着力从组织管理、区校协同、评价激励三个方面，探索出了基于"共生课堂"的学科教学工作坊运行机制，探索出基于"共生课堂"的学科教学工作坊运行机制，即"一核三维"的组织管理机制、"三方联动"的区校协同机制和"团队共融"的评价激励机制，推动工作坊运行从"外部输血"到"内部造血"转化，让学科教学工作坊真正成为撬动校本教研转型升级的有力支点。

（一）"一核三维"的组织管理机制

学校以《渝中区义务教育课堂教学质量提升试点项目学科教学工作坊建设指导意见》为"一个核心"，实施工作坊常规管理，从目标规范起点、任务驱动运行、文化护航未来"三个维度"，创新管理机制，提升研修实效。

1. 目标引领机制

形成共同愿景是工作坊开展研修活动的基础，也是工作坊建设的行动指南。学校以目标引领机制规范工作坊建设起点，指引发展方向，明确达成目标。在此机制下，学校要求副坊主协助坊主，从学科建设、队伍建设实际出发，共同研制形成工作坊三年建设方案和行动计划，从团队目标、个体发展等方面，系统规划工作坊共同愿景，形成远景目标。在此基础上，学校还建立工作计划每学期审核制度和工作展示制度，为每个工作坊搭建阶段总结集中展示平台，在校内定期开展交流展示，以此促使工作坊将共同愿景分解成为短期目标，有序推进。

2. 任务驱动机制

共同愿景能够激发工作坊的内力凝聚，而研修任务则构成工作坊运行的外在推手，直接指向教师的具体行动，能够有效弥补愿景目标来自顶层设计，缺乏落实途径的短板，切实推动教师在工作坊内开展研究，在研究中取得成果，获得成长。学校以任务驱动机制规范工作坊运行，从任务发布、任务内化、任务落实到成果展示，全程加强管理。首先发布项目组 16 个研修主题作为统领；各工作坊在此基础上形成符合学科实际、体现学科特质的研修主题，并上报学校审核备案；制作《学科教学工作坊工作记录表》，明确记录工作坊任务完成情况，强化过程管理；结合工作展示制度，确定以任务完成阶段成果展示为主要内容，促使工作坊按期完成任务，形成经验成果，达到研修实效。

3. 文化浸润机制

学科教学工作坊作为教师专业共同体，工作坊文化是其生命基因，为共同体的成长提供不尽的原动力。课题组以文化浸润机制为工作坊运行注入团队灵魂，为共同体的未来发展保驾护航。一是从组织架构上形成平等共生的研修文化。工作坊内，教研员担任坊主，是平等中的首席，既是经验丰富的指导者，也是基于实践的学习者；同校或校际学科教师组成坊员，既是学习者也是研究者，既是问题的提供者也是问题的解决者；教研员与一线教师构成"双主体"关系，双方都能在研修过程中发挥自己的主体性，教师不再是研修活动的被动接受者，而是主动参与的建构者。二是从环境营造中形成有归属感和凝聚力的研修文化。打破以往年级为单位的学科研修方式，给每个工作坊开辟独立的研究空间，并在人力、财力、物力上给予大力支持，按照学科特色美化布置场地，给学科教师以归属感，增强工作坊的向心力。

（二）"四方联动"的区校协同机制

以学科教学工作坊建设为核心，围绕"共生课堂"打造，建立区教委、高等院校、研训机构、学校四方联动的区校协同机制。通过听取汇报和现场调研等方式，区教委为工作坊建设和项目开展提供政策指引与行政支持；通过"请进来、走出去"的集体研修方式，定期邀请高等院校教育专家到校指导，组织坊员外出到高校开展培训，为工作坊建设提供高校专家引领；通过项目统筹、过程督导、总结交流等方式，研训机构对工作坊建设进行全面的业务指导和有效管理。区校协同、形成合力，共同推动了学科教学工作坊建设。

（三）"团队共荣"的评价激励机制

有效的政策激励是推动学科教学工作坊持续发展的重要机制。从教师共同体打造的角度出发，课题组以"团队共荣"为基础，开展工作坊的团队评价，将对教师个人专业发展的期望融合到优秀团队的建设中，制定《大坪中学学科教学工作坊评价方案》《大坪中学学科教学工作坊优秀坊员评价方案》，以团队评价的方式涵盖了工作坊整体的研修业绩和成效，以及每位坊员的教学、科研、赛课以及工作坊研修活动参与度等，每学年利用大坪中学教育教学年会对优秀学科教学工作坊、优秀坊员、优秀科研积极分子等进行表彰。评价激励机制的不断完善调动了全体教师的积极性，实现了工作坊团队与坊员个体的共同成长，为学科教学工作坊研修提供了有效保障。

在学科教学工作坊建设过程中，每个工作坊根据工作坊运行的基本原则，聚焦"共生课堂"建设这一主题，形成了富有本学科特点的典型案例。学校汇总形成《学科教学工作坊研修典型案例集》，通过对典型案例的研究，总结提炼出三个在工作坊运行中具有代表性和创新性的研修方式，为工作坊研修的持续开展、推广应用打下基础。

1. 主题牵引式分步研修

按照工作坊运行要求，保证每次研修都有明确主题，主题设计有梯度、有层次，大主题涵盖小主题，不同主题配套不同的研修活动，以研修主题为牵引，分步骤有序开展工作坊活动。如中学数学学科教学工作坊共经历了四个阶段的有序研究。第一阶段是研制共生课堂评价标准，并以标准为指引，研究形成"自主学习、交流分享、引导提升、归纳总结"四步教学法；第二阶段是以不同课型为研究对象，通过理论学习、示范课打磨，提升坊员教学设计和课堂实施能力；第三阶段是开展试题命制研究，通过培训指导、命题实操、展评活动，提升坊员试题命制能力；第四阶段是开展数学作业优化设计，通过讲座指导、各类型作业设计研讨，落实"双减"政策，实现减负增效。

2. 行动研究式教学改进

工作坊制定学科课堂观察量表，以课堂教学为研究对象，围绕"共生课堂"打造，依据行动研究的理论及其经典步骤"计划－行动－观察评价"，经历教学设计、课堂验证、教学改进的全过程，实施课堂教学改进，其基本流程是"教学设计－课堂行动－评议反思－方案修正－课堂行动－反思总结－撰写案例"。如地理学科教学工作坊、英语学科教学工作坊，就主要通过持续开展行动研究式教学改进，增强教学反思、凝聚团队智慧，帮助坊员提升课堂教学设计和实施能力，不断总结成功经验，形成优质课例资源。

3. 学科融合式联合研修

当前，课程综合化成为教学的一种趋势。教学的融合不仅是知识的交叉，更多的是共同指向教师和学生的发展，聚焦学科教学热点、难点问题，各学科教学工作坊之间开展横向的联合研修活动。如初中历史与语文、政治等学科按照"同课异构（不同学科对同一知识点的教学）－议课评课－主题讲座－反思提升"的研训路径开展深度教研，理解学科整合运用中的依据、原则和方法等，拓展各学科教学资源，从而探寻拓宽学生能力培养的有效路径。

三年行动研究，学科教学工作坊形成的研修方式很多，如常态化的课例打磨、同课异构、专题研讨等，呈现出百花齐放、各具特色的研修样态。但无论运用哪种研修方式，工作坊建设都遵循了"落实目标、人人参与、具化成果"的研修要求，将教学研究、教学实践和教师专业成长融为一体，形成了教研员与一线教师的共同解决学科教学的现实问题，持续推动学科课堂改进的良好局面，如图3-5所示。

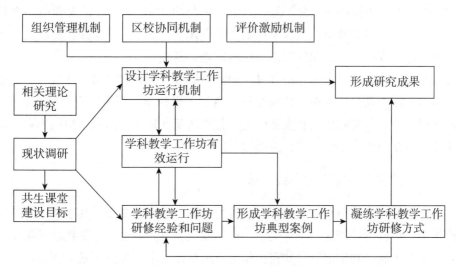

图3-5 基于"共生课堂"的学科教学工作坊运行机制研究思路图

二、共生课堂的形成与发展

任何事物的形成与发展都是过程的集合体，"共生课堂"也不例外。

（一）"共生课堂"的萌芽诞生

随着中国学生发展核心素养发布、新修订高中课程方案和课程标准出台、新高考改革持续推进、义务教育阶段部编教材统一使用等一系列措施出台，教育领域综合改革已进入深水区，内涵式发展已成为教育发展的主旋律。在这一背景下，渝中区教委积极回应全面提升教育质量，办好人民满意教育的时代要求，进一步深化教育领域综合改革。渝中区义务教育课堂教学质量提升试点项目既是这一战略框架下的重点项目，也是区域推进中小学课程改革，提升义务教育学校教育教学质量的实际行动。以该项目为契机，渝中区遵循区域以学生为本位，通过课堂教学促进师生生命成长的价值追求，开始着力探索和构建指向"深度学习"的课堂教学改进体系，"共生课堂"应运而生。

（二）"共生课堂"的理论建构

"共生课堂"通过理论建构而得到发展，在这一过程中，理论与经验研究是相辅相成、密不可分的。事实上，在"共生课堂"这一概念和理论体系正式提出之前，渝中区中小学已经形成了"生本、活力、共生"的课程教学活动整体样态，如中华路小学凸显平等、自主、参与的"民主课堂"；人和街小学强调尊重差异、寻求共识、人人发展的"和声课堂"等。这些实践经验以及形成的区域特色成为"共生课堂"理论建构的重要基础。

基于对课堂教学逻辑体系和具体内涵的梳理，课题组得出"课堂教学的逻辑体系实际上是知识逻辑、认知逻辑、教学逻辑和学习逻辑的有机整合体系"的共识，并结合文献研究和实证研究，分别从基本理念、内涵、构成要素、教学评价等方面初步建构出"共生课堂"的理论体系。

（三）"共生课堂"的实践创新

理论是实践的指南，又离不开实践的检验。渝中区基于"共生课堂"的理论体系，结合设计理念、主体关系、操作流程、方式方法、评价机制等操作性要素，对区域"共生课堂"如何操作提出了具体要求，进行了基本部署：一是规范要求。区域层面"共生课堂"的整体要求主要依据"共生课堂"七要素。二是学校实施。各中小学以区域层面"共生课堂"为范本，结合学校自身办学特色，从具体学科或综合课程出发，围绕区域课堂的整体要求，拟定各学科或学科群落实"共生课堂"实施的具体要求。三是支持系统。基于整体要求和实施需要，搭建"共生课堂"实施的支持系统。

　　经过顶层设计，渝中区各工作小组、各中小学开始稳步推进"共生课堂"教学实践。以教学目标确定为例，教学目标是教学活动实施的方向，是一切教学活动的出发点和归宿，因此教学目标的确定就显得尤为重要。为此，依照"共生课堂"倡导的教学目标应"指向素养""明确具体""可评可测"的要求，课题组组织开展了以"课时教学目标的设计与撰写"为主题的系列研讨、实践活动，提出参照四要素分析法（行为对象、行为动词、行为条件、表现程度）进行教学目标制定。中小学各学科教学工作坊在教研活动中运用四要素分析法，打磨成了教师课时教学目标设计的案例。通过坊主对资料的汇总集中，从指导前 1.0 版本到两次指导后的 3.0 版本的升级呈现出来。诸如此类的一系列教学设计优化行动、教学实践改进行动实践进一步丰富、修正了"共生课堂"理论体系。

第四章 共生课堂的模型分析

教师在日常生活中被比喻为蜡烛、园丁、乐队指挥、灵魂工程师甚至是艺术家等，由此可见，大众对于教师和教育事业的理解和肯定。其实，现实课堂教学情景和教育主体关系之复杂相信我们每一位身涉其中的教育工作者都有切身体会。也正是由于课堂教学本身的复杂性质，对于新手教师来说，如果在初上讲台时能够拥有一册共生课堂模型建构的新手指南，也许能够快速地崭露头角；而对于经验丰富的熟手教师，利用好一种先进的课堂模型，在通往专业教师和教学专家的道路上也将无往不利。除此之外，共生课堂的模型将会提供一个通用的结构，通过对模型建构的分析以及对其中各个组成部分进行专业性的交流，向行业内全体专业人员诠释共生理论指导下的教学和学习的公共实践路径，引发教育实践工作者相应的研究和思考，促进这一模型在更多特定场景的有效应用或采取某些适用性策略实现教学优化。

第一节 共生课堂模型系统与框架分析

一、共生课堂模型的建构及逻辑系统

(一) 共生课堂模型的演绎式建构

演绎法最早由法国哲学家笛卡尔（René Descartes）提出。笛卡尔的演绎方法是从数学方法中概括出来的，该方法的提出与当时数学取得的重大成就有关，也与他早年从事数学研究的科学实践有关。作为一种认识方法，笛卡尔将其定义为"我们指的是从某些已经确知的事物中必定推演出一切"的方法。不难发现，演绎是"推理的"，它需要由此及彼的思考"过程"，根据推理的不同要求，这个"过程"可以是简单的或复杂的。而"自明"的直觉知识，构成了

人类知识的"第一原则"，也是演绎的前提条件。从本体逻辑上看，演绎需要保证推理过程的无误；同时演绎中包含着运动或者前后相继的关系，它对事物的呈现不是直接证明，而是在某种程度上呈现确定性，可将其理解为记忆性的。因此，清楚、明白、不容置疑成为判断演绎知识的标准和特征，这也是后来笛卡尔将"凡是能够清楚明白理解的东西都是真实的"作为认识论的基本准则。

演绎式的课堂模型构建即自上而下的课堂模型建构路径。这种课堂模型建构从方法论的角度来说，往往是在一定现有教育科学理论的基础上，以已有的教学经验和认识成果为依据，对尚未被完全探索清楚的教学规律和行动框架做出假定性推测，然后予以推导，以求对那些已知的教学经验、教学事实进行深入解释，最终完成从宏观到微观的课堂模型搭建。

由于学校教学现象及其规律是多水平的、密切联系的、相互交错的、动态发展的，教育教学理论研究的方法论系统与之相对的也是一个多要素相互联系、相互依存的庞大系统——最高层次是指导基本思想的哲学世界观和思维方式，处于中间层次的是具有一般性意义的跨学科、跨学段的普适性指导方法，处于下位层次的是微观课堂教学的具体方法。基于这样的系统路径，发展课堂模型的建构需要以科学理论假设等具有概括性和递归性的上层设计作为切入点，融入各个学段、学科和课程单元，而不局限于某一特定的课程或课堂，旨在依托教学基本问题为宏观的课程规划和学科课程方案提供整体框架。

这种自上而下的演绎式课堂模型建构的优点显而易见，它所构建起来的完整结构和机制能够整体调动多方主体参与共构的积极性，规定学校教学策略和教学评价方式等，引领辖区内各学校围绕共同的发展理念和教学目标，创设教学模型有效运用的现实条件，使各方心往一处想、劲往一处使，共同致力于打造经验、信息、资源开放共享的区域教学风格。

演绎式建构的共生课堂模型的有效性和科学性在纵向上取决于每个层次是否协调一致，横向上取决于各层次的构成要素之间是否具有良好的表现和功能。因此，在操作层面打造这样的庞大体系和共享平台离不开稳定的经济支持和多领域人力资源的跨界合作；在理论层面，上层设计涵盖的范围十分广泛，几乎包括整个课程体系和教学环节的各个方面。并且，搭建高层次的宏观设计的起点是保证演绎前提的绝对真实性和有效性，理论模型的检验必定离不开教学实践调研和长期追踪跟进。此外，自上而下的建构逻辑在一定程度上隐藏了一线教师身在其中的主动性。因此，演绎式共生课堂模型的建构是一个大规模的工程，区域在选择和设计共生课堂模型方案、协调资源和主体间相对关系时，应当重视教师参与其中的作用，需要高度谨慎、深思熟虑地进行决策。

（二）共生课堂模型的归纳式建构

归纳法是指从个别教学实践现象出发，依据共生课堂理论推论出具有普遍意义的一般性结论，然后在实践中再次检验和完善，逐步建构具有相对稳定性的教学程序模型。遵循从个别到一般、从特殊到普遍的原则，归纳法是基于大量观察、经验整理，来概括出一般原理的过程。达尔文曾说过"科学就是整理事实以及从中得出普遍的规律或结论。"归纳式建构是指教师将以往的教学经验总结提炼为课程教学的理论模型，即自下而上的课堂模型建构路径。

教师可以从自己或他人的真实教学案例中选择具有普遍性和代表性的课堂实录作为模型建构的第一手资料。分析过程中，对照共生课堂要素观察师生及生生之间的互动、教学材料的选用、教学过程的预设与生成等，提取教学程序、教师活动、学生活动和学生发展四大要素，形成意义节点，再基于共生课堂理论特征进一步提炼具体教学模式的框架。教师作为课堂直接经验的总结者，其经验输出具有实时性、具体性。教师通过课堂实战得出的教学经验具有一定的实用价值，将自己的个体经验总结为一般的教学思路。出于学科特点的不同，教学思路的侧重点各异，各学科内和学科间相互探讨借鉴，由微观上升到中观，再结合区域共生的特色，最终形成宏观性的通用教学规律。

一个人的完整认知过程主要分为三个步骤：第一步是观察，是人的感性认识阶段。第二步是运用归纳法将知识进行总结，得出一般性结论，是感性认识向理性认识"升华"的过程。第三步，是运用演绎法将归纳得出来的结论进行演绎，形成一个完整的体系。因此单一的归纳式课堂建构仍存在一定的局限。以教师的直观经验为基础生成的教学体系，会带有个人的主观感性色彩，因而不能广泛地适用于所有的课堂教学。黑格尔说过，归纳推理本质上是一种尚存疑问的推理。教师的经验形成总是处于正在进行的状态，不具备完整性，因而归纳式教学体系需要不断地更新，并结合其他教学方法，具体问题具体分析。

（三）共生课堂模型的综合式建构

从理论中演绎而来的课堂模型及其教学模式不能脱离教学实践的检验，从实践中生成的课堂模型与教学模式也唯有升华为理论力量才能进一步向更广泛的实践活动转化，推进教学改革。此外，教育本身具有历史的内在连续性，课堂模型的革新与运用也不能无视已有的现实实践基础。同时，即便是已有课堂模型为教师的教学实践提供可参考的范式，但并非人服从于固定模式，教师和学生作为课堂模型的实践主体，在课堂模型的运用和修正中也同样具有能动的创造性，墨守成规是难以促进教学活动与时俱进的。也就是说，课堂模型的创生指向课堂模型的运用，而课堂模型的运用过程也是课堂模型的创生过程，任何单一的课堂模型建构逻辑都无法完全适应当前多变的教学环境，也没有任何一种课堂教学模型能够在所有情景中通行无阻，要避免单一化、绝对化的路径，要遵循多样综合的原则规避模型建构的片面性。

共生课堂模型的综合性建构打破演绎路径和归纳路径之间的严格界限，往往采用自上而下的建构方式和自下而上的建构方式相结合的整合型研究思路，形成分层交互的课堂模型体系。整体设计的系统方案为总框架的建构提供理论支撑，而基层实践经验不断丰富课堂体系的末端通路。王策三先生也提出教学模式的创造需要运用多种多样的综合方法，首先从实际出发，依靠一定的科学理论以及成功案例积累的经验；再设想多种可能的方案以备筛选；最后经由实验来检验和总结，确立相对稳定的模式形态。

现行共生课堂模型的建构路径也多采取综合性的方法，兼顾教学实践的多方面要素和实际情况。在实践中既要综合考虑现实资源条件，结合具体情况分析师生的活动方式、相互关系，灵活调整课堂教学的形式以适应鲜活的教学情景。当然，综合性的共生课堂模型建构不是一蹴而就的，当理论建构的课堂模型在进入新的实践时，必须与新的教学实践中的制度、设施、环境、学科、教材、学生、教师、家长等建立起真正的联系，带动各方面参与力量的转变和改变，有时也需要在与时俱进的理论探索和充分的实践检验之间进行往返修正。

二、共生课堂模型的系统构成及框架

（一）共生课堂区域系统模型

现代教学的一个重要思想是将教和学看作完整的系统，由具有若干特定功能的要素复合组成。课堂模型的总体结构和设计，主要是对学校课程的选择以及课堂活动中各类关系的宏观处理。具体而言，共生课堂模型的宏观建构偏重宏观设计，倾向于在区域层面为辖区的所有学校提供一个较为完整的课程计划，为学校的课堂教学预设过程和结果。共生课堂就是依托共生的核心价值理念和科学理论主线，由区域教育实践领导团体统整区域教学发展的共生性目标；厘定学生学科核心素养发展要求；核定课程内容标准；编制学科、跨学科层面的学业目标及评价量规。与此同时，在信息技术的辅助下，创立区域范围开放获取的教学数字资源包，为校际教学资源共享和教师专业学习打开通路。

在中观层面,学校是共生课堂模型建构的主要阵地。共生区域内各个学校主体所秉持的共生教育哲学及在共生理念指导下,所整合的校内教学资源、教学生态、教学关系、教学规程为共生课堂模型构筑起一个相对稳定的校内环境,上接区域教学发展目标,中承教师和学生可持续发展责任,下启一线教师课堂教学设计,在整个自上而下的课堂模型构建层次中起到强有力的连接带和助推器作用。微观层面上,共生课堂追求的是教师与学生、学生与学生在学习情景中的共同生成和生长,双方能够在具体的课堂情景之中基于身体原有经验完成知识体系的构建,巩固学习经验,发展未来成长的关键能力,是共生课堂建构中的积极实践者和创生者,如图 4-1 所示。

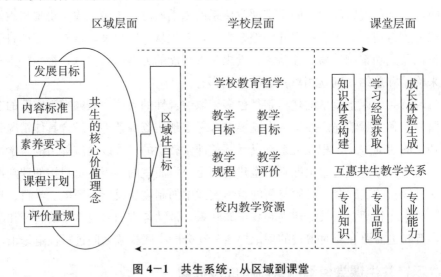

图 4-1 共生系统:从区域到课堂

根据共生课堂模型演绎式建构的逻辑,基于区域视角的共生课堂模型,主要应包含三个层次,分别是作为上层建筑的共生理念指导系统、作为中层支柱的共生资源支持系统和作为下层基石的共生课堂实践系统。

1. 共生理念指导系统

理念是行动的先导。共生课堂是由若干具体的教学部件组成的完整体系,构成整体的各个部分之间并非孤立存在,而是彼此有机的紧密联系在一起。在理念的引领和理论背景的支持下,共生课堂的核心旨在促进学生的发展,使学生学习的能力得到最大程度的开发,促进学习者整体素质提升,未来指向更高水平层次的终身发展;与此同时,使教师在此过程中获得同步的成长。"共生"是模型的基层起点也是最终的落脚点,融汇于完整的模型系统中,使系统各个层次协调统一,形成一个有机的整体。

让所有的共生因子都能够获得主动成长和发展是共生目标的准则。在共生课堂系统中，每一个层次的教学目标都是上一层次教学目标的具体化。每一个课时的教学目标是体系中的最小单元，单个课时目标的确定遵循上位单元教学目标的指导；而一个单元的教学目标须接受其上一层级的学期目标指引；学期教学目标的确定则需要先明确各个阶段内该学科课程标准；而当前最新课程标准与核心素养相联结。一线的教师都非常熟悉如何将学科教学目标分解为单元教学目标和课时教学目标，在此基础上，区域教学理念和课程目标对基层教学具有引导和定向的作用，可避免系统的紊乱，保证整体教学活动的有效性。

与传统上关注课程内容标准的做法不同，研制基于核心素养表达的教学目标体系回归于学校教育的基本命题层面上。区域课堂目标体系具有纲领性作用，通过基础理论研究，厘清核心素养的概念内涵与理论结构，准确把握核心素养的价值定位，高度概括区域对辖区学校教育的办学方向、性质、内容和方式的规范性要求，最终将总体教育目标具体化，转化为对学校课程和教学的具体要求，作为学校教育总体育人目标的规定和论述的基础和依据。

2. 共生资源支持系统

所谓"巧妇难为无米之炊"，教育教学的过程需要占用、使用和消耗相应的素材及其他可被利用的条件和资源。常见的教学资源包括教材、教案、课件、音视频等教学材料，然而，隐性的教学环境及教学后援系统也应包含在内。

当前，在计算机和网络环境的支持下，信息传递快，交互性和共享性得到了极大的提高，甚至信息保存的格式越来越丰富、操作的范围越来越广阔、获取自由度也越来越强，这些使得学生的学习具有了更强的自主性和灵活性。中国互联网信息中心发布的第 48 次《中国互联网络发展状况统计报告》指出：截至 2021 年 6 月，我国移动电话用户总数达 16.14 亿户。[①] 2021 年 7 月，《2020 年全国未成年人互联网使用情况研究报告》，基于中国大陆 31 个省（市、区）的 29115 个在校学生样本（包括小学、初中、高中、职高、中专、技校 6 个学历段）的问卷调查结果分析，报告指出：我国未成年人的互联网普及率高达近 95%，同时，在过去半年中经常利用互联网进行学习的比例近

①　中国互联网络信息中心.《第 48 次中国互联网络发展状况统计报告》[EB/OL]. http://www. cnnic. net. cn.

90%。①（新冠疫情期间，互联网学习利用率相较于 2019 年的 66.1% 比例有显著增长）。不可否认，我国互联网普及率迄今为止已经达到相当高的水平，且互联网在未成年人学习方面发挥了重要作用。

共生体系下的教学资源，应该涉及教师教的资源和学生学的资源两个方面，具体来说，教学过程中被教学者和学习者利用的一切显性的或隐性的、为学生的学习和教师的教学服务的教学组成要素都属于教学的资源。作为中层支柱的共生资源支持系统，教学资源包在区域统筹下将文字教材、多媒体教学资源、学生课前预习单、课后复习指导等资源进行有效整合，最终形成以各阶段的学科课程为核心、相应的辅助教学资料和课外补充学习资源为外延的多功能、多媒体、系列化的优质教学资源和教学实施方案。就内容而言，共生教学资源包括传统的教材、教参、教案、课件等资料，也包括立体化发展微视频课程、电子化课本、课外读物、试题库、案例库等可供利用的教学要素，以便教师在实际教学中获取和利用这些资源，学生也能够在教师的指导下主动地利用这些资源来满足学习需求。

共生课堂的建设依托于校内外环境所提供的学习资源。在科技飞速发展的当今社会，学习资源的更新也应与时俱进，才能做到真正意义上的"深度共生"。在智能时代，教学中应充分运用大数据分析等技术手段。教师可将信息技术和课程设计进行有机结合，开发并共享课堂教学的微课或教学资源包，将信息技术融入课前、课中、课后三个阶段，结合不同学生的学习情况、学习特点，制定个性化的学习分析和支持，给学生提供可自选学习资源的学习平台，将主动权重新交还学生。

3. 共生课堂实践系统

共生课堂是一种对称式互惠共生课堂。"互惠共生"就是承认并尊重每个利益主体的利益，利益主体者具有平等性，利益应公平地惠及所有利益个体。在学校课堂教学中，学生和教师都是课堂的既得利益者。因而，在课堂教学中，更应注重师生的协同发展。课堂是由师生在特定的时空内共同演绎谱写的教育舞台，教育的根本意义在于提高每个人生命的质量。教师和学生在共生课堂中是一种相互促进、携手并进的关系。新时代背景下，学生是课堂的主体，教师要发挥主导作用。教师要根据认知发展规律，为学生创设问题情境，引导学生积极思考，培养学生独立学习的能力。师生双方都应确立明晰的学习愿

---

① 中国互联网络信息中心.《2020 年全国未成年人互联网使用情况研究报告》[EB/OL]. http://www.cnnic.net.cn.

景，形成新型的师生关系，以学生的学习为中心，最终才能真正促进学生综合素质的发展和教师生命质量的提升，如图 4-2 所示。

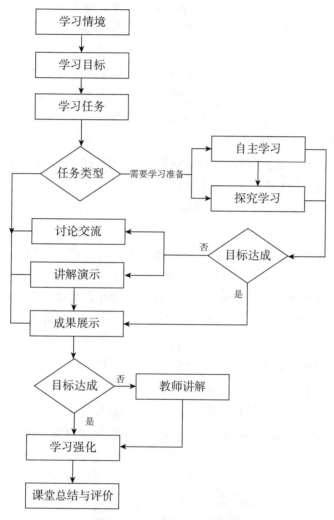

图 4-2 共生课堂实践模型

课堂实践是教学理念、教学目标、资源整合的最终落脚点，而共生课堂实践系统是在课堂主体双方相联动的基础上建立起来的结构，是在共生教学环境中展开的教师、学生、教材和教学媒体这四种要素相互作用和相互联系共同稳定运转的结构形式。共生课堂教学理念与新一轮课程改革所倡导的新时期学习理念相契合，也将《义务教育课程方案（2022 年版）》中所要求的"创设以学习者为中心的学习环境，凸显学生的主体地位"深刻落实在课堂教学中。进入

21 世纪以来，学生自主学习、小组合作学习、探究学习等学习方法在课堂教学实践中展现出了鲜活的生命力，得以广泛应用。共生课堂是一种师生共同参与的合作学习模式，是自主共生、深度学习的课堂范式。

在传统的课堂教学中，知识的教授方式多为教师的单向输出，学生多处于被动接受的位置，学习方式偏机械化。此种教学模式下，课堂互动性不强，学生发散性思考的空间受限，不利于培养学生的自主性和终身性的学习能力。现代课程则更加重视教学内容的动态生成和学生主体体验。学习情景是教学活动开展的起点，教师应将预设的教学内容与在课堂活动中动态生成的教学内容融合，推动学生自主学习、合作学习。

课堂教学目标是教师对课程所达到预期结果的设定，是教学活动的出发点，对教学活动的开展有着实操性的引导作用。课堂教学目标一般是教师在备课中提前预设课堂中学生应达到的学习目标。在传统的课堂教学中，教学目标较为机械，但教师为了达成教学目标所设置的教学任务目的性又较强，教学活动单一化，导致学生的思维多局限于课本中的固定内容。课堂教学目标之外的学生的创造性表现，则容易被教师忽视。而共生课堂不同，它是一个动态发展的过程，主要特性在于其具备生长性。生长性意味着教师除了完成达到教学期望的目标外，还应关注学生在课堂上随机生成的想法，要提高学生的课堂参与度和体验感。通过生生、师生之间的互动，学习主体可以根据已有的知识对新内容进行认知重组，形成新的认知体系。因而教师应积极地创设互动情景，鼓励学生主动思考、积极参与，以此来推动教学期望的不断生成。基于共生课堂的教育理念，课堂教学目标不应限于知识与技能本身。教师应根据学生在课堂上的反应和表现，随时增添教学目标，让课堂教学目标在动态生成中达成共生。

图 4-2 提供的是一般性共生课堂实践模型，具体操作中，教师也可以采用模仿、改进、探索、创造等多样化的实践路径创生教学程序、策略，在具体的教学情景中灵活地开展教学实践。因而，教师课堂教学范式的选取对课堂教学效果、学生能力素质起着至关重要的作用。

教学活动是一种有规律、有组织的认知过程。由于教师所代表的社会教育需求与学生原有的价值观念、知识体系之间存在不相匹配的问题，就会在教学过程中产生诸多的矛盾，如教师主导与学生主体的矛盾、教与学的矛盾等。而矛盾运动的双方是对立统一的关系，同样适用于教学规律。教师所有的教学活动都应遵守教学规律，教师应确立合理的教学任务和目标，并选择相应的教学方法，来帮助学生获取知识。

另外，在分析教学要素时有两种不同的角度，静态的要素分析侧重于把教学视为一个具有相对稳定的结构体；动态要素分析侧重于把教学视为一种活动或一个过程，而从动态过程角度分析课堂教学的要素，既要包括实体性的构成要素，又应包含活动性的行为要素。[①]　因而，接下来我们将继续讨论共生课堂教学要素间的动态性。

（二）共生课堂情景动态模型

共生课堂是"生生共生"的课堂，是"师生共生"的课堂。"共生者，相互依赖，彼此信任，共同生长也。"教师和学生都是动态生长的个体，是共生课堂重要的组成部分。在师生关系的探讨中，"教师中心论""学生中心论""教师和学生双主体论"是较有影响力的三种观点。但以上三种观点都从不同层面片面强调了教师或学生的绝对地位，割裂了教与学的整体性。而共生课堂的"共生"，注重的是统整的"共"，互动的"生"，以及深度的"共生"，师生处于同一个"生长原点"。基于共生课堂的理念，课堂应形成以学生学习为中心的新型师生关系。师生关系以平等为前提，通过对话、合作，建立和谐的师生关系，打破教育中的"唯我"现象。部分研究者借助马丁·布贝尔（Martm Buber）提出的"我——你"关系哲学来解读新型的师生关系，他们认为"真正现代意义上的教育学应该倡导师生之间的平等关系亦即'我与你'的关系"。[②]　在教学体验和学习体验的交融互动中，教师和学生都是作为单独的个体在共生课堂中发生相互作用。因而共生课堂不仅关注学生知识技能和教师教学能力的提升，更加注重于师生在个性和精神层面的共同生长，旨在提高师生参与的生命质量。

共生课堂是由教师的教学体验和学生的学习体验共同组成的。"共生"首先体现在"生生共生"。新型的课堂教学应摒弃传统的"唯竞争性"的学习氛围，创设生生互助的学习情境，基于情景创设和任务驱动，激发学生的学习兴趣，促进学生开展自主学习，重视生生之间的交流合作、优势互补，形成小组学习的合作机制和方式方法，开展参与式团队化的学习，培养学生的合作能力，真正实现生生之间的共生。学生的学习体验除了课堂参与感，还来源于教师对学生的学习评价反馈。因而教师应对学生的学习过程和阶段性结果进行及时的多样化评价与反馈。共生课堂对教学的评价应持一种过程性的评价观，纠

① 裴提娜. 现代教学论（第二卷）[M]. 北京：人民教育出版社，2005.
② 王啸. 全球化与中国教育 [M]. 成都：四川人民出版社，2022.

正课堂教学中的过于"唯知识""唯分数"的价值取向,淡化量化评比,多采用质性评价,发挥评价的激励、导向功能,推动学生全面发展、深度发展。"共生"还体现在"师生共生"。课堂不只是学生成长的平台,还是教师生命价值和职业发展的体现。教师要根据以往的教学经验,总结自身的教学特色,结合学生课堂现状,不断调整教学策略,提高教学能力,从而做到和学生共同成长。"师生共生"的基础在于师生具有平等的认可与尊重,立足于人的"非自足性",师生都应接受彼此之间的差异。在师生互动中,教师应将学生放在平等的地位,将学生视为独立的个体,才能与之进行深入的、全面的交流。在交流过程中,师生往往因为价值观念的不同,思想会发生一定的碰撞。教师应积极引导学生,师生之间不断磨合,从而达到互相理解的阶段。通过这种不断主动建构的过程,进而提升师生的生命质量和价值,切实地实现"师生共生"的深远目标,如图4-3所示。

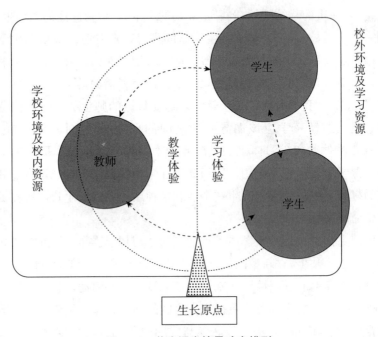

图4-3 共生课堂情景动态模型

"树式共生课堂结构"是共生课堂理论模型的其中之一。"树式共生课堂结构",即"一个点,一条线,分层推进,多点共生。""一个点"是"树式结构"中的一粒种子,指课堂教学的共生原点,它是教学内容的起始点,也是师生共同学习的生长点。优质的共生原点是课程教学的良好开端,其可以提高学生学习的积极性,推动教学进程,丰富教学活动。共生原点是学科核心素养表达的可视化的教学目标。教师应将学科核心素养的课程目标转化为单元主题目标以及具体的课时教学目标，所有课程的教学活动都应围绕这个原点而展开。

"一条线"指课堂教学的主干线，也是一堂课的生命线，使学科间或学科内的教学内容有机统整。教师从原点出发，以一条逻辑线将教学活动串联起来，使教学活动之间具有关联性和生长性，保证学生对学科学习内容的完整性、连续性和严密性。教学活动开展的过程应是由易至难、逐渐深入的。而随着教学活动的推进，师生对知识的认知及掌握程度也在不断提升，这也是共生课堂生长性的重要体现。

"一个点，一条线"是教师在授课前已做好的预设，"分层推进，多点共生"则是学生在教师情境创设中的随机生成。教师应根据课程目标和内容进行教学情景的创设，使得学习有一定的现实或模拟情景，并通过情景创设将教学目标转为问题或任务，激发学生在课堂内进行主动学习，使学习具有生长性、互动性。而正是因为师生思维碰撞出的可能性超过了预见性，才能通过课堂活动打造学生与学生、学生与教师的学习共同体，使教学过程富有创造性。在学生思维灵活性得到锻炼的同时，教师也能在随机生成的情境中不断提高自身的教学能力、应变能力，提升教学素养。

由于教师对课堂知识的把握先行于学生，因此共生原点作为共生教学的主要元素应由教师立足于学生的学习需要来确定并进行设计。共生课堂是由教师的教和学生的学组成的双边活动，课堂共生原点所构造的课堂心理环境包括学生学习体验，也包括教师教学的体验，如果过分强调学而忽略教师的教，则容易走偏。课堂过程层面，学生学习是一个主体经验持续重组和建构的过程，经验包括通过学习获得的间接经验（即书本知识）和生活中身体力行获取的直接经验，从经验来源空间上看，学生经验的获得空间涉及校内环境和校外环境，在接触和使用校内资源和校外学习资源的基础上完成经验知识在个体身上得到融合与共生。在共生课堂内容的设计上，一方面要揭示知识的现实情境性，根据具体内容适时牵动相关联的跨学科知识的背景，构建真实问题场景作为巩固知识应用的前提。教育生成于当下的生活，但指向的是未来的生活，所以，共生课堂内容的设置要体现鲜活的生长性。

"在一定的意义上，教育是直面人的生命、通过人的生命、为了人的生命质量的提高而进行的社会活动，是以人为本的社会中最体现生命关怀的一种事业"。[①]"共生课堂"是生命自觉的课堂，是师生共同成长的课堂，是思维共

---

① 叶澜，郑金洲，卜玉华. 教育理论与学校实践［M］. 北京：高等教育出版社，2000.

振、思想共鸣的课堂，是自主共生、深度学习的课堂。共生教育体现了对生命的崇高关怀，其实现依赖于教师、学生、学校三方的协同协作。共生课堂将"共生理念"贯彻落实到教学实践的出发点，旨在通过引导学习者在学习知识的过程中，学会认识社会、善待他人、珍视自己，感受到生命的价值与意义，从而促进人的全面发展。

第二节 基于共生课堂的教学模式

美国学者乔伊斯（B. Joyce），威尔（M. Weil）和卡尔霍恩（E. Calhoun）合作编著的《教学模式》（*Models of Teaching*）系统地阐述了"教学模式"一词。从系统论视角来看，教学模式就是在教学理论指导下形成的针对特定教学实践的有效方案，由此形成的一种具有相对固定性和稳定性、可适应性或灵活性的教学行为系统。

教学模式是沟通教学理论与教学实践之间的桥梁和纽带，它将职前培训的教师、一线教师与有强大的理论背景和大量科学研究成果支持的成熟教学方式联系起来，使教学活动有了更加专业化的表现形式。理论层面上，教学模式就是通过言简意赅地解释或简洁清晰的符号来反映其背后所蕴含的教学理论，这也是对大量一线教学经验的披沙拣金和高度概括，对教学实践具有切实的指导意义；实践层面上，教学模式最主要的特点是实用性和可操作性，它所提供的课程框架和实施程序使广大教育实践工作者能够基于一定科学教学模式的帮助更好地实现学习者的能力的持续发展。随着时间的推移和教育现实境况的发展，新的课堂教学模式和相关的持续性研究不断涌现，当教育实践工作者的个体经验方法高于已有教学框架，在寻求自我教育知识体系完善的同时也推动了相应教学模式的革新和发展，共生课堂教学模式正是在新时代背景、新时代教育理念与教学需求的双重推动力下应运而生的。

一、共生课堂教学模式的基本主张

（一）目标体系——基于学科核心素养层层递进

大部分教学模式都是基于一定的教学目标一步步设计完成的。课堂教学目标在微观层面指引着课堂教学的进程，指的是一节课的教学活动完成后所需要达成的预期结果，也是对课堂教学效果的检验原则。教学目标是教育目的的具体化，直指教学活动所要达到的预期结果，是教学活动的出发点和归宿，通常具有较强的操作性。这两者的关系密不可分，课堂教学目标是对教学目标的进一步细化，教学目标是课堂教学目标的集成指向标。

2001 年，教育部印发了《基础教育课程改革纲要（试行）》，规定了各学科课程标准中的三维教学目标体系——知识与技能、过程与方法、情感态度与价值观。但是三维目标既有各自的独立性，又有自下而上的递进关系，各目标元素难以完全并行。加之在传统课堂教学中，学生往往被单向度地定位于教育受体，应试指挥棒下课堂教学往往不自觉向知识与技能目标倾斜，课堂教学的外在表现上依旧过多地重视知识的传授和机械灌输。在 2014 年 4 月 15 日发布的《教育部关于全面深化课程改革落实立德树人根本任务的意见》明确界定：核心素养是学生应具备的适应终身发展和社会发展需要的必备品格和关键能力。

"核心素养"（Key Competencies，或者 Core Competencies）的概念其实是舶来品。"Key"表示"关键的""必不可少的"，"Competencies"可以直译为"胜任力"或者"能力"。它是个人实现自我、终身发展、融入主流社会和充分就业所必需的知识、技能及态度的集合，且具有可迁移性，在人的各个成长阶段都发挥着多样化的功能。因其包含的内容的多元性，"Competencies"在中文语境中被译作"素养"。欧盟明确界定了终身学习的八大关键康素养，涵盖母语沟通、外语沟通、数学能力与科技素养、信息交流、主动与创新精神、学会学习、社交与公民素养、文化意识和表达。而基于人本主义的思想前提的核心素养更加强调"人本性目标"，即个人的情感、智力、身体、心理诸方面的潜能和素质都能通过学习得以发展。值得注意的是，"人本性目标"将基础教育阶段的身体健康、社会情绪、文化艺术、文字沟通、学习方法与认知、数字与数学、科学与技术等七个维度放在了不可偏废的同等高度。由于采用核心素养统一整合的三维目标体系使得实现课堂教学目标的途径更加清晰，各维度具有很强的可操作性质，既利于教师在课堂上开展教学，也利于在宏观层面基于核心素养建立起层层递进的可视化目标体系对教学结果进行评价。

其后，北京师范大学举行的中国学生发展核心素养研究成果发布会将核心素养概念细分为文化基础、自主发展、社会参与三个方面，综合表现为人文底蕴、科学精神、学会学习、健康生活、责任担当、实践创新六大素养，并具体细化为十八个基本要点。当前，学科核心素养已经成为课程标准的主线，教育研究领域和教育行政部门围绕学科核心素养制定教学内容、评价标准和教材编制体系，发展学生的学科核心素养，拉动现实教学切实走出"知识理解"的教学围栏，由"知识理解"向"知识迁移"过渡，力求向"知识创新"提升。

共生课堂模式体系中层层递进的可视化目标体系，就是以学科核心素养体系为主线，将知识的产生和发展过程嵌入课堂教学目标之中，实现学科性知识与实践性知识、过程性目标与结果性目标的有效共生；力争将共生课堂体系打造为一个鲜活的、教师和学生共同交流促进、共同成长发展的场所，同时避免偏重学生普遍发展，忽视学生的个性发展和忽视师生共同发展的情况。基于共生教育的理念，课堂教学并不只是为了传授教材知识，而是以教材为依托，培养学生的理解力和创造力，促进学生的个性发展，提高师生的生命质量，把提升师生的生命意义作为教学的最高目标。因此，微观的共生课堂目标设计需要基于上层学科核心素养发展需求，但也应规避过多重视目标预设却忽视课堂情景中目标的动态生成的情况。此外，课堂教学充满着复杂多样的变化因素，随着共生性教学活动的展开，学习者能够基于已有的经验对学习内容进行自我认知的重新建构，所以在课堂中让学生参与到课堂教学目标的制定也尤为重要。

（二）支持体系——区域共享的立体化教学资源包

传统教育资源，通常是指向教师、学生提供的教学内容及其存储形式，例如课本教材或是作业习题等传统纸质资源。随着信息化时代的到来，现代教育理念的普及和网络技术的发展，教育资源不再局限于传统的纸质教材，而是发展为立体教育资源。相较于传统教育资源，立体教育资源具有多媒介、多形态、多用途、多层次的特点，是数字化时代教学现代化的标志，是实现教育信息化、网络化，优化教育资源诸要素配置的重要途径。而立体教育资源包则是对上述两种教育资源的优化整合，它以课程为单位，将文字教材与多媒体教学资源进行有效整合而形成的以纸质主教材为核心，以相应的辅助出版物为配套的多功能、多媒体、系列化的优质教学资源和教学实施方案。具体而言，立体化教学包是大型可共享的课件、微课、思维导图、课前预习案、统一作业体系等。教育资源包能在教学中充分发挥各自应有的优势，满足多种应用需求，支持多种模式的教学环境，对教育资源库建立基础铺垫，利用教学包中资源的丰富性、多样性，对知识进行重复和强调，交叉和补充，最后实现相互配合，形成一个教学资源的整体解决方案，从而提高教学质量。

不难发现，教育资源包是各种教育资源的整合，如何充分发挥教育资源包的优势取决于如何整理收集材料，因此有效的建立立体教育资源包便显得尤为重要。立体教育资源包的建立首要条件是学校的高度重视，统一规划，明确分工，根据学校专业特点，构建反映本校特色的专业教学资源集成方案。学校应该有专门的资金用于课程教学资源建设，负责印刷教材、制作网络课程、教学课件和音像制品等可直接运用于教学实践中的材料。就教务处、教学院系而言，需要先进行筛选，选出最适合自己专业特色的主教材及相应配套的其他资源，用于教学实践。而图书馆作为教育资源包主要的来源之一，需要以教学为中心，及时了解出版社立体化教学资源的进展现状，阶段性进行学习资源整理更新，添加实时资源，剔除冗余信息，保证教育资源包的准确性与实用性。

近些年，随着"互联网＋"时代的到来，立体教育资源包的发展依托于立体化教育资源的建设，而立体化教学资源建设是资源服务的立体化。由于教学理念、学习习惯，服务水平、服务质量的等因素的限制，现阶段建设仅达到资源形式的立体化。因此区域层面的资源包建设要从以资源建设为核心转向以提供基于教学资源的增值服务为核心，以有效措施促进师生对立体化教学资源的应用。首先需要提高立体化资源运用能力，提高师生的信息素养，增强教师和学生通过互联网获取信息的能力。同时进行资源服务的立体化建设，丰富教育资源，优化简化资源的获取难度，提高资源查询的准确性。

（三）环境创生——共生因子间的安全心理环境

生态学领域的"共生"指的是生物世界中不同种类的生物因其自身生长需要和机体生长特性相互吸引，形成合作关系互相补充营养物质，并且促使生物机体双方都向着更有生命力的方向演化的一种依赖生存关系。例如初中生物教材中提及的豆科植物与其根瘤菌就是互利共生的关系：根瘤菌寄生于豆科植物的根系组织内部，其生命维系机制能够刺激豆科植物的根部皮层和中柱鞘的某些细胞，激活这些细胞更加活跃地生长，根系膨大形成根瘤。此时，植物本体为根瘤菌提供养料能源和生存空间，根瘤菌能够固定大气中游离氮气，为植物提供氮素养料，双方在寄生关系中都处于均衡发展状态。

类比到教育教学领域中，共生课堂体系是一种"双赢"和"多赢"的理想模式，其中包括微观课堂内部的教师与学生、学生与学生，整个学校管理体系中的教师与教师或班级与班级，乃至一定地域空间内的学校各个系统，只要有教学发展的需要，就必然存在着共生的关系。自下而上地来看待共生课堂系统，首先个体与个体要维持良好互利共生生态，前提是彼此的信任和足够安全的心理环境；其二，学校系统内部维持各个主体因子彼此加强合作和共享发展空间的基石是良好的校园文化氛围；其三，系统和系统彼此链接共建共生区域生态也依赖于共同的目标打破校际和学科相互独立的状态，实践学科间与学校间的相互补充与共生，同时搭建起资源共享的平台。无论任何一个层次的生态因子，一方的发展始终不能以牺牲他方的利益为代价。也只有教学生态系统中诸多因子彼此间都能和谐共生、协调发展的时候，共生课堂才能真正地走向以人为本、民主合作、平等共享的境界。

其一，在整个教学共生系统之中，最引人注目的是师生之间的心理环境。教育伴随着人类社会的发展而存在，教育现象和教育活动一经产生，教师和学生的互动关系便相伴而生。从本质上来说，教师和学生之间的关系是在共同的教育教学活动中通过彼此间认知、情感、行为的联结而形成的相对稳定的人际关系。一般来说在教育活动中，教师是促进者、组织者和研究者，而学生一般是参与者、学习者，同时又是学习的主人和自我教育的主体。这是由于教育工作活动的特殊性和客观外在社会地位现实条件所决定的。而理想共生课堂模型状态下，若要营造师生平等协商的氛围，师生必须在没有任何外力强迫的情况下实现心灵自由地对话，其内核在于师生互信前提下安全的心理环境，这样的心理环境营造依赖于双方彼此的尊重和互惠。教师要把学生当作一个个具有自我意识和独立人格精神的完整的人进行交往，站在平等的地位引导和帮助学生。学生在心理层面接纳教师作为一个具有真情实感的人，尊重教师是生命的先行者和更高知识经验及思维智慧的持有者，进而在互信的基础上敢于有所托付。

其二是学生与学生之间的心理环境。课堂中各生态因子唯有相互信任、相互尊重、相互理解，心灵彼此敞开，融洽地安全地对话与合作，这一对称式互惠共生的关系才能顺利实现。在传统的"传递——接受"教育模型中，一旦进入到学校和班级这个较为封闭的空间环境，学校这一墙之隔将受教育者浸润于客观的科学世界而与精彩纷呈的生活世界分离开来，然而本应得到全面知识构建的受教育者，却在教育过程秩序化、教育主体单一化的发展困境中堆砌着经验意义的指导，与人类文化传承与自我生长的内在机制大相径庭。学生仅仅依靠个人的努力来解决学习上的种种问题，容易陷入"独学而无友，则孤陋而寡闻"的境地，学生之间良好的互信关系才能给予学生心理上的安全感和情感上的归属感，营造一种多角度、多视野、多观点的合作学习氛围，从而促进每一个生命个体从知识到思维再到人格、从自主到自发再到自觉的更高层次上的建构。当然，共生课堂模式倡导向和谐共融的合作方向发展，但也并非完全排斥学生的独立自主的发展，需要将知识建构的内环境和思想交流的外环境相区分。

二、共生课堂教学模式的结构和要素

共生模式的形成源于当前人类在特定地域内共生发展的基本理念与需要，为教育教学理论和实践的进一步丰富奠定了思维定位与行动端点基础，也拓展了当前教育教学改革的视野。对于任何一个区域的教育系统而言，其承担的教育职能、构建的教育制度、确立的教学目标，和制定的课程规划最终都将落实在真实情景下的共生课堂教学。也就是说，共生课堂教学效果决定了共生课堂教学模式在教学体系终端所能够实现的教学功能表现。所以，探讨共生课堂教学模式的本质结构及各部分的组成要素就显得尤为重要。通常，一个完整的教学模式由其理论依据、教学目标、操作程序、师生角色、支持系统和教学评价组成。[①] 理论依据是支撑教学模式的基石；教学目标是教学活动所要达成的预期结果；操作程序说明教学活动的逻辑和步骤；师生角色是教学活动中的相对主体地位；支持系统是支持教学开展的最佳条件组合；评价是对教学任务完成情况、学生学习质量、师生发展水平的测量性评定。

（一）理论依据层面

共生性原则强调共生课堂教学中各组成要素的相互依存和相互补充，重视各学科之间的相互融通和彼此支撑，以期在教学活动中达成个体内部人与自我的共生，以及个体外部师生和生生之间的相互促进、互利共赢。首先，共生课堂教学本身应该是一个共生体，要打破学科间互动的障碍，实现学科间的相互补充与共生，同时避免共生课堂教学各要素间和各环节间产生矛盾和冲突，实现共生课堂教学内部的过程性共生。其次，共生课堂活动中的教师也要避免单纯的"教师中心"或"学生中心"观念，实现师生之间的协同发展，一方面，教师可以根据共生性课堂的要求开展共同课堂设计和共生课堂活动，并在这过程中通过教师与学生之间的双向交流，开展课堂反思，从而完成自己的学科发展，并提高自己的教育价值；另一方面，学生可以在教师的指导下，通过参加共生课堂活动，在共同教学活动中与教师展开互动对话，得到来自知识学习和交往体验中的熏陶和启发，通过自身的主动学习和自主建构，扩大自己的知识视野和精神境界，实现自身的全面发展和健康成长。

共生性原则除了强调课程教学体系中各部分的共同性外，还着重关注各主体的生长性。"教育活动就其过程的本质来看是人类精神能量通过教与学的活

---

① 徐学福. 教学论 [M]. 北京：人民教育出版社，2012.

动，在师生之间、学生之间实现转换和新的精神能量的生成过程。"① 教育除了具有工具性的价值意义外，更重要的意义是提升生命质量的重要媒介。"唯利"式的教育过于强化教育的竞争性功能，弱化了教育的育人价值，忽视了人的精神提升；而共生教育认为教育过程是一种向上向深生长的生命过程，它纠正了传统教育重结果轻过程的导向，重视教育过程中的情感体验，注重教学过程中的随机动态生成，更加具有人文关怀性。共生课堂是受教育者和教育者间的一座桥梁，使二者可以在同一"生长原点"，开启平等尊重的对话交流。在思想交汇的过程中，教师和学生双方可以不断磨合，形成价值共识，从而促进生命质量的提升。

（二）教学目标层面

基于共生式教学理念的共生课堂教学目标不再单纯禁锢于预设的理论知识和技术目标，而是按照预设目标，根据共生课堂教学的实际状况，反映出学生创造特点的动态生成性。课堂不是按部就班的生产线，而是充满着复杂多样变化因素的动态有机体，因此，随着教学的进一步发展，在学生之间的沟通或是与师生的谈话进程中，学习者通过已有的经历对所学内容加以理解重组，从而产生了自己的认知，也有可能基于自身理解形成新的教学目标，因此，应该促进学习者主动地参与到新共生教学总体目标的制定，进一步增强对新教学内容的理解与感受，以推动生命的丰富与健康发展。同时，教师也必须针对共生课堂教学中学生的整体表现及其存在的新情况，依据学习者的最近发展区，有意识地调整课堂教学目标，并利用具有启发性和开创性的新课题为引领学习者主动思维提供支架，从而点燃学习者创新性的火花，使学习者在课堂教学目标的动态形成中获得进一步的发展与完善。

基于共生教育理念的教学目标不再仅仅定位于片面追求学生知识与技能的发展，而是追求共生理想的全面实现。因此，共生课堂教学目标定位于学习者认知技能、思维过程方式、心态情感和价值观上的全方位发展，重视学习者的差异，关注学习者个人的身心成长，强调学习者全心全意地投身教育课堂。同样，这种课堂教学目标也注重学生之间的认知、交流和合作，避免了基于应试的知识性课堂教学目标下学习者间的竞争性，而强调学生间的优点相互促进，以达到学生间的和谐共生。此外，共生性共生教育工作目标中还更为重视教师的个人发展，因为共生教育对教师来说，教学情景亦是生命价值实现和自我专

---

① 叶澜. "教育的生命基础"之内涵 [J]. 山西教育，2004（06）：1.

业发展的重要场域。

共生课堂下的教学目标应做到表现性目标的可视化和素养目标的可测性表达。当前的教学目标多是以知识目标为核心，情感态度和价值观趋于边缘化的状态。其主要原因一是情感、价值观等目标与知识目标缺乏关联性；二是情感、价值观的目标设计缺乏操作性，学生的相关表现难以用分数量化的方式呈现。因而，共生课堂的教学目标应该具体化并且具有可测性。

（三）操作程序层面

具体操作过程是对理性的教学逻辑的呼应，即教师基于对学科教学与学生发展关系认知基础上形成的关于教学内容与教学活动序列安排的构想。[①] 这种教学逻辑是基于学生认知逻辑和学科逻辑，以个性化的教学目标设计为起点，以回应教学目标的教学内容与活动，以及相应教学评价为主体，以评价反馈为节点的循环。

教学活动的最终目标需要在学生的学习与发展上得到体现，因而教学活动的逻辑需要首先建立在对学生认知逻辑理解的基础上。这种认知逻辑包括基于学生发展阶段性特征的"普遍心理逻辑"，基于对具体教学班级、个别学生、具体场景下学生心理特征的观察、判断与理解的"具体心理逻辑"，以及反映学生在教学活动场域中行为心理特点的"教学性心理逻辑"[②]。

知识具有其固有的结构，因而在学科教学活动中设计教学内容序列和活动序列时，需要根据学科知识本身呈现出来的结构和序列。特定知识真实的发现过程，从简单到复杂，从具体到抽象再到具体等呈现逻辑，与前置知识与后续知识的系统联系等都属于学科逻辑关注的范畴。

在学生认知逻辑和学科逻辑的基础上，实际操作首先应该聚焦教学目标。教学目标是教学活动逻辑的骨架。课标和教材在设计时对学生的"普遍心理逻辑"和"学科逻辑"有较多考虑，但无法顾及具体教学班级不同学生的"具体心理逻辑"，以及具体教学场景中的"教学性心理逻辑"，也无法预设所有学生的前置知识水平和教师的教学风格。因而具体教学活动的目标设计需要在课标教材的基础上，考虑以上因素，并且保证目标的"分层设置""可分解"和"可测量"，以便保证任务、活动和评价与目标保持一致。

---

① 董静，于海波. 教学逻辑的价值追求与二维结构的运演 [J]. 中国教育学刊，2015（08）：24—29.

② 罗德红. 儿童心理逻辑的三个层次及其差异 [J]. 南京师大学报，社会科学版，2008（3）：87—92.

然后，以分解的目标为纲，进入教学任务序列的设计。任务序列就是教学内容序列，内容与目标相互对应，即可以确保目标的精细落地，还能根据学科逻辑对目标查漏补缺。

而后，在任务序列的基础上，根据学生特点、教师个人特点、资源掌握程度等教学前提，逐一设计相应的教学活动序列。教学活动序列是教学逻辑的外显层面，学生学习经验的直接获取通道，不同课堂教学活动的风格在这个部分得到最显著的体现。教学活动设计应该结合学生的具体心理逻辑和对应教学任务的知识逻辑，充分筛选整合教学资源，着重关注学生在活动中的具身经验，确保教学的知识向学生认知的转化。

同时，为了掌握教学目标在任务与活动序列中的实现程度，评价的设计也应该同步展开，构建过程性评价为主的课堂教学评价体系。这种无处不在的评价需要做到简单易行、指向明确，自然融入教学活动中，以获取教学活动效果和目标达成程度的实时掌握。

最后，在教学实施过程中，需要依靠评价反馈来统一教学逻辑的预设性与生成性，回应学生的"教学性心理逻辑"，完成对教学目标以及相应的任务序列和活动序列设计的修订。

在对教学逻辑的关照中，课堂能够在保证基本目标达成的基础上，获得空间来探索学科多元教学价值，根据学生的特点促进有意义的学习发生，帮助其建立深层次的学科认知结构。

（四）师生角色层面

师生关系是教育关系的最直观的表征，是支撑教育活动开展的基石。共生的特性确定了构成课堂教学模式中的各个学习者和教学者都是彼此联系、影响的，其相互作用的流程也处在持续地动态发展过程当中。也就是说，共生课堂教学模式的实施，让教师和学生互为学业发展和专业成长的供养者。

基于共生的视角来看，构成共生体系的每一位因此都需要在道德理性中让步，并在求同存异中寻求最佳公约数，从而产生合作共识。从权益的表现形式来看，共生课堂教学既要充分敬重教师们的眼前收益，也要充分敬重教师们的长期收益，其具体内涵在于既要重视教师们各自的话语权，又要重视教师们自由发挥的空间权利，以及学生们学习的自由选择权。在整个共生课堂模式的师生关系中，最主要的是学生角色和位置的转变。在共生课堂环境中，利用信息技术和立体教学资源包的优势，学生学习资源的获取渠道得到了极大的拓展，学习资源包为学生提供了更多学习时间、学习场所、学习内容、学习任务量的选择空间，课堂之外的学习能够极大程度上发挥自主选择性。

公平、和谐是共生课堂模式中师生关系的应然状态。但怎样在共生课堂教学中体现这些关系，依然是一个悬而未决的问题。教师和学生本身需要基于一定的情景和任务开展互动来促进生命的共同成长。与此同时，教师往往是代表着学校某种人文立场的特殊生命体，以作为社会责任与自我发展的双重需要，与学校共同展开沟通与互动；而学生个体提升过程并非学习者通过被动地接受教师传授、严格遵循预设目的发展的过程，而是根据自己的经验与经历，通过全身心地投入与感受，并通过在教师文化与学校文化之间的相互碰撞与磨合，逐渐形成对自我的认知，从而完成自主建构的过程。在此过程中，教师既要自觉地引领学生清醒地认知自我并朝着既定目标发展，转变传统的角色定位，将自身放在学习合作者的位置上，与学生建立起民主、平等的心理安全环境，也要注意创设平等和谐的学习气氛以鼓励教师间积极的对话，从而避免了表面平等下教师的文化霸权。

（五）支持系统层面

教学模式只有在特定条件的支持下才能够真正发挥作用。共生课堂是一套由区域、学校、教师、课堂、环境和技术等因子聚合成单元进而共同构成的复杂的生态系统。正常的课堂生态化是由所有生态化因子相互和谐的产生，而不是所有生态化单位的简化叠加。共生课堂的主要承担者应该包括教和学双边主体，其中教师的职责就是启发、唤起、激发和规范学习者的教学自觉性，每个课堂学习者的职责则是在课堂中积极配合教师最终完成自身知识体系的构建。

课堂既是共生生命教学活动的重要场地，也是学生教师之间相互沟通，开展生命教学活动的重要生活空间。苏霍姆林斯基曾说过："教育的艺术在于使物质和精神财富起到教育作用。用环境，用学生自己周围的情景，用丰富集体生活的一切东西进行教育，这是教育过程中最微妙的领域之一。"[①] 课堂环境的建构直接影响着学生的身心及其学习的方法与成效，影响着教师教学的进行状况与成效。所以，建设良性、和谐的共生课堂与教学工作环境，建立良好的班风，充分发挥班级教学环境的涵育功能，就显得尤为重要。由此，在共生式教学理念下的共生课堂强调环境的开放性与生成性，注重课堂布置的人文性，让课堂环境更加宽松、温暖、充满内涵，以形成富有生命气息、富有人文关怀的共生课堂环境，从而增进了教师内部和教师与环境之间的意义对话与心理交

---

① 谢世腰，王力. 课堂管理与班级管理 ［M］. 西安：陕西师范大学出版社，2006.

流，让人的生存活力得到体现，让教师个人生命发展和班级生态构建相互促进的共生目标得以实现。

（六）教学评价层面

共生课堂教学是多个因素共同参与的动态过程，要达到学习者预期的教育目标，就要求教师必须对教室内的所有教育因素都加以合理的统筹和管理，促使学生积极参与教师教育活动，使共生课堂教学达到最佳的状态，从而更有效地推进学校教学功能的实现和学生身心健康发展。但是，在共生课堂中，不少教师将共生课堂管理工作狭隘地定位于建立相关的管理体系以指导、督促和管理学生，将课堂信息管理看作是一种静态的管理流程，不但忽略了学生对课堂管理工作的参与度，也忽略了共生课堂开放式与个体化对管理工作的需求，从而让学校教师处在管理工作的被动地位上，失去了学生参与课堂管理工作的自主性与主动性，无法建立民主和谐的课堂秩序。共生教育的教学评价应立足于学生的未来发展，由比较功能转向改进功能，充分考虑到学生个体之间的差异性，多给予学生正向的鼓励评价，关注学生的心理感受。因此，在共生式教学理念下的共生课堂教学管理必须出于对生存的敬畏和对共生发展的渴望，以学生的生命健康发展作为科学管理的最终目标，充分重视学生的生物多样性和人生发展的自组织特点，并基于共生课堂教学的动态性与生成性，积极设计学生民主参与的教育机制，通过科技与人文教育相结合的科学管理方法，逐步养成学生负责、自治的良好风气，从而建立班级管理和学校发展共同促进的良性循环。

第五章　共生课堂的操作要领

第一节　共生课堂的主体关系

一、共生课堂的教学主体观

（一）教学主体观的基本内涵

在我国，在殷商时期的甲骨文就出现了"教"与"学"二字。"教学"最早出现在《尚书·说命》中的"教学半"，其意为"教"是"学"之半，即"教中有学"。由此可以看出"教"与"学"出现伊始，就是一种相辅相成、你中有我、我中有你的活动方式。现代教育中，顾明远先生将教学定义为在一定社会背景下，根据一定的教育目的，以课程内容为中介的由教师的教和学生的学共同构成的一种双边教育活动。[①]

对于主体的解读一般基于哲学层次，主要有本体论和认识论两种。从本体论视域来讲，主体是指"某一种从属、状态或者关系的承载者"，这一视域的"主体"通常被认为是静态的、物质性的主体。从认识论视域来讲，主体就是指具有自我意识、有认知水平和实践能力的具体的人。[②] 依此而言，教学主体就是教学活动中具有自我意识、有认知水平和实践能力的从属于某种关系或状态的人，也即教师和学生。

教学主体观是指在教育教学过程中，人们对谁是教学活动的主体的基本认

---

① 顾明远. 中国教育百科全书［M］. 上海：上海教育出版社，2012.
② 王道俊，郭文安. 主体教育论：关于"主体"的说明［M］. 北京：人民教育出版社，2005.

识和看法。[①] 它是学者探讨教师和学生在教育教学过程中的关系和作用,界定谁依附于谁、谁从属于谁而产生的一种观念。

(二) 教学主体观的历史发展

在教育教学过程中,"谁是主体,谁是客体"一直是教学论领域争论不休的基本理论问题,同时也是教学实践中难以把握的实际问题。随着教育教学理论的发展与丰富,我国在不同时期先后出现了单向的"以教师为中心"的教学主体观,"以学生为中心"的教学主体观,以及双向的"双主体""主导主体"和"复合主客体"教学观,研究教师、学生及教材的"分层主体"教学观。这些教学主体观跟我国不同历史时期倡导的教育教学理论和教育教学发展水平有直接关系,相互之间既有矛盾对立又有融合交叉。教学主体观的厘清,不仅有助于让人们明晰教育教学活动中教师、学生、教学内容等的主体地位和相互作用,还有助于人们从多视域、多角度清楚地认识教育教学活动发生、发展的过程。

"以教师为中心"的教学主体观强调,在教学过程中,教师是教学活动的主导者;强调教学的任务是教师传授给学生自然、社会和人类思维发展的系统知识;主张的教学方法主要是教师单项灌输。

"以学生为中心"的教学主体观,一是强调学生是学习过程中的主动学习者,不是被动的接收者;二是强调教学内容应该以学生的生活兴趣和经验等为主,而不是以一成不变的固有知识为主;三是主张教学方法应教育心理学化,应该符合学生的认知发展水平和身心发展规律;四是强调学生有主观能动性,一切教育活动都要通过学生的努力而内化为学生的知识和能力;五是教学目的是增强学生的主体意识、培养学生的人格和提高学生的品质。[②]

"双主体"教学主体观也被称作"和谐共生"或"主体共生"的教学主体观。其主要观点是强调教学过程中学生和教师都是主体,强调在教学活动中,教师和学生是平等、和谐的关系。

"主导主体"教学主体观,有些研究者认为"双主体"教学观混淆了教学主体关系,于是提出"教师为主导,学生为主体"的教学主体观,[③] 阐释教师的主导作用主要表现在激发学生成为学习环境的设计者和指挥者,学生为主体

---

① 焦帆,喜强. 70 年来国内教学主体观问题研究回顾与展望 [J]. 现代交际,2021 (20):176-178.

② 赫尔巴特. 普通教育学 [M]. 北京:人民教育出版社,2015.

③ 马明辉. 论教学观的认知转向 [J]. 四川师范大学学报,2012 (3):78-83.

主要体现在"伦理主体"和"认知主体"两个方面,也即是学生作为具有独立意识和主观能动性的个体,在教学活动中是主动认识事物,内化知识能力的主体。

"复合主客体"教学主体观,顾明远、黄济提出:"教师和学生既是教育教学过程中的主体,又是教学的客体"。这一观点强调教学过程是一个动态的、具有多层性的、充满矛盾的"复合主客体",也即是教学是具有主体意识、客体属性的教师、学生和具有客观属性的教学内容组成的。[①]

"分层主体"教学主体观,也称为"多层主体论"。其核心观点有:从教师和教材的主客关系看,教师钻研教材,教师是主体,教材是客体,学生此时没有介入教师和教材;从教师与学生的主客关系看,教师研究学生、了解学生,所以教师是主体,而学生作为学习对象,理应是客体;从学生与教材的关系来看,教科书、教材是学生学习的主要工具,学生是通过学习教材掌握系统的科学理论知识;从教师、学生、教材三者关系看,教学是双向认识活动的开始,教师以教材为媒介进行教学,教师和学生之间是通过书本联系起来的,教师将书本中的知识传授给学生,学生又以书本知识为对象。因此,从不同关系看,教学主体是不同的。

(三)主体教育理论从主体性到主体间性

前面这些教学主体观都是在主体性框架中建构的,但时代的发展使主体性教育理论陷入了困境,所以,当代的教育理论应当开始主体间性的拓展。主体间性为教育理论提供了新的哲学范式和方法论原则,中国的主体教育理论从单一的主体性转换到交互的主体性,即主体间性。

关于主体性和主体间性的探讨,依然源自于哲学领域。当代西方哲学从主体性哲学走向主体间性哲学,开始超越主体性,从主客的对立关系转为主体间交往关系,即从主体性到主体间性。主体性是人作为活动的主体在认识和改造客体中所表现出来的积极能动的功能特性。因此主体性是在对象性活动中生成的,而主体间性是在交往中生成的,交往是主体间性的生成机制。马克思把主体间性建立在交往实践的基础上,他在《德意志意识形态》中指出:"人类活动的一个方面——人们对自然的作用,另一个方面是人对人的作用","表现为双重关系,一方面是自然关系,另一方面是社会关系"。这说明人与自然的"主—客"关系和人与人的"主—主"关系是有机统一的,是"主体—客体—

---

① 洪顗. "天人合一" 和谐教学观下的课堂生态研究 [D]. 长沙:湖南师范大学,2013.

主体"的关系。所以，马克思的交往实践观把"主体—客体"作为交往的一个环节，进而把"主体——客体""主体——主体"双重关系内在地统一了起来。[①]

延伸到教学领域，教师、教学内容、学生之间就是马克思的交往实践观中的"主体—客体—主体"的关系。教育教学就是教师与学生之间的交往活动，交往的内在目的就是使交往主体形成相互"理解"和非强迫性的"共识"，相互"理解"和"共识"在本质上就包含着主体间性的思想。因此，主体间性是主体间的"互识"与"共识"。"互识"是指主体之间的相互认识和相互理解；"共识"是指不同主体对同一事物所达成的相互理解，所形成的主体间的共同性和共通性。[②]

（四）共生课堂的主体间性

共生即是共同生存、共同生成、共同生长、共同发展，是过程与结果的共生关系，是动态的、持续的、有机的发展关系建构。[③]"共生课堂"则是指在一定教学场域中，基于"共生"和"可见的学习"理念，以实现师生教学相长为目标，从理念意识、目标导向、内容设计、组织实施、评价反馈、教学环境、师生关系等方面进行变革，将注重结论和结果的传统教学转变为关注过程和生成的现代教学，突出教师和学生的双主体作用，让教师站在学生的角度看待学生的"学"，鼓励学生站在教师的角度思考教师的"教"，进而形成双主共生、和谐共进的教学生态。

基于此，共生课堂认为教师和学生是教学活动的双主体，以课程、教材为载体的教育内容构成他们共同作用的客体，教师、教学内容、学生之间的交往活动具有显著的主体间性，其实践结构的模式是：教师—教育内容—学生。学生作为发展的主体，在教学过程中发生两种关系：一是与教育内容之间的"主体—客体"的对象性关系，这是学生的学习活动。在活动中，通过主体客体化和客体主体化的双向环节，学生在认识和改造教育内容的同时，也建构了自身。二是教师和学生以共同的教育内容为中介而建立的"主体—主体"的交往关系。这是教育主体间双向建构和双向整合的过程。也就是说，学生对教育内

---

① 冯建军. 主体教育理论：从主体性到主体间性 [J]. 华中师范大学学报（人文社会科学版），2006（01）：115−121.

② 岳伟，王坤庆. 主体间性：当代主体教育的价值追求 [J]. 华东师范大学学报（教育科学版），2004（02）：1−6，36.

③ 陈甜. 基于主体共生的教学观研究 [D]. 重庆：西南大学，2015.

容的认识、改造不完全是自发的、自主的，它还要受到教师对教育内容的调节和影响。当他们对教育客体共同发生作用时，就产生了主体间的交往关系。①

二、共生课堂的师生共同体

在建设高质量教育体系的时代背景下，构建共生课堂的师生共同体具有深刻的内涵、深远的价值与现实可操作性。

（一）基本内涵

"共同体"是 1887 年德国社会学家斐迪南·滕力斯提出的一个社会学概念，"旨在强调人与人之间的亲密关系，特别是形成共同的精神意识以及共同的归属感和认同感"。②"共同体"受到了研究者们的高度关注，有些研究者也将其引入到教育领域，纷纷提出了"学科共同体""学术共同体""学者共同体""学习共同体""教师共同体""教育共同体"以及"师生共同体"等概念，其中"师生共同体"则是用于界定教育领域中的师生关系。现代研究者们对"共同体"赋予了新的时代内涵，当前的"共同体"更是"一种'精神实践'和一种'关系实践'，在于拥有共同的目标、身份认同感和归属感。"③

共生课堂的师生共同体是基于共生理念，秉持"让学习深度进行，让师生真正成长"的教学理念，构建一种新型的师生关系模式。具体而言，共生课堂的师生共同体是指在区域教育教学改革实践过程中，师生基于学校文化场域，基于双边成长的共同发展诉求，遵循学校管理制度的基础上，在"教师教——学生学"共同的教学活动过程中，构建民主、平等、和谐、合作、共赢的师生关系新模式。

（二）现实意义

1. 落实区域教育教学改革

如何推动区域教育教学改革，是当前课程改革进入深水区所面临的核心问题。师生关系始终是教育教学中最基本的关系，也是课堂教学改革最具"辨识度"的载体。因此，推动区域教育教学改革必须改变传统的师生关系。区域推

---

① 冯建军. 主体教育理论：从主体性到主体间性 [J]. 华中师范大学学报（人文社会科学版），2006（01）：115—121.

② 龚放. 大学"师生共同体"：概念辨析与现实重构 [J]. 中国高教研究，2016（12）：6.

③ 魏善春. 论"师生共同体"的建构：基于过程哲学的师生关系反思 [J]. 高等理科教育，2017（03）：17.

进共生课堂教学改革，主张构建师生关系新模式——师生共同体。作为一种精神实践与关系实践的共生课堂中，师生共同体离不开教育教学实践，也意味着共生课堂的师生共同体是在教育教学实践中进行设计、探索与优化。具体而言，在教育教学实践过程中，师生共同体的师生关系是共生课堂育人理念、价值追求的表征，并在共生课堂教学实践中不断优化。离开了区域教育教学实践活动，师生共同体就不可能实现和达成，就会变成喊口号、贴标签的形式主义。因此，通过构建共生课堂的师生共同体，切实推动区域教育教学改革。

2. 满足师生共同成长需求

传统课堂教学中，人们往往把教师视为成人世界的代表，学生视为有待成长的客体，重点关注教师如何将成人世界积累的知识传授给学生，注重学生掌握知识的程度，因此教师与学生的关系局限于知识“授——学”的业务关系，忽视了教师的发展需求、发展目标、发展动力等，也忽视了教师对学生个性、技能、情感、态度、价值观等方面的培养。构建共生课堂的师生共同体，则关注师生共同成长的需求，具体体现在两个方面。一方面，满足教师自我实现的需要。著名心理学家马斯洛将自我实现作为人类需求发展层次中的最高层次。自我实现是伴随人类一生发展的需求，是最难实现的最高层次需求。共生课堂则正视教师自我实现的发展需求，关注教师的职业生涯发展，通过开发“新手——熟手——能手”教师能力进阶研修课程，满足教师自我实现的发展需求。另一方面，实现学生的全面发展。共生课堂不仅关注知识的传授，而且强调尊重每一个学生，倾听学生心声，发展学生的思维，促进学生情感、态度、价值观等方面的全面发展。

3. 推动师生平等对话达成

传统的课堂教学场域中，教师作为文化资本积累领先者的化身，其主要职责在于将其积累的文化资本通过讲授的方式传递给学生，帮助学生积累更多的文化资本；相对教师而言，学生所占有的知识量极其有限。在教学过程中，知识被局限于人类文明成果的一部分，并被视为静态的、固定编码的存在符号，学生的大脑仅仅是接受知识的容器。构建共生课堂的师生共同体，则将变革知识本体性的认识，准确定位学生的主体性，改变教师单向主导课堂的局面。具体而言，共生课堂主张“知识是人类认识与创造世界、认识与建构自身的一种生存方式，是动态的，并在变化的过程中形成”[①]。在当下的信息社会，学生

---

① 徐蕾. “我与你”：知识视域中的师生关系及其构建 [J]. 中国教育学刊，2017 (10)：42.

能够较为便捷地获取信息，对教师拥有知识的权威性、独占性和领先性产生了巨大冲击。共生课堂中的师生双方则基于自身所拥有的知识，进行平等对话，并重点达成几个方面内容：第一，师生共同探讨知识的本体性问题，教师引导学生为人类福祉创造新的知识，帮助学生成为知识创造的主体；第二，师生对当下共同关心的社会问题、政治问题与经济问题等进行平等的对话，形成共识，并创生新的知识；第三，通过师生对话，唤醒学生的求知欲望和内在潜能，促进学生个性发展；第四，在对话过程中，教师充分了解学生的真实需求与个性特征，并尊重学生的差异，包容学生的不足，共同探索知识世界，创造和谐对话的师生关系。

（三）构建策略

1. 夯实学校管理制度

构建共生课堂的师生共同体，离不开高素质的教师队伍。区域课堂教学改革试点学校重点建立了一系列以新时代教师队伍建设为核心的管理制度。近年来，中共中央国务院出台了《关于全面深化新时代教师队伍建设改革意见》（以下简称《意见》）。该《意见》作为加强教师队伍建设的纲领性文件，指明了未来教师建设的方向、趋势和主要着力点。因此，试点学校基于党和国家的文件精神，制定了有关师德师风、教师聘用、教师研修、教师评价等制度，以打造一支符合新时代要求的教师队伍。此外，构建共生课堂的师生共同体也不能忽视学生的主体性。因此，区域课堂教学改革试点学校大力完善学生管理制度，重点调整原有的学生日常行为管理制度。学校在调整管理过程中，将学生视为独立的主体，充分尊重学生自主、自愿参与学校教学实践活动的权利，也充分尊重学生在教学实践活动中的主体地位和成长需求。总的来说，通过建立与教师、学生相关的管理制度，为构建共生课堂的师生共同体提供制度保障。

2. 回归教师主体化

构建共生课堂的师生共同体，秉持师生主体间性的价值追求，主张回归教师主体性。"教师主体中涵盖的教师自我导向的专业行动的权力、责任、能力，是教师主体化回归的三个路径。"[①]。首先，教师课程自主权。在共生课堂教学中，教师根据国家课程、地方课程与学校课程的安排，能够最大限度地利用网络资源，开发适合学情的课程内容。其次，教师情感的自主性。新时代的教

---

① 任欢欢. 主体间性：师生共同体发展的内在逻辑［J］. 中国教育学刊，2016（12）：13.

师，具有较强的责任感与使命感，并主动将个人积极向上的情感投入到课堂教学中，进而激发学生的主动性和创造性。再次，教师自主的决策权。教师能够对自身的教学过程进行自我监控与自我改进，尤其是教师可以借助微格教学，及时发现教学中的不足，不断优化教学设计。总的来说，在共生课堂场域中，可以从多个维度回归教师主体性。

3. 引导学生主体化

祛除学生客体化，其主要策略在于发展学生的自主意识和发掘学生的主体路径。一方面，在共生课堂教学过程中，教师要充分肯定学生作为"人"自身所特有的主体价值，充分尊重学生在学习过程中的话语权、选择权与决策权，带领学生享受学习带来的成就感与获得感，并帮助学生保持学习的兴趣，发展学生的主体意识。另外一方面，在共生课堂教学过程中，教师应指导学生建构自主学习的策略，引导学生化解学习过程中的焦虑情绪，调适学习心态，最大限度地提高学习效果；同时，教师应鼓励学生通过质疑、提问、合作、实践或者实验等形式发掘自身的主体路径。总的来说，在共生课堂场域中，学生可以从客体有效转向主体。

第二节　共生课堂的目标和内容设计

一、素养导向目标设计

（一）目标的含义及功能

1. 教学目标的含义

教学目标是指在课堂教学中，学生在教师指导下完成某项学习任务后应达到的预期结果，它在方向上对教学活动设计起指导作用，并为教学评价提供依据。目标是前行的灯塔，决定了学什么和学成什么。学习目标影响着课堂运行的方向和效能，是教学设计和实施的出发点和落脚点，对各要素具有统帅与控制作用，是课堂教学运行的控制系统。教学目标可分为学段目标、学期目标、单元目标、课时目标，如图5-1所示。[①]

　　课时目标指希望学生经历一个课时的学习后形成的预期结果；学期目标是指经历某个周期课程学习后形成的预期结果，往往以半学年作为一个课程学习周期。单元学习目标是完成一个单元的学习任务后应达成的预期结果；学段目标是指经历某学段完成一门课程的学习以后形成的预期结果。课程目标是特定阶段的学校课程所要达到的育人的预期结果，其表现形式一般为国家课程改革及其相应的课程标准，对接教育目的。

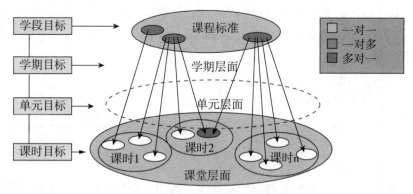

图5-1　教学目标分层建构

　　课堂层面的学习目标是具体的、可直接观察和测量的行为表现。它是指在课堂教学中，学生在教师指导下完成某项学习任务后应达到的质量标准，明确了教学内容，在方向上对教学的活动设计起指导作用，并为教学评价提供依据。即反馈评价与教学活动的设计与展开，都将围绕学习目标进行。因此，目标决定了"学什么""怎么学"和"学成什么样"，对各教学环节都具有指导和把控作用，是课堂实施的根脉。教学目标通常会涉及学习内容与学习行为两个核心要素。

　　课堂层面目标比课程目标更具体，是课程目标在课堂中的细化与实践。新课程三维目标包括知识与技能、过程与方法、情感态度与价值观三个方面，知识与技能立足于让学生学会，过程与方法立足于让学生会学，情感态度与价值观立足于让学生乐学。新课程背景下讲求以人为本的核心素养培育，从三维目标到核心素养，既有融合更有超越，核心素养是三维目标的提炼和整合。核心素养包括正确价值观念、必备品格和关键能力，属于课程目标，只能通过一个

---

　　① 朱伟强，崔允漷. 关于内容标准的分解策略和方法［J］. 课程·教材·教法，2011（10）：24-29.

学段持续性观察才能标定，但它是一节课一节课积累起来的，积沙成塔，课堂层面的目标达成的主要是知识、技能与方法，但这些行为取向的目标却指向核心素养，是在为某种核心素养达成提供"量的积累"。

2. 教学目标的功能

（1）导向功能。

课程与教学内容的确定和组织、课程实施与教学过程的具体步骤、教学的评价、教学方法的选择、教学手段与媒体的使用、教学进程的安排等，均依据教学目标来确定。素养导向的目标不仅关注学生知识的获得，还关注学生解决真实问题的能力习得及人格品质的养成，教会学生树立"做人""做事"本领为价值导向。

（2）调控功能。

教学目标不仅对教学设计与实施具有引导作用，嵌套在教学开展过程的目标也对教学进程起着适时反馈与调节作用，确保课堂运行朝着期待的目标有序推进。

（3）统摄功能。

教学目标对教学各要素具有统帅与支配作用，通过目标可以把共生课堂情境、任务、活动、评价统摄起来，起到牵一发动全身的作用，是课堂学习有效运行的根脉。

（4）激励功能。

恰当的目标能引发学习者的内生动力，但目标的确定还要符合学生实际水平，要让学生"跳一跳"便"摘得到"，即所确定的教学目标要落到学生"最近发展区"。除此之外，还要处理好课时目标、单元目标以及课标之间的关系，阶段性目标和终结性目标的关系，教师在教学中应始终坚持从学生的现有起点出发，通过各个学习阶段的有序推进、分项落实、分层建构、分步实施、不断积累，日渐累积达成素养化的目标。

（5）评价功能。

教学目标通常包含学习内容和行为两个方面，教学评价需要参照教学目标在行为与内容方面的具体要求，对学习者的价值观念、关键能力和人格品质的状况进行比较和考量。一是以教学目标的"内容"为依据，评价教学设计与实施中所选择的情境、技能、知识等是否为学生所掌握。二是以课程与教学目标的"行为"为依据，确认学生的各种心理能力和品质以及行动方式是否产生了预期的变化。

综上所述，教学目标具有导向、调控、统摄、激励与评价等功能，常被称作教学的第一要素。共生课堂是在目标导控下合作交往、互助共生的过程，是发生在和谐的人际关系、环境条件以及可伸展时空下的共生场域。

（二）教学目标的确立及拟定

1. 教学目标的确立

课程的终极目标是要促进学习者的身心发展，而要促进学习者的发展就必须了解学生身心发展的需要，参与社会生活所必备的基本能力、素养及学科知识，制定课程目标必须考虑学科的发展，使课程既要传承文明，又要引领发展。因此，课程目标的来源通常考虑学习者自身发展的需要、社会生活的需要、学科发展的需要。教学目标则往往表现为教师针对具体的学科或学科中的某一内容而确定的最终的结果。在教学中确立教学目标，依据课程标准要求，结合教材和学生实际，综合各因素制定具体可行的教学。

2. 三种目标取向[①]

（1）行为目标取向。

行为目标（Behavioral Objectives）是以具体的可操作的行为的形式来陈述课程与教学目标，它表明课程与教学过程结束后学生身上所发生的行为变化，其特点是目标的精确性、具体性、可操作性，对引导与诊断学生知识技能的达成情况具有突出优势，但对培养学生创造性方面的素养相对欠缺。

（2）展开性目标取向。

展开性目标（Evolving Purpose）关注的不是由外部事先规定的目标，而是在教育情境之中随着教育过程的展开而自然生成的课程目标。展开性目标侧重反映学习者与具体情境的交互作用中的行为表现，基于展开性目标，对评价学生学习过程的表现，及时调整教学进程等具有独特价值。展开性目标的缺点是其针对动态教学过程及表现，在实施评价方面有一定的操作难度。

（3）表现性目标取向。

表现性目标取向（Expressive Goal Orientation）是指学生在从事某种活动后所获得的结果。它关注的是学生活动中某种程度上表现出来的首创性反应的形式，而不是事先规定的结果。它是为学生提供了活动的领域，至于结果则是开放的，旨在培养学生的创造性，强调个性化。通过提供基于真实情境的任务，观察学生在解决问题中的实际表现，对明确学生与教师在课程与教学中主

---

① 靳玉乐，于泽元. 教学论［M］. 北京：人民教育出版社，2015.

体精神及创造性表现。其不足是高质量的表现任务与评分办法难以编制高质量的表现性评价与复杂的学习目标相对应。学生完成表现性任务要花费大量时间，导致表现性评价的实施相对比较困难，教师对表现性任务进行分析评价也要花大量时间，此外，对表现性任务的评分信度往往不易把握。

教学目标的三种取向各有优势和不足，在教学中可根据具体需要扬长避短、灵活选择，在课程育人中发挥各自独特的价值。

（三）教学目标的拟定

课堂层面的教学目标是学生经历一堂课后所能达成的预期行为结果，是教学设计、实施、评价的依据。当前，在拟定教学目标中存在的最突出问题包括：一是主体错位，从教师教的角度而不是学生学的角度来设计目标。二是大而空，常常是较模糊的心理化描述，比较泛化，不够明确具体，且对学习过程和学习结果没有做出行为界定，比如用常用的知识、理解、掌握等模糊描述，很难对教学起到具体引导和评价。

罗伯特·米尔斯·加涅在其《教学设计原理》一书中指出，设计者开始任何教学，设计以前必须能回答的问题是"经过教学之后学习者将能做哪些他们以前不会做的事"或者"教学之后学习者将会有何变化"。美国课程论专家泰勒有句名言：一个目标，如果没有上升为行为目标，就几乎等于没有目标。当我们用行为目标进行陈述时，即对某一教学活动终了时学生将能做些什么做出具体说明，并指出达成目标的条件，目标的教学价值就凸显出来了。

1. 课堂层面学习目标的构成要素

我们先看看课程标准是如何呈现学习目标的，如图 5－2 所示初中物理《压强》一课为例：

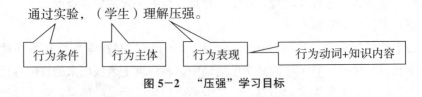

图 5－2 "压强"学习目标

可见，课程标准对教学目标的表述为：行为条件＋行为主体（略）＋行为表现（行为＋内容）

行为条件（学习环境）——怎么学（学习过程）；行为主体——谁学；行为表现（行为动词＋知识内容）——学（到）什么

马杰《程序教学目标的编写》中关于行为目标的陈述中，将教学目标划分为四个方面：行为主体（Audience）、行为动词（Behavior）、行为条件（Condition）、表现程度（Degree）。

（1）行为主体主要指学生而非教师，是目标陈述句中的主语，教学目标陈述的应是学生的行为，而不是教师的行为。

（2）行为动词主要说明通过教学后，学习者能够做什么，是可观察、可测量、可评价的具体外显的学习行为，是目标陈述句中的谓语和宾语。

（3）行为条件说明行为在什么条件下产生，影响学习结果的特定限制或范围等（如辅助手段、提供信息、时间的限制、完成行为），是目标陈述句中的状语。

（4）表现程度是规定的最低标准或者达到所要求行为的程度，用以评量学习表现或学习结果所达到的程度。

行为目标陈述要明确行为主体（学生），行为程度界定（行为动词）要具体。如在高中历史"五四运动与中国共产党的诞生"的学习中，行为目标描述为：全体学生能够从这一时期的新闻报道、报纸杂志、决议宣言等文献史料以及漫画、歌曲等文学艺术作品中自主获取信息，体会和感受中国革命在这一历史阶段的转变，并发表自己的见解和同学交流。这样具体化的目标才有实际意义。另外，还应说明在什么条件下实现（行为条件）。如可否借助计算机，是独立完成还是合作讨论，可否利用教材教辅等去完成，是否在规定时间内或在规定的情境中去完成行为等。在课标中有"知道""识别""记住"等终结性要求外，还包括"经历……，体会……""通过……，调查……"等过程性目标要求。所以，教师应以目标观照下的课堂行为作为教学设计、实施和评价的立足点。常见的教学目标对应的行为动词见表5-1。

表5-1 教学目标中对应的行为动词

物理教学目标		目标行为动词
认知目标	知识	定义、知道、记住、描述、列出、说明、找到、辨认、学习
	理智的能力和技能	认识、区分、解释、归纳、举例、说明、检测、体验、运用、证明、计算、操作、发现、比较、设计、能表示、阐释、评定、检讨、判断、理解、看懂、了解
情意目标		把握、应用、找出、选择、遵守、讨论、阅读、体验、支持、完成、解说、研究、参加、归纳、准备、统整、建立、分辨、提议、关注、意识、认识、树立、发展、增强、保持、体会、感受、形成

续表

物理教学目标	目标行为动词
动作技能目标	阐述、使用、解释、研习、理解、观察、建立、选择制作、制取、实验、论证、操作、计算、练习、设计、解决、实验、检验、配制、连接、加热、提取、称量、读出、倾倒、画出、振荡

另外，对知识、技能的掌握通常采取"最优表现"，即通过一堂课的一定行为样本，按其完成情况进行标定。但对情感、态度、价值观等体验性、表现性目标，则采用"通常表现"，即通过一个学段多次表现才能确认。由此，核心素养中的价值观念、必备品格等属于课程目标，只能通过一个学段持续性观察才能标定，但它是一节课一节课积累形成，课堂层面的目标指向核心素养，是为某种核心素养达成提供潜在可能。

2. 课堂层面学习目标的拟定步骤

课标所列出的原则性目标，比较模糊，不能直接作为课堂教学中的学习目标。如关于初中物理课标"压强"学习目标的表述，转化为可实施的校本化目标时，应考虑如图 5-3 所示的问题。

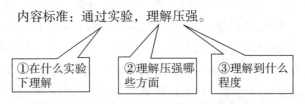

图 5-3 物理"压强"目标细化三项起点问题

课标的表述需要我们结合教材和学情将其转化为可观察、可操作、可检测的学习目标，国家标准本土化、明晰化，这就要求我们将课标要求进行细化，即课标分解。通过课标分解，将课标中内容标准转化为课堂层面的学习目标。

（1）课标分解的基本思路。

围绕教学三个基本问题"学什么、怎么学、学到什么程度"展开。

（2）操作原则。

将课标内容标准的内容解构，将行为条件、行为表现细化，使之可观察、可操作、可检测。

如课程标准中"压强"的学习要求是"通过实验，理解压强"，将其细化为课堂实施层面四项明确具体的目标，见表 5-2。

表 5-2　压强课程标准与课时目标

压强	课程标准	通过实验，理解压强
	课堂目标	1. 通过实例观察，能够区分压力与重力。 2. 通过实验探究分析，发现压力作用效果与压力大小、受力面积关系。 3. 通过实例分析定量讨论，能用压强定义式 $p=F/S$ 进行相关解释和计算。 4. 通过压强定义得出过程讨论，领会比值定义法意义和价值。

依据目标可设计学习活动：完成"两手指对压铅笔"和"砝码、物块叠放压海绵"等实验，归纳出影响压力作用效果的因素；完成不同压力、受力面积中压力效果比较，用比值法定义压强，并理解其物理意义；用压强公式解释、计算相关问题；在实验探究中体会比值法、转换法等科学方法的意义。压强概念构建经历的认知过程，如图 5-4 所示。

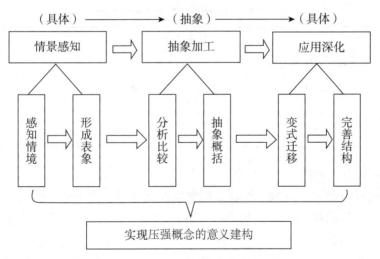

图 5-4　压强概念建构过程

（3）课标分解操作步骤。

有组织的整体知识的学习过程是引导学生建立两个联系，即新知识内部联系和新旧知识联系的过程。其学习的主要策略基于认知不平衡，通过同化与顺应引起原有认知的改变。建构主义认为，学习是学习者在与环境交互作用中主动建构内部心理结构的过程。一个完整的教学目标的构成要素包括四个条件，即行为主体（谁学）、行为动词（结果表征）、行为条件（怎么学）和行为程度（学到什么程度）。在实践教学中教师需要有目的地将课程标准按照一定步骤进行分解，明晰学习的内容、过程（行为表现）以及达成结果，围绕"学什么、怎么学、学得怎样"将课标按要求细化。下面提供一种课标分解操作思路。

①内容解构——学什么。

内容解构，是将概念、规律、方法等按照内在要素和外在表征进行分解，构建学习内容结构，明确"学什么"；是基于内容标准，分析教材，将学习内容按照内在逻辑关系和目标指向进行分解。

②选用行为动词——能干什么。

选用行为动词，描述达成学习结果的行为，用行为动词表征。好的教学目标能够清晰表达学生"学到什么""能做什么"。描述行为动词（学习结果/展示行为表现）通常选用的核心动词有发现、解释、指认、归纳、识别、辨认、说出、简述、阐明、计算、估测、列举、判断、论证等。

表5-3是物理教学中内容解构的样例，每个概念项需要对应不同的行为动词——描述。

表5-3　初中物理"压强"内容解构

核心知识	内容解构	行为动词
压强	背景：压力与重力	辨别
	关系：压力作用效果与压力大小、受力面积关系	发现
	定义式：$p=F/S$	计算
	方法：比值定义	领会

③确定行为条件——怎么学。

确定行为动词和行为条件，根据学生经验和课程内容规划学习过程，即选择达成目标的途径、方式和手段，清楚"怎么学"。怎么学是决定学习者能否达到学习目标的关键因素，决定了资源配置、学习方式的选择。确定行为条件是根据学生经验和教材分析规划学习过程，即选择达成目标的途径、方式和手段。行为条件（学习过程/展示行为条件）通常选用的核心动词有阅读、观察、比较、讨论、实验、操作、探究等。另外还需考虑以下情况：辅助手段或工具、提供信息或提示、时间/次数/空间等数量的限制、完成行为的情景等。

华东师范大学吴刚平教授把学习的知识形态概括为事实性知识、方法性知识、价值性知识三类。[①]

事实性知识又叫学科知识，需要学生在记忆中学习，学习事实性知识的行为动词有理解、记忆、再现、判断等。

方法性知识又叫科学方法或学习方法，需要学习者在做中学习，学习方法性知识的行为动词有阅读、观察、思考、尝试、交流、讨论、问答、争辩、分析、综合、归纳、总结、提炼、概括、解释、推理、运用、拓展等。

价值性知识又叫学科意义或学习意义，需要学习者在体悟中学习，学习价值性知识的行为动词有体验、反思、取舍、比较、借鉴、分享、定向、创造、信仰等。

素养为本的教学，需要将事实性知识、方法性知识和价值性知识协调调整，以丰富学生的三观系统，实现课程的全面育人。

④界定行为程度——学得怎样。

界定行为程度，确定达到目标的最低表现水准，用以评量学习的表现或结果所达到的程度，作为选编作业的标尺。要清楚学得怎么样，教育者必须依据课程标准的具体要求，并将其细化后制定相应的学习评价任务，通过及时反馈进行教学。界定行为程度是基于学生经验和教材分析，确定达到目标的最低表现水准，行为程度界定要关照学情，不能抽象界定。

如图 5-5 所示，概念体系的构建和行为条件的确定，需要在对教材和学情深入研究的基础上进行明确和规划。根本目的是将课程标准细化为课堂层面的学习目标，从概念体系、行为动词、行为条件、行为程度进行目标分解。这样就将内容标准转化为可观察、可检测、可解释的学习目标，这是教学设计的起点和关键。如何让学习目标对教学设计、实施和评价更具指导意义，就需将课程内容标准的核心概念解构，将行为条件、行为表现进行细化，从而构建起课堂学习的"北斗导航定位系统"。

①　吴刚平. 知识分类视野下的记中学、做中学与悟中学 [J]. 全球教育展望，2013（06）：10-17.

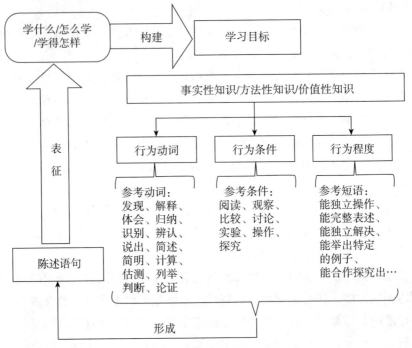

图 5-5　目标细化操作过程

　　按照课标分解的步骤，内容解构、选用核心动词、确定行为条件、界定行为程度。

　　表 5-4 为初中物理声音的产生与传播目标分解案例（人教版物理八年级上册第二章第一节内容）。

表 5-4　声音的产生与传播目标分解

核心知识	内容解构	行为动词	行为条件	行为程度
声音的产生与传播	产生原因	归纳	通过不同发声实验现象观察	根据提供的发声实例，独立观察归纳声音产生原因
	传播条件	发现	通过改变的传声环境实验，进行观察比较	根据提供传声实例，小组讨论，发现声音传播条件
	研究方法	领会	通过转换法、归纳法研究声音产生与传播	能说出两个生活中应用转换法、归纳法的实例

　　通过课标分解，便生成声音的产生与传播的具体的、可操作的教学目标。

（1）通过不同发声现象观察，归纳出声音产生的原因；

（2）通过改变传声环境实验的比较，发现声音传播的条件，知道固体、液体和气体都可以传声；

（3）经历探究过程，体会转换法、归纳法的意义，能说出两个生活中应用转换法、归纳法的事例。

目标导向活动设计：

[学习重点]

（1）完成"橡皮筋的振动"和"音叉振动"等实验，总结归纳发声体的共同特征。

（2）完成"敲桌子"和"闹铃箱抽真空"等实验，总结声音的传播条件。

[学习难点]

对归纳法和转换法等科学方法的认识。

3. 学习目标拟定注意的问题

核心素养包括准确价值观念、必备品格和关键能力，属于课程目标，只能通过一个学段持续性学习才能达成。课堂层面的目标达成的主要是知识、技能与方法，但这些行为取向的目标却指向核心素养，是在为某种核心素养达成不断累积"能量"。在制定教学目标时要注意课程目标、单元目标与课时目标的关联统整。

在教学目标制定时，能否合理地将课程标准细化，使之可操作、可评价，进行校本化表达，是判断教学目标是否有效的重要衡量尺度。规范的学习目标是可以通过评价来控测的，具有主体性、灵活性和具体性。

共生课堂是素养为本的课堂，其有效运行，首先需要拟定素养导向的教学目标，从目标出发设计评价任务，进而规划学习活动，在教学发生现场通过教与学互助共生；同时需要将评价任务嵌套在学习发生过程，让目标、教学、评价协调谐振，产生"共鸣"效应，确保教学有效发生，让核心素养在课堂得以培养和发展。

二、教学内容整合设计

（一）教学内容整合设计的内涵特征

1. 教学内容概述

教学活动中最具实质性的因素就是教学内容，而教学内容是教师实践教学的依据,是学生学习的具体对象,又是达到教学目标与衔接各教学要素的主要媒介。因此,教学内容的选择、组织是教学总体设计的关键。

教学内容是指教师以学科知识体系为依据,以教材、教学资料、社会文化为基础,密切结合学科发展趋势与前沿,充分融入教师自身长期学术研究积累之精华,以服务于教学过程中知识、能力、情感三大目标为目的,以促进教与学的互动并充分结合学习者学习经验为导向而精心选择、凝练生成的课程教学基本教学资源,是教师课堂教学的施教蓝本。① 教学内容的创生是指师生在教学双方互动的过程中所生成的内容。人们一般认为教学内容的创生是指知识的创生,从一个完整的教学过程、从教学目的完整性来看,教学内容的创生是多维的,既包括知识的创生,还包括问题的创生和思维方式的创生。而问题的创生是知识创生和思维方式创生的起点,思维方式的创生是教学内容创生的最高境界和最高要求。②

教学内容设计是教学设计的重要组成部分,包括依据课程标准内容要求,分析和处理教材,剖析和细化教学要点,解析和确定教学重难疑点以及优化和整合教学资源等方面。同时它也是选择教学方法、选取教学媒体和安排教学过程的重要基础。

2. 共生课堂教学内容特征

素质教育的核心在于尊重学生们在课堂教学中的主体地位,"共生课堂"的构建就是学生作为主体,依据学生终身发展和社会发展需要,明确育人主线,加强正确价值观引导,重视必备知识和关键能力培育。"共生课堂"秉持"让学习深度进行,让师生真正成长"的教学理念,在课堂教学中呈现树式共生结构特点,即以一个共生原点,一条教学主线,分层次的逐渐推进,从而实现教学活动中的多点共生。有别于传统课堂教学结构的以线式结构、版块结构、点式结构为主,共生课堂结构的应用优势在于教学内容和活动之间存在内在逻辑性,因此更有利于加强学生对学科内容的理解和认知,提高课堂教学效率。

3. 教学内容整合设计的内涵和必要性

(1)内涵。

整合,意指把一些零散的东西通过某种方式彼此衔接,从而实现信息系统

---

① 赖绍聪. 论课堂教学内容的合理选择与有效凝练 [J]. 中国大学教学,2019 (3):54—58,75.
② 李德才. 教学内容创生多维性的探析 [J]. 黑龙江高教研究,2008 (10):153—155.

的资源共享和协同工作，最终形成一个有价值有效率的和谐整体。

教学整合主要是指将教学中不同的因素如不同的教学目标、教学内容、教学策略等融合成一个有价值有效率的和谐整体，使融合成的教学目标、教学内容、教学策略等适合于学生的成长和发展。[①] 教学整合以全新的理念和视角审视教学活动全过程，旨在构建一个科学完整、动态高效的教学活动体系。它既是一种教学思想，又是一种教学策略，同时也是新形势下一线教师教学能力结构中的一项重要能力。

教学内容整合设计是在教学中根据主题需要，将近似、相近主题的教材资料内容进行一定关联的穿插与融合，以使其呈现一个综合化、立体化、开放化的教学形式。教学内容的整合有利于帮助学生认识到事物之间的联系与变化，促进学科素养的提升。课程内容及其组织形式的多元化决定了教材形态的多样化，而教材形态包含教材内容以及编排设计，教学内容是教材内容在教学层面的体现，所以多样化的课程形态内容也决定了对教材内容的组织和处理可以而且应该是多元的，这也为单元教学内容的整合提供了学理依据。但这并不代表教学内容整合就是对教材内容的无限、无边际的生成，而应该是在总体指导思想和具体操作层面遵循一定的原则，在教学设计中具有一定的程序，这样才能保证对教学内容的整合不至于流于形式而无实际意义。

高质量的课堂教学要讲究方法，要引起学习者的兴趣，引发学习者思考。要达到这一目标，我们必须真正站在学习者的角度来思考问题，通过教学内容的合理选择与高度凝练、教学方式方法的有效运用、教学过程的精心安排，深入浅出，旁征博引。这样才能打破以教师的"教"为主的传统课堂，转变为以学习者的"学"为主的课堂，让每堂课深入人心。而选择合理的课堂教学内容，构建合理的教学内容体系乃是课堂教学过程中的核心环节，直接关系到教学质量和人才培养质量。

学生核心素养的培育和全面发展的促进都需要更具整合性的教学样态。以概念教学内容整合为例，概念教学内容整合是通过围绕"大概念"组织知识内容，以科学的逻辑和认识的发展为线索重组概念教学内容与科学实践活动，达成以往科学课程中零散"概念"或者"概念和概念之间联系（规律）"的整合。从狭义上，整合的范畴可以针对一个单元、主题或者一个具体概念；从广义上，其还包括知识与作为认识方式的思维和探究的整合，概念、原理等显性知识与策略、思路等隐性知识的整合，以及知识与问题情境的整合。概念教学内

---

① 朱小平. 教学整合：意义、障碍和策略 [J]. 中小学教师培训，2011 (04)：54—55.

容整合有利于学生深度理解和建构概念，并围绕核心概念建构概念体系，在知识学习中发展科学思维与科学探究能力。[①]

（2）必要性。

教学内容整合从知识之间的简单联结走向本质上的融合生成，并非仅局限于一课时的整合，单元教学的规划和整合也是必需的，有利于教学内容的整合从量的低层累加转向质的高层次把握和拓展；教学内容整合基于知识原理和现象本质选择适合于学生理解和思考的教学策略，从遵循学科特性和学生的认知现实，灵活建构课堂教学结构，有利于从教材结构的遵照执行走向认知结构的成功转换，在大问题化解为小问题的聚焦过程中，逐步接近目标，最终成功解决新问题；教学内容整合从忽略教学环境的创设走向精心安排和互动生成，有利于营造轻松活泼的教学氛围，建立和谐的教学生态，在良好的情境中，学生产生丰富的内心体验，在知识与情境两条主线的相互作用下参与整个学习过程，使知识在情感的作用下更好地被内化、接受。有效的教学内容整合，有助于改变教学中"以教定学"的不良倾向，实现学得"懂"、学得"深"和学得"活"；也有助于教师逐步改变为知识而教学的价值取向，让学生学会思维，学会学习，让教学向真正以学生为中心过渡。

（二）教学内容整合设计的原则

当下的单元教学更多的是指一种教材的编排方式，而没有成为一种教学的模式。根据系统论的观点，系统是由两个或两个以上的元素相结合的有机整体，系统的整体不等于其局部的简单相加。单元内的课本内容本来各自独立，是按照某一个标准编排在一起。如果不把它们整合起来，它们就会相互孤立，缺少关联。所谓整合，是指把零散的东西彼此衔接起来，形成一个有价值的整体。大单元教学整体设计可使单元内的各个教学要素形成合力，能够互释，有效迁移，产生"整体大于部分之和"的功效。大单元教学整体设计就是要把一个单元当成一个整体，统筹考虑。大单元教学旨在以目标统领任务、以任务实现进阶的教学设计，形成完整的"教—学—评"教学系统。[②] 教师对单元大目标与单课时教学进行整合须本着三个原则：一是目标一致原则，二是多元统整原则，三是单元贯通原则。

---

① 相新蕾，孙越等. 基于学生科学思维发展的概念教学内容整合实践研究 [J]. 物理通报，2021（12）：28—32，35.
② 颜廷发. 大单元背景下单篇教学内容确定的原则 [J]. 中学语文教学，2022（2）：22—25.

1. 目标一致

教材的每一课时内容文本都有自己的主旨，因而其教学目标也不一致。而在大单元背景下，要建立以单元目标为统领的教学整体观念，课时教学内容须根据大单元目标来取舍，选取支撑单元目标实现的内容。使得"大任务"下有"小任务"，"小任务"下有教学内容，通过教学层层分解，最终达成目标。所谓目标一致，就是教师以大单元目标为引领，重构（加工、改编、增删、更换）单元内的课时内容，实现教学内容的结构化。明确了大单元目标后，要设计大单元的大任务，用任务情境对教学内容进行统整，用有深度的驱动性问题带领学生进入积极的学习状态。总之，根据选文目标一致的原则，在大目标的前提下，结合学情与课时教材内容的特点，选择能够突显目标的内容来进行教学活动，进而确定单课时的教学内容。

2. 多元统整

单元整体教学指向学生核心素养的构建，因而，有经验的教师结合学生实际，会深入思考比较，既会整合"同"也会整合"异"，化同为异，发现有价值的教学增长点。编入同一个单元的教学内容，可能会主题各异，但会有一定的关联。在大单元教学中，找到有价值的关联很重要。有的教师只按照共同主题进行比较，层次较浅；有的教师对关联内容研讨过于简单，学生没有收获，失去意义。我们的做法是进行多元统整。对于单元内的教学内容，采用勾连的方法，将共同之处适当进行嫁接；无法勾连的内容，如果重要则设法化异为同；还可以在单元课程的资源之间、学生思维与行为之间、学校与社会生活之间进行整合。经过精选、整合之后，单课时教学内容得到更新，课程内容更加情景化，趋向结构化。

3. 单元贯通

"单元贯通"理念是复旦附中特级教师黄荣华老师提出的，其核心在于贯穿、沟通。"贯穿"的是单元内部各单课内容之间的学科逻辑，"沟通"的是各单元内容之间相互呼应又各具个性的内容。找到各单课内容之间的学科逻辑是教师开展单元教学的重要方法，在现行教材中，单元主题是明显的学科知识，是"明线"，但还有一些"暗线"，需要教师去深入思考，细心发现，往往这些"草蛇灰线"的发现能打开教学的一扇窗，甚至可以借助它来进行本单元的教学。

这里阐述的"三大原则"不是截然分开的，是相互关联并各有侧重的。教学中依照何种原则需灵活应用，前提是充分认识单课内容教学与大单元教学的辩证关系。单课内容教学是大单元教学的有机组成部分，是实现大单元教学价值与单元目标的重要载体，是单元教学系统中重要的子系统。之所以称之为"子系统"，是因为单课时教学既有自身的内容构成、价值指向，是相对闭合的，又与大单元教学目标形成映照与呼应，是大单元教学的基础。教师在大单元教学设计时，既要考虑大单元的大目标、大任务、大进阶，也要虑及单课内容教学给学生带来的深度思考、精神成长等效用，综合考虑三大原则，采取适当的统整策略，在大单元与单课时教学之间找到平衡点。

（三）教学内容整合设计的方式

教学内容整合设计的方式主要包括横向组织式、纵向组织式、知识序和认知序相结合式、最近发展区导向式四种方式。

1. 横向组织式

首先需详细分析各学科知识间的联系。自然科学各学科的知识存在着广泛的联系，主要表现在以下几个方面。一是各学科的研究对象存在着交叉重叠之处，如水、大气等。二是自然科学领域的一些概念具有普遍的适用性，如能量、资源、运动等。三是自然界的物质虽千变万化，运动方式虽多种多样，其本质和规律相同，如遵守质量守恒、能量守恒定律等。四是各学科的研究方法存在一致之处，如都有观察、分类、测量等方法。此外，人口、环境等社会问题本身就具有跨学科的特点，这些生态学科知识往往是内容综合的切入点。根据这些切入点可以建立起知识的网络结构图。例如，以空气为切入点，可建立如图 5-6 所示的知识网络结构图①。

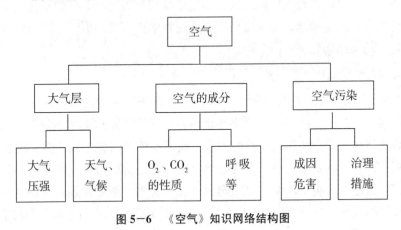

图 5-6 《空气》知识网络结构图

---

① 柴西琴. 初中综合理科教学内容选择与组织的初步探讨 [J]. 课程. 教材. 教法，2000（6）：38-42.

其次需根据知识结构网络图，组成一些具有内在联系的知识模块。在不同的知识模块中，内容综合的层次可以不同：有学科内的内容综合，如水和溶液、生殖和遗传；有两个学科间的综合，如光与人的视觉、地球的演化与生命的起源等；有三个学科以上的综合，如用能量的概念综合机械能电能、化学能和生物能等。在教学内容的进一步组织当中，知识模块可以做相应的调整。

2. 纵向组织式

纵向组织式即按一定的层次或线索将知识模块组织起来。教学内容的纵向组织应注意两点：一是同一段时间内知识和技能的反复学习，以及随着时间的推移不断重复；二是在重复过程中，一些知识需要不断深入和拓展。这需要对各学科知识进行分类整理。各学科知识大致可分为六个方面：一是自然界的形态和结构方面的知识，如地形地貌、生物体的形态与结构、分子和原子；二是自然现象方面的知识，如声现象、热现象；三是运动规律方面的知识，如物体的运动、生物体的运动、大气层的运动；四是物质转化方面的知识，如各类化学反应、生物体内的物质转化；五是能量及其转化的知识；六是人与环境关系方面的知识。在这几方面的知识中，都存在较深和较浅的部分。但从总体上看，浅显易懂的是形态结构方面的知识。因此，可以从这方面知识入手，选取一部分知识，按照从宏观到微观的编排顺序，先讲述自然界的构成；然后，按照由浅到深、由现象到本质的顺序，从各方面知识中选取一部分，依次讲述运动规律，物质与能量的转化等知识；最后讲述环境、资源等问题，强调人与自然的和谐相处及可持续发展的观点。

随着内容纵向的展开，各方面的知识也相应地不断深入或拓宽。比如介绍热量，开始涉及的可能是热现象，随着大气运动、内能的讲述，热量的概念逐步建立并深入。按照上述设想而构成的综合理科知识体系，是围绕着探索自然界的各个方面而展开的。

随着教学内容的纵向组织，还应渗透一条科学方法训练的线索。按照学生的接受能力，我们认为，可以逐步进行如下的科学方法训练：一是观察、分类、测量等；二是实验、分析、归纳、收集信息和处理信息、解释实验结果并应用、交流科学研究的成果等；三是设计实验、调查并安全实施、提出假说、模型化、综合、演绎等。在组织的过程中，要兼顾知识和科学方法两条线索。最后，再根据具体内容及科学方法训练要求，设计学生实验。

3. 知识序和认知序相结合式

就知识性而言，每门学科的知识都是有机的整体，各个概念和各条原理之间具有内在的逻辑性、系统性、连贯性和关联性，这种内在联系即为知识本身的"序"；就学习者而言，学习者认知的发展也有内在的程序性和连贯性，从已知到未知、从感知到理解、从巩固到应用、从具体到抽象、从易到难、由简到繁、由近及远等，这是学习者认知的"序"。学科知识的序不一定就是学习者认知的序，教学内容组织既应考虑知识的序，又必须遵循学生认知的序，只有通过对教材的合理组织把教材的知识结构和学生的认知结构有机结合，才会有利于学生快速有效地掌握知识。① 例如，人教版地理七年级上册"气温的变化与分布"认知序和知识序见表5-5。

表5-5 "气温的变化与分布"认知序和知识序

认知序（5W原则）	知识序
(1) what——什么是气温 (2) when——气温的变化 (3) where——世界气温的分布 (4) why——气温的影响因素 (5) how——气温与人类活动	(1) 气温的概念 (2) 气温的变化（优秀组织者设计） (3) 世界年平均气温、1月和7月气温分布规律 (4) 气温的影响因素 (5) 气温与人类活动的关系

如果只按学生的认知序，对世界年平均气温分布规律的学习是可能存在认知障碍的。如果采用地图形式直接呈现世界年平均气温分布，由于学生对气温的相关知识比较陌生，只能死记硬背，无法将新知识建构于自己原有的知识结构中，也就无法真正实现对知识的吸收与消化。优秀组织者在讲授内容之前会给学生提供一些早已熟知的且与本堂课有一定联系的内容，让学生根据气温曲线示意，绘制出气温曲线图，读出气温的年变化，继而在全球年平均气温分布图中识别分层设色气温等值线的变化情况，并进行归纳，其作用是在学生原有的认知结构与新学知识之间架起一座桥梁，使新学习的知识能顺利地组织到学生的认知结构之中。

4. 最近发展区导向式

最近发展区是教师与学生交往、帮助学生发展的区域，也是学生以主体方式从事学习活动、获得发展的区域。基于最近发展区的教学内容，就是对学生来说有适当难度且有挑战性的学习任务。所以，教学内容的选择和组织应着眼于学生的最近发展区，调动学生的积极性，发挥其潜能，超越其最近发展区而达到下一发展阶段，在此基础上不断进入下一发展区的发展。

---

① 李晴. 中学地理教学设计与技能训练［M］. 北京：科学出版社，2015.

组织基于最近发展区的教学，必须遵循因材施教的原则。就学生整体而言，教学应面向大多数学生，使教学深度符合大多数学生经过努力后能够接受的水平。这就要求教师从大多数学生的实际出发，考虑整体的现有水平和潜在水平，正确处理教学中难与易、快与慢、多与少等关系，使教学内容和进度符合学生整体的最近发展区。

以"二氧化碳的性质和用途"为例，由于学生通过生活经验和此前的学习已经对二氧化碳有所了解，所以没有必要系统完整地从头讲起，而可以结合学生的已有认知，在真实的情境和学习活动中关注学生对二氧化碳认识的发展点，对推测的未知性质设计实验进行验证，落实核心素养发展，最终建立二氧化碳的物理性质、化学性质及其用途的完整知识结构。

三、交互式教学活动的设计

（一）交互式教学活动的内涵及特征

共生课堂是用生态学的视角切入课堂，通过改善教师、学生、课程和技术等这些生态因子的关系，使这些因子相互优化，实现每个因子的自我发展和共同生长。基于"共生课堂"的核心理念和其具备的七个要素，我们认为好的教学活动样态应该是交互式教学活动，即教师通过选择、组织、整合特定的教学内容、情境、资源，创设能引发学生经验的学习环境，基于教师与学生、学生与学生的交流、互动，完成相应的学习任务，以实现预设目标与生成教学目标，最终促进学生知识和行为产生变化。共生课堂的教学活动是对传统课堂教学活动的超越，为优化课堂教学提供了新的方向。要实现有效的交互式教学活动（以下简称教学活动），需要具备以下四个特征：

1. 具有高质量的问题引领

高质量问题是在各学科核心素养视域下，为达成单元教学目标（或课时教学目标），精心设计具有结构化、情境化的一系列问题。高质量的问题要指向学科概念的建构，教学目标的达成。

2. 有需要完成的挑战性任务

所谓挑战性学习任务，是教师基于关键问题的解决，设计的一份学习材料，可以让学生据此进行探究性学习，在随后的学习活动中完成这些挑战性的学习任务，最终实现素养目标的达成。

3. 有持续性的反馈评价

能够依据学习目标和课堂教学的需要合理地设计学习评价，将学习评价贯穿在课堂教学的全过程，基于持续性的学习评价促进学生的发展，促进教师改进教学，促进教师的专业发展。

4. 有和谐平等的师生关系

在教学活动中，师生在人格上相互尊重，情感上产生共鸣，思维上同频共振，彼此之间形成一个有共同愿景的学习共同体，以实现师生共同成长。

（二）交互式教学活动的设计原则

1. 教育性原则

教学活动设计的目的就是为了更好地实施教学，促进人的全面发展，这也是新课改的根本思想体现。教学活动过程中，学生作为教学主体，一切教学内容和教学活动都要为学生全面发展而设计，以学生的发展为出发点和归宿，发挥学生自主性、主动性和创造性。

2. 情境性原则

情境是教学活动实施过程中认知发生不可缺少的一个因素，认知依附于特定的情境。情境性原则是开展教学活动的前提和基础，通过真实生物教学环境的设计，激发学生身体的行为与感知体验，使学生在身心充分参与的基础上体验学习的乐趣。

3. 交互性原则

交互性是连接学生身体与教学活动情境的纽带，二者之所以能够作用于人类的认知活动，主要在于交互性设计架起身体与自然环境与社会文化情境之间的桥梁。因此，在具体的教学活动设计中，应该注重交互活动的设计，注重活动过程中交互的动态性、主观性和多样性。

4. 生成性原则

生成性原则讲究事物发展并非完全按照既定的路线进行，是一种动态性过程。因此在设计教学活动过程中，要注重教学资源、教学目标以及动态生成性，不能一味地按照预设的方案去执行，而忽略了师生互动过程中产生的新想法。因此，生成性原则应该建立在一定预设活动的基础上，探究教学目标、教学内容以及交互活动等活动属性的动态持续生成。

5. 有序性原则

有序性特点体现在教学活动中，表现为教学活动是在从一个活动结构向另一个活动结构不断递增的过程中实现的。比如，教师的备课活动结构将导致教师的教授活动结构，教师的教授活动结构将导致学生的学习活动结构，学生的学习活动结构将导致学生的自学活动结构。这些结构之间的相互作用和结构的不断递增，最终使教学学习任务得以完成。

6. 动态性原则

教学活动中教师教学的规律，学生学习的规律，也是在教师教授和学生学习的相互作用中体现出来的。比如教师在备课的时候，要把学生放在一个思维动态发展的过程中来编排自己的授课内容。动态性特点强调了教师在研究教学系统的功能规律时，一定要在教师、学生、教材等各要素的相互作用和相互影响的动态过程中去掌握它们。只有这样，才能真正把握住教学活动的规律。[①]

（三）交互式教学活动的设计方式

1. 学习任务的特征

教学活动过程中，学习任务并不是简单的、形式上的操练活动，所谓学习任务，是教师设计的一份学习材料，可以让学生据此进行探究性学习，以达成预期的教学目标。教师在设计学习任务时，要从有利于落实单元学习目标出发，聚焦单元教学中"关键问题解决"，遵循"入手容易、完成不易"的设计原则，学习任务既要让大多数学生能有成功的体验，又要留有进一步探究的空间。一般来说，学习任务具有如下特征。

（1）具有好的任务情境。

好的任务来源于好的情境（能用的、科学的、真实的、聚焦的、可信的、可亲的、情真的、理蕴的、意远的），好的情境是开展意义学习的必要支撑。对学生而言，情境是将纯粹的学科内容与现实世界密切联系的桥梁和纽带，是吸引学生展开探索、研究、发现等学习活动的关键要素。基于好的情境设计挑战性的学习任务，能使得学习任务为学习所用，促进学生开展有意义的学习。虽然情境创设在日常教学中受到格外重视，但有些教师只是将教材上的固定文本、例题等用动态的课件方式呈现在投影屏幕上，这样的简单情境展示显然没有创设挑战性任务。教材是根据课程标准研制的，教材内容仅是潜在的或可能的学习内容，只有和学生真正发生联系后，教材才可能成为学材。从这个角度看，能吸引全体学生注意，呈现高度开放性、综合性、探索性，以完成一项具

① 刘淑贤. 交互式教学模式在高中生物学实验教学中的应用探索 [D]. 上海：华东师范大学，2009.

体工作、任务为核心目标的情境,才是具有挑战性的任务情境。

(2) 具有关键问题的引领。

关键问题是在各学科核心素养视域下,为达成单元教学目标(或课时教学目标),精心设计具有结构化、情境化的一系列问题。关键问题要指向学科概念的建构,教学目标的达成。基于关键问题的解决,师生设计挑战性的学习任务,在随后的学习活动中完成这些挑战性的学习任务,最终实现素养目标的达成。总之,学习任务的设计应基于这些关键问题的解决而展开。

(3) 具有明确的完成标识。

学习活动结束后,学习者要呈现出相应的学习结果。通过现实的学习结果,教师可以分析学习者的学习情况和教学目标的达成情况,帮助学生感受自己的成就。分析上述特征可以看出,一个促进学生有效学习的学习任务应该是能够吸引学生参与,调动学生积极性的任务;是符合课程标准要求,能够合理融入其中的知识与技能的任务。它可以发展学生的高阶思维,使每个学生都能感受到自己的成就。

2. 学习任务的设计

(1) 以澄清前科学概念设计任务。

前科学概念是学生在接受科学教育以前,通过日常生活中的各种途径,对事物、事件和现象等所形成的概括性认识。前科学概念中有些是对客观世界的朴素认识,有些则与科学概念相悖,称为错误概念。以澄清前科学概念为任务的单元教学能为学生建构经历认知冲突的、具有挑战性的探究情境,通过引导学生由朴素认识向科学认识深入或者由错误概念向科学概念转变的过程,从而实现对学生高阶思维的培养。

(2) 以解决关键问题设计任务。

解决未知问题的任务对于学生最具有挑战性。通过问题的挑战性,激发学生的探索欲望;学生为解决问题学习新知识并应用新知识解决问题,有助于深刻理解知识,发展高阶思维能力。因此,以解决问题为目的的任务应具备一定的复杂程度并贯穿学习过程的始终,使完成任务与深刻理解知识密切联系,与高阶思维密切联系,而不是仅仅以引出知识为目的设计任务,不然一旦完成导入作用,任务就可能被扔到一旁,不再提及。

(3) 以知识应用迁移设计任务。

学习的本质是由经验引起学习者知识的变化,进而引起学习者行为的变化,因此,学习者学习的目的是学以致用。教学学习任务设计可以以知识旨趣为切入点,考虑如何将所学知识迁移到真实的环境中,解决结构化的问题,更重要的是解决非结构化的问题，从而提高学生解决问题的能力，促进素养目标的达成，以实现学科的育人功能。从知识迁移的具体情境反向设计学习任务，只有知道设计活动的最终目的，才知道如何去设计活动内容，而不是让活动内容主导活动过程。清晰、明确的学习任务可以帮助学生积极主动的学习。通过学习任务，学生可以理解学习的意义，形成自己的知识结构。当然，为了更好地开展学习任务，教师还需要根据实际情况有效地组织教学活动。

3. 学习活动的设计

学习活动的设计目的就是学生在教师的指导下能成功地完成学习任务，掌握任务中所蕴含的知识技能，以实现学生知识产生变化。学习活动的设计需要考虑的因素有很多，例如，活动任务的确定、活动组织方式、活动时空安排、学校教学制度等。在教学目标、活动任务明确之后，我们要设计怎样的学习活动才能使学生达成学习目标，甚至表现得更好？一般来说学习活动过程的设计大致包括选择合适的教学活动组织方式、创设学习活动情境、提出学习活动要求三个步骤。

（1）选择合适的教学活动组织方式。

同步学习、分组学习与个别学习是具体课堂教学活动中的三种基本组织形式，它们各有优点也各有不足。对于任何一种组织形式来说，它可能适合某一种特定的学习活动，但未必适合其他的学习活动。所以，无论是哪一种教学活动组织形式，都不能认为它在任何时候都是普遍适用的。实际教学组织中，教师要根据学生的年龄特点和个别差异、学习任务的性质、特定学习场合的需要，优化组合这些教学活动组织形式。

（2）创设学习活动情境。

活动情境由时间、空间、设备、人际互动等构成，为引导学生进入活动场景，需要对情境任务进行描述，使学习任务与学生经验产生有意义的关联，促进知识、技能和经验之间的联结。在操作上，创设活动情境需要注意以下要点：情境与活动主题一致；情境应最大限度地反映知识与技能在实际中应用的方式；情境反映学生解决问题所需的认知策略；情境应是一个丰富的整体环境。

（3）提出活动要求。

具体活动要求主要包括学习活动过程和学习活动结果的要求。其中，活动过程的要求是指学生活动过程中必须要做的具体任务；活动结果的要求是指学生活动结束后要展示的具体学习成果。提出这些活动要求时，陈述的内容应清晰、明确，学生阅读后能清楚地知道活动过程中需要做什么，活动任务结束后需要达成什么。如果条件允许，应尽可能把学生完成这些活动要求的表现作为评价依据，从而实现评价活动与学习活动的一体化。

在学习活动设计后教师还需要做到以下三点：一是要考虑对应不同学习活动方式的座位分布。不同的学习活动方式影响了学生活动空间的安排，其中教室座位分布是教师经常要考虑的事项。例如，全班集中听讲活动比较合适采用秧田型座位安排；而对于小组活动，模块型座位安排是较好的选择。二是要考虑学习活动的先后次序安排。一个课程单元往往由多个活动构成，教师需要进行统筹安排，使得活动之间形成具有一定条理的程序。这种条理化程序实质上要求教师明晰学习目标之间的关系。三是要考虑如何在学习活动中指导学生。教师最好事先预料到学生学习活动中可能遇到的典型困难，为学生建立新旧知识之间的联系做好准备，基于学生原有经验的基础上，教师是学生"解构"旧知识、"建构"新知识的促进者。现场及时指导也是很重要的，例如，对于低年段学生，教师有时可能需要直接指导学生的任务分工。表5—6为我们提供了一种思考框架。

表5—6 学生活动设计框架

活动任务设计	组织学习活动	学习活动的描述	学习活动中教师行为
任务1	活动1 活动2	·学生与谁互动 ·学生怎么互动	采取什么教学策略 促进学生学习
……	……	……	……

4. 学习评价的设计

学习评价是对教学价值的判断，涉及确定学习者学到了什么、学习者的学习方式，以及与学习相关的学习者的特性特征。[①] 我国《基础教育课程改革纲要（试行）》指出评价不仅要关注学生的学业成绩，而且要发现和发展学生多方面的潜能，了解学生发展中的需求，帮助学生认识自我，建立自信。那么，如何通过评价来促进学生发展呢?[②]

不同的学习目标需要采用不同的评价方法，在进行课堂学习评价设计时，教师首先就需要明确具体的学习目标，依据学习目标确定评价的核心要点，选择与之相适应的评价方法，合理地安排评价活动。选择具体的评价方式时，最

[①] 理查德·梅耶. 应用学习科学——心理学大师给教师的建议 [M]. 北京：中国轻工业出版社，2016.
[②] 李峰. 基于标准的教学设计：理论、实践与案例 [M]. 上海：华东师范大学出版社，2013.

基本的一条原则就是看它是否能够直接评价学习目标中反映的学习结果。例如，如果评价的学习结果是一些事实性的知识，那么选择客观性的任务（例如选择、填空、简答等）就比较适合；如果评价的学习结果是学生解决实际问题的能力，那么选择表现性任务评价就会更合适。此外，评价方式的选择还需要根据学生的学习状况和课堂教学的实际情况。学生的学习风格、课堂教学时间、教室空间布局等因素在一定程度上也都影响着课堂学习评价方式的选择。总之，学习目标直接影响着评价任务中内容的选择，不同的学习目标所采用的评价任务也不同，评价任务中的内容安排要与学习目标保持一致，保证评价任务具有一定的代表性。以下我们重点介绍 3 类评价任务。

（1）问题型评价任务。

问题型评价任务是一种以师生协作性、阶段性、过程性为基本特征的评价任务类型，以"提问-回答"为主要方式，有课内型和课后型两种形式。问题型评价任务是以课堂互动，触发群体或个人思维为主要特征，构建有效问题、精准发问是关键。以学生为主体的评价任务，对教师的主导作用要求较高，教师需要充满自信地扮演好多元化角色。问题型评价任务需要教师扮演的常见角色有传授者、组织者、交流者、激发者、管理者、咨询者、领导者等。问题型评价任务的优点是有利于学习上多元互动、携手合作、资源互补；有利于学生活跃思维、开发智慧；有利于课堂教学及时反馈、赋权增能、互促互进。问题型评价任务可用于前概念评价、过程性评价和终结性评价。

（2）表现性评价任务。

所谓表现性评价任务是指能成功地激发学生完成预期学习反应的任务，而这些反应也正是教师评价学生能力的基本依据。因此，表现性评价任务设计过程中，教师就需要明确表现性评价任务的基本特征，依据学习目标、学生特点、学习内容特征来制定表现性评价的任务。表现性评价任务有多种呈现方式，它们可能是用来评价具体操作技能的简短活动，也可能是用来评价学生整体能力、需要较长时间才能完成的复杂活动。但无论是怎样的活动，任务内容都要体现出"教师希望评价的操作技能、表现行为和学习成果，以便于教师对学生的学习表现进行归纳和评价"[①]；表现性评价任务都是为了将学生吸引到活动过程中，通过主题活动的开展评价学生的学习现状、促进学生发展，该策略主要用于过程性评价和终结性评价。

---

① Muijs，D. &Reynolds，D. （2005），Effective Teaching Evidence and Practice（second edition），London：SAGE Publications，238.

（3）试题型评价任务。

试题型评价任务以题目的形式呈现给学生，用于反映学生能否运用本节课的知识，独立完成课后习题，并能对学习方法进行归纳和总结。当然，在课堂中穿插试题型评价任务也是常见的。该策略可用于前概念评价、过程性评价和终结性评价。

第三节　共生课堂设计策略

一、情境创设策略

走进课堂的学生并不是一张白纸，而是带着独特生活经验而走进课堂的学习者。教师在进行教学设计时，应该将学生的已有经验与学科知识进行关联，在一定的情境中学习知识，解决问题。因此，课堂教学中的情境是指包含问题的社会生活事件、学科史实、实验活动，是以任务或问题为中心构成的活动场域。

在课堂中践行情境教学，是对国务院办公厅《关于新时代推进普通高中育人方式改革的指导意见》《中国高考评价体系》相关要求的回应，是发展学生核心素养的重要抓手。情境创设普遍历经"选取情境、呈现情境、使用情境"三个环节，下面将详细分析三个环节的实施策略和操作要点。

（一）选取情境

新课程标准倡导在情境中学习知识，那么选取怎样的情境能有效提升课堂教学的效益？学科教学的情境素材来源各异，在哪里寻找情境，选取的情境应具备怎样的特点才能作为课堂教学的素材？

1. 实施策略

选取与学生学习内容适切且包含问题的情境，通常需要历经以下程序，如图 5-7 所示。

图 5-7　选取情境的一般程序

课程标准和教材中通常所蕴含的大量与授课内容相关的情境素材，是教师选取情境的首要资源。社会热点事件具有时效性、话题性，也是教师选取情境的主要来源。在充分分析了课标、教材、社会热点事件后，教师可依据学校的硬件条件和学生的实际情况，在上述情境素材中筛选出几个具备实施可能的情境素材。然后，在大中小学教材、期刊文献中查阅情境中涉及的相关内容，核实素材内容是否真实、科学，最终确定适切的情境。

2. 操作要点

（1）分析课标、教材。

在课堂教学中选取情境素材的出发点是为了提升课堂教学效益，促进学生更好地理解学科知识。因此，教师在选择情境素材时，一定要关注情境与教学内容的关联是否紧密，是否能较好地呈现学科知识，注意课程标准和教材的正文或配套栏目是选取情境素材的首要途径。国内各学科各学段的课程标准是统一版本，但教材却有多个版本。因此，教师在分析教材时，应拓宽视野，分析研究本学科现行的多个版本教材，以便挑选出最适切的情境素材。

（2）分析热点事件。

社会热点事件由于具有时效性，通常不会出现在课程标准和教材中，但却是很多教师在选择情境的重要来源。教师将社会热点事件引入课堂教学，既能使学生真切地感受到知识的价值和学科的魅力，还能将抽象的学科知识形象化、具体化，促进学生更好地理解课本知识。因此，教师应养成关注社会事件的习惯，形成敏锐的学科触觉，及时留存与学科教学相关的事件信息，构建个人的情境素材库。然后，教师再结合授课学段和学生认知，从社会事件中挑选出与学科高度相关的关键要素，形成课堂的情境资源。

（3）筛选情境。

课标、教材、社会热点事件中的大量情境素材，不可能全部应用在课堂教学中，如何对其进行筛选？第一，教师要考虑学校的设备配置或相关制度，如果学校不能支持教师完成相应实验或走访调研，应暂缓选取该情境；第二，教师还要考虑授课班级的学生情况，学生要对选取的情境熟悉或至少能理解，不能使学生认知与情境内容偏差过大，从而失去了情境教学的价值。

（4）核对情境。

教师通常通过网络找寻情境素材，而网络信息纷繁复杂，其准确性与真实性都有待考证。因此，笔者建议教师在核对情境素材详细信息时，应首先在大中小学教材、核心期刊、官方报道等途径进行查阅，并进行多方比较论证，确保情境真实、科学。

（5）择定情境。

论证了情境素材的真实性和科学性后，如何择定最终使用的情境？问题性和正面性是考虑的两个重要因素。情境素材的运用之所以能提升课堂教学效益，是因为情境中通常蕴含着与学生已有认知相冲突的地方，这样的矛盾冲突能激发学生的探究欲，促使学生全身心地投入课堂学习中。因此，问题性是情境素材的必备要素。另外，教师在择定情境素材时，还要关注所选素材是否具有正面教育意义，不能给学生造成负面影响。因为，学生的生理、心理都正处在成长阶段，正面情境素材能够激发学生对所学学科产生正向积极的情绪，有利于学生更好地学习学科知识，形成正确的学习观念。

（二）呈现情境

"选取情境"环节中遴选出的情境通常以文字形式呈现，教师需要对情境进行二次加工。如何最大化地发挥其在教学中的功能，选择恰当的呈现方式至关重要。

1. 实施策略

下面是教师在备课过程中，对情境素材进行二次加工的一般程序，如图5-8所示。

图5-8　对情境素材二次加工的一般程序

文字信息的情境素材可以转化为多种教学活动，如阅读文字材料、观看视频或图片、角色扮演等。选取何种方式呈现情境，教师应根据学生情况和课堂效率来筛选最优的教学活动，使情境教学的功能价值最大化。

2. 操作要点

教师在使用情境素材时，始终要明确情境是为核心知识的教学而服务的，切忌主次颠倒。无论选择何种方式呈现情境，教师都应摆正情境与核心知识的关系，才能让情境教学真正地发挥其应有的作用。

（1）播放视频。

视频能全面地展现情境素材的内容，且形式生动，是很多教师呈现情境的首选方式。但在选择用视频方式呈现情境时，应注意控制视频的时长，不宜过长，标准是不浪费课堂时间，不冲淡教学主题。笔者认为1个视频时长应尽量控制在 1 分钟左右，一节课的视频播放总数不宜超过 3 个。其次，视频内容应该聚焦课堂教学的核心内容，尽量减少无关信息的干扰，以免学生偏离预设的关注中心。第三，教师选择播放的视频应尽最大可能保证画面完整清楚、音质清晰可辨，播放格式优先选取 MP4，以便在绝大多数场景中正常使用。

（2）展示图片。

展示教学内容的相关图片也是情境教学的主要方式，它能使学生对所学物质或事件场景形成感性认知，帮助学生理解学习内容。为了让教师所选图片更好地达到上述目的，笔者认为教师选择的图片不宜过多，同时还需要确认图片反映的内容是否清晰、准确、科学，能否突出学科特色。总之，选择图片宜遵循"少而精"的原则，切忌堆砌浮夸。

（3）阅读材料。

节选部分与教学内容有关的课外资料作为补充阅读是常见的情境呈现方式之一，它能使学生在较短的时间内，通过阅读文本获取信息，丰富学生对所学内容的理解。笔者建议教师在选择文本材料时，首先要审核文本内容的准确性，尽量从各版本教材或权威读物中选取。其次，选取的文本材料不宜过长、过难，需与学生的能力水平匹配。

（4）角色扮演。

角色扮演是语文、英语、历史等学科中较为常见的一种情境呈现方式，它能调动学生学习的积极性，激发学生的学习热情。学生通过扮演特定的角色，加深对文本或史实的理解。教师在选择此类情境教学呈现方式时，应根据学生特点，合理分配角色。同时，教师还要核对台词、服装、道具、背景音乐等是否与实际情境吻合，切忌脱离真实境况的随意模拟，因为其既浪费课堂时间，又让学生形成错误的认知。

（5）现场朗诵。

语文、英语等学科教学中，为了让学生更好地体会文本，理解特定场景中的语境，教师通常会安排学生在课堂上朗诵课文。笔者建议在学生朗诵课文前，教师可先行示范，既让学生有可模仿的对象，又能展现教师的专业素养，提升其在学生心目中的地位，促进学科教学的良性发展。

（三）使用情境

1. 实施策略

教师在对情境素材进行二次加工后，准备在课堂中实施时，应全情地投入情境，并带领学生"身临其境"地"走进"情境，为学生活动的开展、教学进度的推进助力。

2. 操作要点

（1）精简情境。

情境素材的引入是为了核心知识的教学服务。因此，教师在使用情境时，应尽量精简。精简情境主要从三个方面着手，一是严控一堂课中情境的使用个数。笔者建议若能用一个情境贯穿一节课，甚至贯穿一个单元的教学，则是再好不过的选择。但教师在选取情境的过程中，若暂未寻找到此类情境，也不能在一节课中使用过多情境，以免冲淡主题，弱化学生对核心知识的关注。二是删减或弱化真实情境中的非本学科的相关信息。真实情境中包含的信息较多，除了包含授课学科的相关知识，通常也包含其他学科知识。教师在选用此类情境时，应有截取、整合信息的意识和能力，处理后的情境素材要能凸显授课学科信息，让学生在读取该情境素材时，能够聚焦关键信息的获取与分析。三是能用图片呈现的情境，优先选择图片呈现。若不能用图片呈现的情境时，再选择以视频呈现。图片呈现方式优先于视频呈现方式的原因在于课堂教学时间有限，图片呈现情境的方式更为快捷，耗费的时间更少，课堂效率更高。

（2）突出重点。

精简情境中提到了要删减或弱化情境中的非本学科信息，那是不是情境中只要呈现的是本学科信息就可以直接使用呢？答案很明确，肯定不能直接使用。那教师应如何选择与本学科相关的情境素材呢？笔者认为教师首先要全面审视情境素材中的所有信息，再根据教学目标和教学内容，选取情境中最重要的信息、事件发展中最关键的节点、文本中最精彩的片段，作为课堂教学的情境支撑点，推进课堂教学的顺利进行。如何判断哪些信息是重要信息，哪些节点是事件发展的关键节点呢？笔者建议教师可通过校本教研、区域教研等方式对信息、节点或片段进行取舍，最大化地突出本节课的教学重点，外显教师的核心设计思路。

（3）符合学生心理特点。

教师在使用情境素材时要注意素材的表现形式应符合学生的年龄和心理特点。如有的教师为了迎合学生的认知，有时会将学科知识置于卡通动画或卡通故事中，让学生以游戏体验的方式，寻找"宝盒"，破解"谜题"，找寻"凶手"，以此完成学科教学。笔者认为这样使用情境的方式主要适宜于小学低段，不太适合在小学高段、中学等学段使用。过度低幼化的情境活动不仅与学生的心理发展需求不匹配，还容易给学生造成疏离感，降低学习兴趣。因此，笔者建议教师在使用情境教学时，可以降低情境中的知识难度，简化知识，但不宜过度低幼化、"矮化"学生心理。

二、问题驱动策略

驱动策略是指将教学目标转化为"问题"，课堂教学活动以问题为基点，驱动教学展开，引导学生历经"发现问题——提出问题——分析问题——解决问题"完整的研究过程，并在此过程中逐渐建构学科知识框架，在追"本"溯"源"中培养学生的学科素养。教师通常以问题为载体，推进教学，融入知识。问题驱动策略价值的充分发挥，有助于课堂教学效率与教学目标的达成。问题驱动教学策略是基于问题教学方法（Problem－Based Learning，简称 PBL）的上位概念。这种方法不像传统教学那样先学习理论知识再解决问题。问题驱动策略是一种以学生为主体、以专业领域内的各种问题为学习起点，以问题为核心规划学习内容，让学生围绕问题寻求解决方案的一种学习方法。教师在此过程中的角色是问题的提出者、课程的设计者以及结果的评估者。问题驱动教学策略能够提高学生学习的主动性，提高学生在教学过程中的参与程度，能激起学生的求知欲，激发学生思维的活跃度。问题驱动教学策略应从以下几个方面入手。

（一）兴趣驱动

1. 关注学生情感，加强问题驱动

情感状态往往与内心世界所感受的激动、同情、悲愤、好奇、喜悦等多种情绪有直接的关联。基于该前提，理解、记忆以及注意某件事物时，正是由于个体深刻的内心世界感受而逐步丰富，正是内心感受促使认知过程不断前进，进而高效稳定地达到最终目标。

学生能否集中注意力很大程度在于问题的趣味性，有趣的问题具有凝聚力，能够唤起学生的思维注意。比如，在学习有理数的乘方时，如果用平铺直叙的方式教学，学生会觉得枯燥乏味，但如果在课堂中结合一些有趣有吸引力的问题，如细胞分裂时个数的变化或是拉面对折时根数的变化等问题，用这样的方式解释有理数的乘方，就会起到一个事半功倍的效果。兴趣是最好的老师，学生觉得有趣，自然就会去主动参与问题的探讨。一个教学技能过硬的教师能够迅速找准学生的兴趣点并运用问题驱动策略调动情感激发兴趣，引导学生投入思考问题、解决问题的过程。因此教师在设置问题时要有趣味性，只有这样才能激起学生的学习热情。同时，教师可以根据教学的需要对教学内容进行相应的调整，以便达成以问题驱动策略驱动学习兴趣的目的。

2. 把握课堂民主，扩大问题驱动

教师创设的问题能够满足大部分学生都能参与，根据"问题链"设计合理的思维梯步，既体现问题层次性又满足不同需求的学生。

同时，教师要发扬课堂教学民主性，鼓励学生提出问题，要给学生一定的思维空间，让学生提出问题，因为提出问题等于解决问题的一半。因此教师要给学生创设提出问题的情境和机会。学生提出问题的水平高低直接反映了他们对知识理解的多少，真正的民主性教学是让学生能提出有创造性的问题。

3. 激发学生好奇心，促进问题驱动

教师应在学生已有知识的基础上，根据课标要求，对教材内容进行全面、透彻、科学的分析，设计课堂问题。创设问题的目的在于激发学生探究问题的兴趣，增长学生的知识，培养学生解决问题的能力。问题要围绕教学目标，反映教材知识内容，同时问题要联系生活实际与科学技术，具有新颖性和吸引力，激发学生的学习兴趣，使学生产生强烈的探索欲望和求知欲望。很多学科知识体系都源于真实的世界，所以教师提出的问题可以从身边真实的情况出发，引导学生探求知识。例如对于物理学的问题，教师的提问可以从身边最常见的现象出发，如"请根据你今天早上的早餐判断你摄入了哪些营养物质；卫星离开地球为什么需要那么多的能量"。问题驱动策略的引入会使学生产生强烈的好奇心及探求欲望，还会使学生对学科知识有一个感性的认识，为深入的学习打下基础。

（二）思维驱动

1. 深挖问题驱动，展开思维挑战

义务教育阶段的学生求知欲望强烈，渴望探索与冒险，思维积极活跃，生活与学习的各方面都呈现出较强的创造欲。所以，问题对学生的吸引不仅仅来自问题的趣味性，更多来自求知欲的满足，希望获得"跳一跳，够得着"的成就感。所以，预设问题需要具有一定的挑战性，但是要注意挑战性的度，义务教育阶段学生智力发展虽然已经处于抽象逻辑思维的水平，但是他们的逻辑思维水平与高中生相比较低，处于萌芽发展状态。在预设问题时要以"最近发展区"理论为指导，既要立足于学生已有的认知结构，又要具有一定难度，有一定的探究价值。在课堂教学中，有的教师为了提问而提问，课堂问题过于频繁，不注重问题的质量，提很多无效问题，问题驱动式教学趋于形式化，会让学生产生疲劳感。

2. 巧设问题驱动，搭建思维阶梯

课堂上，教师创设问题时应注意满足不同思维水平的学生发展，即问题要有层次性。不同水平的问题能够检查学生对所学知识的掌握程度，同时也能够为学生高阶的思维提供较好的训练机会。教师创设问题时要能清楚地、准确地表述问题，避免含糊不清，模棱两可的问题。比如历史课堂中的"中国与美国的区别是什么"，生物课堂中的"森林里有什么"等指向不明确的问题，会使学生无从回答而受到不必要的挫折。以上两个问题可修改为"从文化发展史角度分析，中国与美国的区别是什么？""观察教材中的图片，你能看到森林里面有什么动物？"教师创设问题要把握指向明确的原则，搭建合情合理的思维阶梯。

3. 聚焦问题驱动，明确思维目标

课堂中，问题的设计以拓展学生的思维为目的。学科知识的认知是一个由表及里的过程，部分学科本身具有抽象性、复杂性和逻辑性，如原子的结构、电子的空间排布等知识，相对于其他知识而言较难搭建学生知识模型和思维模型，所以教师设计的问题应注重思维驱动的目标，让学生根据问题主动去建构抽象的空间结构，针对学生的情况，设计出一系列有层次，有逻辑的思维问题。教师对问题思维驱动层次性的把握至关重要：层次过细，问题过于直接，不利于促进学生的思维发散；层次过粗，提供的条件不够，对学生而言难度较大，对知识点的理解不足容易误入歧途，使思维受阻。所以，教师设计的问题要在学生认知规律的基础上，符合学生认知特点，根据教学内容，形成一个循序渐进的问题体系，让学生在已有知识的基础上进行思维驱动。

（三）情感驱动

情感是情的感受体会，情感不会脱离体验而凭空产生。在教学过程中，学生作为学习的主体，其情感直接影响到学习的效果与质量。因此，在教学中对学生的情感引导是十分必要的。"情感先导"有两层含义，其一，其指的是师生之间的情感互动，即"亲其师而信其道"；其二，在教学活动中，教师通过语言、行为、实物模具、虚拟情境等多种途径，引发学生对知识的情感需求，从而激发其探究欲，主动学习，获取新知。

1. 创建学习情境，加强问题驱动情感带入

教师在讲述新知识之前，要精心创建教学情境，努力营造一个积极向上、获取知识的良好课堂心理环境，以促使学生形成主动、活跃的学习状态，乐于

学习，达成学习目标。例如，我们在教学中要充分使用图片资料，使学生获得直观的视觉印象，给学生以真实感，如荧光标志的小鼠细胞和人体细胞融合实验示意图。大量的图片信息，在丰富课本内容的同时，也很好地激发学生学习的兴趣，进入教学情境中。实物模具的呈现，是"以情感为先导，创建课堂心理环境"的重要方式。课堂教学中所选择的实物模具既可以是现成的模具，也可以是教师、学生自己动手制作的小模具。建立模型的过程中，学生加深了对知识点的理解，体验了科学探究的过程，升华了对知识的情感体会。例如，课堂中如能巧妙地利用声音信息，也能够很好地营造出积极的教学氛围，为教学活动增添一份情感体验。例如，在讲授"细胞的能量通货——ATP"课时，让学生朗读描写萤火虫的诗句"银烛秋光冷画屏，轻罗小扇扑流萤。天阶夜色凉如水，卧看牵牛织女星"。学生声情并茂的朗读，仿佛把全班同学都带入一个夏日夜空萤火虫点点的场景中，为之后探讨"萤火虫发光过程中的能量转换，萤火虫发光的直接能源物质"等知识内容营造出很好的情感体验环境，引导学生不由自主地融入学习中，同时也为讲求科学严谨的生物课堂添上一笔淡淡的浪漫情怀。

2. 定位教学目标，助力问题驱动价值引领

有价值的教学问题的前提是紧扣教学目标和教学内容。不管采用什么样的教学方式，都是为了教学目标服务，只有围绕目标设计的问题，才能正确地引导学习。根据新课程标准素养目标要求，要让学生在问题的驱动下巩固所学知识并牢固地掌握知识；让学生参与到知识的形成过程中，体验知识形成的全过程并从中习得解决方法。可以让学生通过结合图片欣赏、故事情节、生活情境提出相关问题，引导学生学习知识的同时培养学生对学科的热爱和明确学科价值和意义。要把握问题驱动的目标要点，以教学目标为指引，把握教材的重难点。只有这样，提出的问题才有针对性，才不偏离驱动教学的初衷。情感先导，问题驱动有利于构建师生"共生"的教学课堂。在教学过程中，教师充分运用"情感"来激发学生学习的热情，运用"问题任务"来调动学生学习的积极性、主动性，使学生在积极的思维中获取知识，提高技能，实现教学效果的优化。

建构主义理论认为，学生是有意义的主动构建者，学习的过程是学生自己建构知识的过程。"问题驱动策略"正是建立在该理论上的一种教学方法，它以问题为主线，使学生的学习活动与一系列的任务或问题相结合，在任务的完成中自主建构素养。

三、结构建构策略

什么是学习？怎样的学习才有效？格式塔理论认为，学习是在大脑里组织、构造一种知识结构的过程。认知主义从认知结构的角度界定学习，认为"认知结构，就是学习者头脑里的知识结构"。这两种理论都认为，知识是结构化的，学习是将散点、碎片的知识，在大脑里组织和构造一种结构的过程。最新的脑科学研究也表明，我们的大脑皮层，天生就有"非同一般的视觉化能力"，非常擅长视觉规划和系统观察。也就是说，大脑对于知识的接受，"喜欢"把它"结构化"。

香港大学教育心理学教授比格斯首创的一种学生学业评价方法——SOLO分类评价理论，把学生对某个问题的学习结果由低到高划分为五个层次：前结构、单点结构、多点结构、关联结构和抽象拓展结构。在"关联结构"层次，学生找到了多个解决问题的思路，并且能够把这些思路结合起来思考；进入"抽象拓展结构"，学生能够对问题进行抽象的概括，从理论的高度来分析问题，而且能够深化问题，使问题本身的意义得到拓展，也就是学生能够将关联结构通过抽象概括，形成以概念统摄的结构，即结构化结构。

"结构化思维"核心的思维操作，首先是收集信息并将信息按照一定的标准进行分类；其次，在分类信息的基础上，对信息进行有逻辑的排列；最后，对这些规范的逻辑组织的信息，以概念或者思想的方式统摄起来。收集、分类、整合、建构的学习思维，就是结构化思维。结构化思维是萃取建构结构化核心知识，设计开展课堂结构化活动，学习建构结构化知识的核心思维。"共生课堂"的结构化建构，主要包括备课前的核心知识的结构化萃取，备课时学生课堂结构化活动的设计，课堂上学生学习成果的结构化知识的建构。

（一）核心知识结构建构

核心素养视域下的学科教学，要求基于学科的核心知识组织开展教学。有限的教学时间，"而知也无涯"，只有掌握那些从大量现象中抽象概括出来的，具有关联整合作用的，并能广泛迁移的学科知识，才可能应对急剧变化的各种各样的学习情境和生活情境的挑战。具体而言，萃取学科核心知识，并将核心知识的关联要点做结构化处理，建构结构化的学科核心知识，是核心素养视域下，组织和开展深度学习的重要方式。

现实的课堂教学，情况恰恰相反。考查当前的课堂教学，一是知识"浅"，在知识的表层化理解下，学生学到的是太多符号化、形式化的知识，而对理解知识背后所含的逻辑根据思想方法和价值意义却较少。二是教学"散",在强烈的"知识点"情结下,学生较少在一个连续的整体中去建构知识,学到太多庞杂而零散的知识。三是效率"低",由于教师理解学科知识的层次不够高,学生自然学到太多低位的知识,难以从更高层次去俯瞰和理解下位的知识。

因此,教师在做教学设计前,必须具备选择核心知识组织教学的意识。最重要的是,能够"精炼"结构化的学科核心知识,并以此作为教学设计展开的内在线索。比如统编教材语文八年级上册写作训练专题"语言要连贯"。"语言要连贯"的知识,是学生学习各学科都需要具备的表达素养。数学学科学习中,学生要能在几何证明中,运用各种条件进行论证和推理的连贯表达。历史学科的考试监测常常需要学生基于某种历史现象或某个历史话题,进行小论文的写作。学生在考场上写作小论文,特别需要连贯表达的能力,如果缺少将历史现象、历史知识有机整合成语篇的能力,是难以达成表达目标和产生表达效果的。

又例如,"语言要连贯"的表达素养的培养,关键在语文课上,特别是写作专题训练的有效支持。统编教材语文八年级上册第四单元"语言要连贯"的写作实践,设有专题训练的安排。但是,现在的语文教材中安排的写作知识,多是陈述性知识。写作是实践性技能,在"怎么写"的核心知识上,需要的是策略性和程序性的写作知识,即学生可以运用知识进行写作操作的知识。在统编语文"语言要连贯"的写作教材中,对于"要做到语言连贯"的知识,教材给出了三个知识点:"首先应该保持话题统一""围绕一个话题的各个句子,还应该有合理的顺序""语言连贯还应注意句子间的衔接过渡"。话题统一、顺序合理、过渡衔接,三个知识点可以视为语言连贯的写作策略。如果我们进一步追问,"怎样保持话题统一",此时发现我们缺乏更下位的操作性知识作为写作的技能支架给予学生,也就是现有的写作知识缺少操作性。语感强的学生可以凭借自身的悟性解决问题,而基础和悟性差一点的学生,则基本只能靠本能胡乱作答。怎样"顺序合理",怎样"衔接具体",面临的是同样的问题,即缺少可操作性的写作下位操作方法。

其他学科在"教什么"上,也许不存在这样突出的问题,语文学科知识模糊、感性,缺少方法性知识,缺少本质性知识,是普遍现象,则要求教师有意识地研究和开发策略性程序性的写作技能知识。台湾有学者对"语言要连贯"的知识进行了系统性研究,出版了研究《段落连贯》的专题研究论著。在这本论著中,对统编语文"语言要连贯"的"话题统一、顺序合理、过渡衔接"三种知识,进行了更加下位的操作知识的开发。他们要求学生以写中心句的方式，来落实"话题统一"的要求，并以写作的中心句中，要有"中心词"或"中心短语"来进一步落实"话题统一"的技能要求。对于"顺序合理"的操作，他们给予了围绕"中心词或短语句子"，写作几个支撑句说明阐释的方法，并要求审视支撑句之间的关系排列，合理、科学地标示出句子之间究竟是时间关系、空间关系，还是心理关系、逻辑关系。而对"衔接具体"的支持，他们根据叙述性文本的感觉支持系统，提出用还原写作者的"视听做想感触嗅味"八觉，实现写作"具体"的要求。

以上例子启示我们，在"逆向设计"共生课堂教学方案时，我们要注重将知识进行结构化建构的意识和实践，是支持"共生课堂"走向科学有效的基本操作策略；如果缺少课程研究的思考和实践，"浅""散""低"的教学常常就会成为课堂常态。如语文说明文单元"抓说明事物（事理）特征"的信息处理方法和策略，其核心操作知识是"梳理要点、分类整合、形成特征"，这些操作性策略，可以成为"学科阅读"的核心技能，可以广泛迁移到数学、物理、历史、地理、生物、政治等学科阅读实践中，有效地提升学科阅读的效率。在新课程越来越强调"实用性阅读与交流"和"跨学科学习"的今天，这样的可操作的结构化核心知识，将发挥越来越重要的作用。

结构化建构学科核心知识，是共生课堂对教师课程能力的基本要求，也是共生课堂对接核心素养视域下，学生走向深度学习的基础。

（二）课堂活动结构化建构

共生课堂要求"教学评一致性"。教师的"教"与学生的"学"保持一致性的基本操作，就是教师依据教材具备或研究澄清的课堂学科结构化核心知识，设计学生的"结构化学习活动"。

以"结构化的核心知识"为"教学评一致性"设计的线索，以知识的结构化要点，作为真实情景和活动任务设计的要点，以"结构化"的教学活动，推动结构化知识的生成和建构，是"共生课堂"设计教学组织形式的基本方法。

课例1

比如教学统编教材语文七年级下册第四单元的《驿路梨花》，该篇小说所在单元的语文要素教材表述为：本单元重点学习略读。通过精读了解某一类文章的特点后，可以推而广之，去略读许多同类的文章。略读侧重观其大略，粗知文章的大意。略读时可以根据一定的目的需要，确定阅读重点，其他部分的文字则可以快速阅读。还要注意在阅读文章的基础上，对内容和表达有自己的心得。

教材表述的语文要素，主要有"略读""根据阅读目的，确定阅读重点""对内容和表达有自己的心得"。而《驿路梨花》是一篇散文化特质突出的小说，它的人物缺少个性，具有典型的"乐于助人"的共性，而其主题"雷锋精神在边疆地区发扬光大"更是显性直陈的，所以该篇小说最值得玩味的是情节和环境的品读。其情节体现在讲述故事的奇妙构思上，作者善于将十余年发生的故事，通过悬念和误会手法，集中放在一个晚上和一个白天的时间进行交代，从而体现出小说在讲述故事方面的特别之处：时空高度集中的故事，悬念误会迭出的一波三折故事，环境诗意的故事。

根据小说的故事特质，我们可以在略读故事中，精读故事叙述构思的奇妙，由此可以形成一个核心的情景驱动任务：作为哈尼小姑娘梨花妹妹，29中小记者要采访你，请你讲述这个小茅屋的故事。

这个开放而聚焦知识的学习情境任务，可以设计为以下的结构化活动：

活动一：5分钟速读2022字课文，初知故事情节。

活动二：4分钟根据课文梳理故事讲述提纲。

活动三：3+3+6分钟同桌俩讲故事，班级分享故事。

活动四：梨花妹妹讲的故事，和彭荆风讲的故事，哪个更容易吸引人？为什么？你获得了怎样的讲故事策略？

活动五：品味"时空集中故事，一波三折故事，环境诗意故事"的故事特色。

课例2

我们还以统编教材语文八年级上册第四单元"语言要连贯"的写作实践为例，来说明课堂活动的结构化组织。

语文教师在课堂教学实践之前，已经开发了"语言连贯"的写作结构化知识，这种知识是基于"精要、好懂、易用"的原则开发的，是策略性、程序性和结构化的。

写中心句——话题统一（中心词语）

写支撑句——顺序合理（时空心逻）

写扩展句——衔接具体（体验八觉）

语文教师在设计写作的教学方案时，必须依据学科特点，思考和安排教学活动。对写作课而言，语文教师在教学设计和课堂实施时，需要遵循学生写作的规律，先为学生解决"写什么"的问题，设计有效解决"写什么"的活动，再渐次展开"怎么写"的教师指导和学生实践。

语文教师设计了 60 分钟语言素养训练微型课堂，"回溯节日生活·段落连贯表达"，并在课堂渐次展开了如下的写作活动。

活动一：写作情境，驱动"为什么写"。

　　　节日，是最具中国传统文化的日子。有外国朋友想做一个介绍中国传统节日文化的视频，传播中国的传统节日文化。他非常希望通过你的"节日"话题文章的分享，启发他的视频拍摄思路，也为他提供更加丰富的素材，展现中国传统节日文化的多姿多彩。请以"节日"为话题，写一篇语言连贯、充分展现节日精彩生活的文章，不少于 600 字。

活动二：回溯节日，开掘"写什么"。

1. 看到"节日"，你最喜欢的是哪个节日？为什么？请写一写。（2 分钟）

2. 你最喜欢的节日里，你最想与大家交流的话题是什么？为什么？

参考：衣食行俗　乐游玩趣　人事景物情

活动三：连贯表达，训练"怎么写"。

写中心句：请围绕你刚才写的"节日话题"，写一段有明确中心的句子，注意一定要有表达你鲜明中心的词语、短语或句子。（3 分钟）

写支撑句：请根据你确定的中心句，采用时间、空间、心理或逻辑顺序，写几个支撑句。（6 分钟）

写扩展句：请紧扣你写作的中心句，围绕一个或几个支撑句，运用"八觉"再写几个具体生动的扩展句，完善成为一段连贯的话。（6 分钟）

段落模型

中心句＋支撑句 1＋支撑句 2＋支撑句 3＋结语句

背景句＋中心句＋支撑句 1＋扩展句 1＋扩展句 2＋支撑句 2＋扩展句 1＋扩展句 2＋结语句

支撑扩展：看、听、做、想、感、触、嗅、味

在"语言要连贯"的写作实践课例中，我们不仅看到了"再现"的语言连贯写作的核心技能知识，还看到了这样的写作为什么可教的学理。执教教师有非常清晰的课程知识，这种知识不仅体现在了技能知识的程序性结构化上，而且还变成了习作活动的结构化设计与结构化推进。从"写什么""为什么写""怎么样写"，系统整合地提供了解决难题落地课堂的实践，是渝中区初中语文

共生课堂在写作课程开发上具有前瞻性和先进性的教学实践。

课堂学习活动的结构化建构，基于课程的结构化知识，在设计时，特别需要和生活共生，走向活动化和情境化，所以，结构化、活动化、共生化，是共生课堂结构化活动设计的典型特征。

课例 3

再举一个来自大坪中学语文教师汪煜杰参加"七省九地语文赛课活动"的课例，基于文本特质的结构化活动设计课例《湖心亭看雪》。

他在深入解读文本的基础上，紧扣文本关键词"痴"，还原了张岱的痴行、痴性和痴格。这样的文本知识的结构化建构，最为精准地还原了作者的表达意图，而且是基于文本本身文字的内在逻辑的还原和建构，而非"外在"的知人论世的解读硬着陆。

他设计的情境化、结构化活动分为五个情境性问题。

采访问题一：苏轼看到朗朗明月，欣然起行实在好理解，可您却在一个人鸟声俱绝，伸手不见五指的极寒夜去游湖心亭，实在让人费解，您能给大家解释解释您如此独往的理由吗？

采访问题二：先生，我读你的这篇小品文时，发现了这样一个矛盾处。你开始交代独往湖心亭看雪，但从后文看，和你一起去的还有一个点评您"痴"的舟子。明明有舟子同往，却说独往，这个前后矛盾之处，是你行文的不严谨，还是你有意为之的曲笔？

采访问题三：先生确实是一个特立独行之人，一个人间的独行侠。我看你写景，就奇葩得很有水平：本是一个黑咕隆咚的奇寒夜晚，可你却看到了云天山水。最奇妙的是，你不说"天、云、山、水"，而说"天与云与山与水"，让人一读文字，无法抑制地随着你的仰视眼光来一个从上而下的整体扫描，将大雪之后那个白茫茫世界的浑然一体描写了出来。更奇妙的是，跟随你从上到下眼光的景色，你来了一个天才般的想象，想象自己飞到天上，以非常广远的视角，看到了空阔世界里渺小的些许景物：长堤，是水墨画那淡淡的一条痕迹，湖心亭就是一个小墨点，我的那条小船，就像大江上漂泊的一叶草芥，船中人也成了两三米粒这么一小点。最妙的是，你以"我看我"的独特视角，看到了广远时空里我的渺小、孤寂与凄冷。我很奇怪，你为啥要跑到空中，以鸟瞰视角用白描手法，刻画这么一个广阔世界的渺小之境呢？这是不是你也有所寄托哦！还请先生指点迷津！

采访问题四：估计您也没有料到，你到亭上时，居然遇到了和您同样客居的金陵人。我特别好奇，这个客居西湖的金陵人，和您这个客居西湖的绍兴人，是不是志同道合的人？您能解答一下我的疑惑吗？

　　采访问题五：我一直想写一封信问一问编写语文教材的编辑，是不是他们在编写的时候搞错了哦。您看嘛，这句话，简直就是一个病句，"问其姓氏，是金陵人，客此"，问他姓啥子，他答非所问，说自己籍贯是金陵，是一个客居西湖的金陵人。如果老师这样问"你姓什么"，我回答是渝中区人，估计老师会敲我脑壳的，同学们估计也会笑话我就是一个"二百五"。这是编辑们的编辑失误，还是先生您的言有寄托，还请先生为我释疑解惑！

五个情境性问题设计，以师生写作的方式展开深度学习，在多维度共生中，有力地推动了教学方式的改变，有力地提升了师生的语言能力和思维能力。

（三）学习成果结构建构

课堂的知识、活动和成果的结构化建构，成为共生课堂的显著标志。

　　只有核心知识的结构建构和课堂活动的结构建构，才能保证学习成果的结构建构，知识、活动的"一致性"，可以有效推动和保障学习成果的结构建构。

　　学习成果的结构化建构，基于核心知识的结构化萃取，生成于结构化活动的课堂展开，形成于学习收获的结构建构。建构的核心思维，就是围绕具有统摄作用的核心知识的概念，做有逻辑的要点的建构，并以可视化手段或深度学习成果作为展示学习建构的方式。

　　学习成果的结构建构，方式多种多样，可以运用思维导图，对学习结构化成果，进行可视化建构。

课例1

王欢欢老师运用《中国石拱桥》的阅读，和学生一起建构了把握说明事物特征的阅读策略。

　　把握说明对象特征的阅读策略：①明晰说明对象；②概括说明要点；③关注对象性质；④要点整合特征。

　　运用"阅读通过写作"的方式建构学习成果，是最好的深度学习方式，可以提升师生的语文素养。

课例2

比如对上面《湖心亭看雪》采访一二三四五问题的回答，用写作的方式建构学习成果，质量高，走向深度学习，提升语文素养。

以张岱口吻，回答采访一

我憋闷啊！如果你是一个有心人，你就会注意我的年份交代。按常理，白天去西湖赏雪景，才可能看到山川湖泊的绝美风景，我为什么不这么做呢？一方面，这与我的审美意趣有关，我是一个看景的奇葩，我观赏景物，不会同于世俗趣味，别人白天去，我独夜里行，我以为，夜里有别人没看过和看不到的风景，就像你们的梁衡一样，别人看雨季壶口瀑布的磅礴，他却偏要再看看枯水期壶口瀑布的别样。所以，别人常常春季踏花复赏美丽西湖，连白居易这样的"大咖"也无法脱俗，来了一趟钱塘湖春行。用你们现在的网络语来说，我张岱就是一个奇葩，"我就是我，不一样的烟火"。大家也都是白天出行游湖赏西湖美景，我这个你们眼里的奇葩和不一样的烟火，喜欢的却是冬日奇寒的雪夜出行。这是我的爱好，怪癖，改不了啦！其实，这也不奇怪，就像你们重庆人吃火锅，有的喜欢爆辣，有的喜欢微微辣，还有的喜欢鸳鸯味。萝卜白菜，各有所爱，仅此而已。

还有，我孤独嘛，其实我喜欢孤独，我也享受孤独！"大雪三日，人鸟声俱绝"，啥意境呢？遗世独立，我行我素噻！"千山鸟飞绝，万径人踪灭。孤舟蓑笠翁，独钓寒江雪"，我就是那个雪野寒江孤独垂钓的老翁啊！白日这个尘世实在喧嚣，我只能写写字，唱唱曲，躲进小楼成一统，管他西湖热闹不热闹。热闹，都是他们的，我享受不了，我更不愿享受，我宁愿憋闷死，也不愿在这个浮世中随波逐流，同流合污。我只喜欢沉浸在我的故国明朝里，大清的热闹不关我事。我孤独，我喜欢；我郁闷，我也喜欢。我夜游西湖，看雪景，无人打扰，自得其乐，我的欢喜我自己喜欢就行。真的，我就是我，不一样的烟火！

以张岱口吻，回答采访二

你看到了我行文的巧妙之处，眼光不错。你仔细想一想，我为什么要这样说呢？同往而说独往，话里有话的言外之意是什么呢？我和舟子哪里是同路人嘛！他一个摇船的，没有我的那种风花雪月的心思，他一天只要吃饱了，喝足了，哪有小心思去赏景之类哟！对我这种奇葩，他打心眼里瞧不起——文人就是这样酸腐。一个冷得发抖的极寒天气，还要夜里去，黑灯瞎火的，看什么嘛！我的黑夜他不懂，他就是与我同行了，我们也是陌路人，他看不懂我的世界，我也不愿意走进他的心灵。各自相干无碍最好！我们的世界，是两个平行不相交的世界。就像见过大世界的迅哥，和麻木成木偶人的闰土哥，哪有共同的话题嘛。经历不同，兴味不同，三观就极有可能不一样。三观不匹配的人在一起，要么就怼个死去活来，要么就形同陌路不相干。我和舟子，是一路人吗？你想想，你再仔细想想。说"独往"，还有另一层意思，有谁愿意和我去湖心亭看雪嘛！舟子送我去，还不是看在两个钱份上，没有钱，他才不陪我玩呢！所以，我独往湖心亭看雪，既是喜欢，也是无奈，没有人愿意和我一起在一个人鸟声俱绝的黑咕隆咚的奇寒夜与我同行！我就是人间的一个独行侠，一个让人无法理解的人间奇葩，一个不一样的烟火。

以张岱口吻，回答采访三

你算得上一个欣赏景物写法的行家里手！对于看到的雪景，我用白描的手法，以白的冰晶，弥漫的白气的点状景象，推开一个广袤的白茫茫的世界，这个广袤的白茫茫世界，天与云，与下面白雪覆盖的山，与凝结为冰铺满白雪的水面，全是白茫茫一片，为我下面的写景设置了一个白茫茫的背景板。一般人观赏和描绘此时此刻的雪景，一般要么从眼前看到远处，或者从远处看到眼前，几乎不会以高空鸟瞰的视角瞭望雪景。我这个不一样的烟火，我就喜欢用别人不会看也看不到的视角，从广阔的天空上，向下俯瞰我游览的雪景。这一看，你就看出来了，我们在广阔的天地间，是一个多么渺小的存在，那长长的西湖苏堤，就像水墨画笔轻轻撇出的浓淡一笔……

四、迁移共生策略

迁移是指将在一种情境中获得的知识运用于一种新的情境中[①]。共生，即相互依赖，彼此信任，共同生长。本文的迁移共生是指在课堂教学中，促进学生前后知识和技能的意义关联，提高学生知识迁移和问题解决的能力，从而发展学生的综合素质，提升教师的专业素养。

课堂教学的根本任务是培养学生的核心素养，使学生逐步形成适应个人终身发展和社会发展需求的必备品格与关键能力[②]。然而，目前仍存在一些问题，如教师对课程标准缺乏真正理解，目标设定重知识、轻能力，教学方式重知识灌输、轻学生体验，活动设计缺乏层次和逻辑等，因而导致教学的有效性

---

① 罗伯特·斯莱文. 教育心理学：理论与实践［M］. 北京：人民邮电出版社，2016：195.
② 教育部. 普通高中英语课程标准（2017 年版）［M］. 北京：人民教育出版社，2018：7.

较弱，学生的知识迁移能力受到制约。迁移不可能自动发生，死记硬背记住的知识是很难迁移的。要实现迁移目标，必须依赖学生在真实或者模拟真实的情境中对知识或技能的掌握程度。因此在课堂教学中，教师必须创设主题情境，让学生基于情境开展学习理解、应用实践和迁移创新的一系列活动，在知识和技能的迁移运用中，实现深度学习，培养学科核心素养。

新课程关注知识与技能、过程与方法、情感态度与价值观等多维目标间的联系，关注学科之间的有机联系与协调发展，关注课程内容之间的内在联系，因此迁移共生可分为学科之间、单元之间及课时之间的迁移共生。本文重点探讨基于核心素养下的单元内迁移共生，即在一个大单元内部建立知识、技能和意义的关联，实现单元内三者的螺旋式上升，并把单元内所学知识、技能拓展运用到课外新的情境中，建构新的个人意义，解答或完成新的具有挑战性的问题或任务。

（一）整合单元教学，促进迁移共生

建构主义理论认为，人的认知是与经验共同发展的，知识是经验的重组与重新构建，是一种连续不断的心理建构过程，是体验、发现和创造的过程。单元整体教学强调整个单元的内在联系，激活学生已有知识，促进学生自身知识的重组与构建，促进新知识和既有知识间的互动、连接、交融与整合，实现知识或技能的迁移创新。开展单元整体教学是要让素养目标与单元目标、课时目标及教学内容有效配置，使有限的课时产生乘法的效益，通过单元教学设计和课堂实施落地学科核心素养，实现学科育人价值。

1. 制定单元目标引领迁移共生

布鲁姆将认知领域的教学目标由低到高分为六个层次，即识记、理解、应用、分析、评价和创新。单元教学目标是对一个单元学习结果的整体描述，即此单元要解决什么问题，期望学生学会什么，具有整体概括性。单元教学目标的设计要符合学生学习的认知规律，应该由浅入深、由低到高，既要考虑单元学习的进阶过程以及单元学习完成之后的进阶终端，又要考虑学生课前的认知情况、生活经验和需求差异性等单元学习前学生的进阶始端，体现循序渐进的认知发展过程、目标之间构成逻辑上的互相关联、推动知识与技能的迁移共生。

相对于课时教学目标的设计，单元教学目标的设计应彰显其系统化、过程性、结构性的特征，克服了碎片化课时教学"只见树木、不见森林"的局限，单元教学目标有着引领、统筹、检测单元教学的功能和作用，对培养学生知识、技能的迁移能力至关重要。

2. 确定评价任务驱动迁移共生

课堂评价活动应贯穿教学的全过程，为检测教学目标服务，以发现学生学习中的问题，并提供及时帮助和反馈，促进学生更有效地开展学习。设计有效的评价任务的一般思路是从预期的教学目标出发提问：若要实现预期的教学目标，需要设计哪些评价任务来证明目标已经达成；学生的学习起点在哪里；师生需要哪些教学材料实施教学；需要采用什么样的教与学的方法帮助学习；需要设计哪些过程性练习和课后作业来帮助评价和反馈教学，促进目标达成？通过这样反复的追问与回答，教师才能彻底想明白教学的最终要求、逻辑起点和教学过程，最终成功实现素养化的教学目标。

J. Arter & J. McTighe[①] 把评价任务分为两大类：一是选择性反应任务，如选择题、是非题、匹配题、填空题、简答题；二是建构性反应任务，如表现性任务与传统的论述题。建构性反应任务主要要求学生建构一个真实存在的成果（书面的、可视的）或者操作（如驾驶、演讲、团队合作、演奏乐器等）来表现他们对任务的理解和掌握程度。要设计有效的评估任务，需要我们在制定目标之后思考教与学所指向的、构成评价的表现性行为是什么样的。只有很好地回答了以上问题，我们才能设计出合适的教学和学习体验，实现知识与技能的迁移。比如，人教版《英语》九年级全一册第七单元《Teenagers should be allowed to choose their own clothes》单元主题为谈论规则，通过口头和书面语篇讨论和描述个人在不同场合可以被允许和不被允许做的事情。教师基于单元教学目标和核心任务确立了四个评价任务，每一个评价任务对应相应的教学目标，检验目标是否达成，是在教师引导学生完成表现性评价任务中，将教学目标的导教、导学、导评的作用得到显现，使教学的有效性得以提升，学生的知识、技能的迁移能力得到发展。

3. 整合教材内容确保迁移共生

单元教学是培养学科核心素养、实现学科育人价值的最小课程单位。教师首先要依据课标、教材和学情，制定单元教学目标，然后确立单元下各个课时教学目标，进而将教材内容转化为教学内容。那么如何选择适合的教学内容呢？具体而言，就是要以单元及课时目标为引擎，创造性地使用教材，对现有

---

① J. Arter & J. McTighe. 课堂教学评分规则［M］. 促进教师发展与学生成长的评价研究项目组，译. 北京：中国轻工业出版社，2005.

教材进行适当地增删、整合与创生,从整体上把握教材,整合资源,让教学逻辑和教学内容清晰呈现,通过运用结构化的教学内容促进教学目标有效达成,实现知识、技能、情感态度与价值观的迁移共生。

如何增删、整合与创生教材内容,发挥教材的系统化、结构化的优势?首先,我们需要根据教学目标将教材中的相关要素经过整理、链接、加工,打破原有教材各部分之间的孤立状态,加强单元教材内容的逻辑性、层次性和针对性,发挥整合后的教学内容大于教材内容部分之和的作用。比如人教版初中语文教材以主题单元的形式编排,每单元的课文内容基本围绕一个主题展开,其口语交际、综合性学习等内容也与主题基本相符。但目前部分教师没有充分利用单元主题整合教材内容,只是零散地教学一篇篇课文,单独进行口语交际训练,导致教学费时低效,学生的学习兴趣低下。因此,教师需要将教材内容进行有机整合,达到优势互补,变"教教材"为"用教材教",从而提高教学的有效性。其次,教师要丰富、拓展教学内容,把教材内容与学生生活、社会实践和自然世界进行横向联系,引导学生在学中用、用中学,把书本知识和实际生活有机衔接,通过开展"自主、合作、探究"的学习方式,提高学生提出问题和解决问题的能力,并在学习理解、应用实践和迁移创新中不断创生教材内容,充分发挥课堂教学效益,培养学生核心素养,实现学科育人的根本任务。

(二)解决真实问题,实现迁移共生

核心素养的形成是在真实的问题情境中借助一系列问题解决的实践活动培育起来的,因此我们需要创设真实问题情境,运用多种教学策略,引导学生在发现问题、解决问题的过程中形成知识、能力、情感等迁移共生,从而真正提高学生的思维品质和学习能力,实现学科育人价值。

1. 运用基本问题推动迁移共生

Wiggins & McTighe[1]指出:最好的问题不仅能够促进对某一特定主题单元的内容理解,也能激发知识间的联系和迁移,我们称这样的问题为"基本问题"。基本问题能对教学起到"牵一发而动全身"的作用,促使学生展开深入的学习体验,对教材内容和教学过程起到内在的牵引作用。教师可以通过运用一个或几个有紧密联系的、围绕主题的、有着内在牵引力的基本问题来进行导学设计,以达到简化教学程序、深化教学内容、强化学生能力、优化教学效果

---

① Wiggins, G. & McTighe, J. Understanding by Design (Expanded 2nd Edition). 上海:华东师范大学, 2017.

的目的。

通常，基本问题是不能用一个简短的句子来回答的，也没有标准答案。这些问题涉及范围广，充满迁移的可能性。探索这样的问题，能够使我们揭示某一话题的真正价值。比如：什么样的朋友才是真正的朋友；如何保护濒危动物；什么是有效的学习；你如何评价愚公移山这一行为；珠穆朗玛峰为什么会长高等。以上这些问题聚焦核心内容，与前后知识建立联系，并以富有启发性和迁移性的方式跨越具体内容，通过自学、讨论、研究以及其他手段达成问题解决，从而实现知识、技能、方法等迁移创新。

2. 设计课后作业助力迁移共生

作业有巩固知识、提高能力和前瞻性学习的功能，更能促进课堂所学知识及技能有效地迁移应用到新的情境问题或任务中。作业必须对应目标，体现层次性、选择性和拓展性。教师要重视设计和布置实践类型的作业，以提升学生基于真实情景、解决实际问题的能力，更要基于多元智能理论，关注学生的个性发展，实现作业的育人目标。

课堂作业必须紧扣教学目标，巩固核心知识，训练基本技能；课外作业应注意创设新情境，以真实或者模拟真实问题的解决为抓手，使课堂教学内容得到有机延伸。课内外作业既要保证基础知识和基本技能的迁移运用，又要提高作业的育人性——加强文化意识和思维品质的培养；教师既要重视布置书面作业，又要重视项目化、合作式的作业，提升学生的自主学习和合作探究的能力，挖掘其学习潜能，调动其学习动机。

3. 实施多元评价提升迁移共生

学习评价能够诊断学生的学习问题，找到最近发展区，从而更精准地为学生提供学习支架，促进学生的学业进步。同时通过收集形成性的学习证据，为新的学习和教学决策提供参考，实现以评促教、以评促学与教学相长。一般而言，迁移学习的有效性可以从三个方面进行判断：（1）目标任务学习的基点是否因为迁移学习的介入而得到提高。（2）目标任务的学习时间是否有减少。（3）对于最终的学习效果而言，迁移学习是否有让目标任务得到一个更好的学习结果[①]。

开展评价活动时要使学生充分参与其中，在教学目标的框架下，设计明确具体的评价量表，实施互动评价，及时给予学生反馈；根据学生当前水平与期

---

① 许至杰. 迁移学习理论与算法研究 [D]. 华东师范大学，2012：5.

待水平之间的差距，向学生提供必要的学习支架，帮助学生取得更大的进步。教师要鼓励学生参与评价标准的协商与制定，从评价的接受者转变为评价的主体和参与者，从而有效调控自己的学习进程并从中获得成就感和自信心。

（三）拓展教学资源，助推迁移共生

教材是师生开展教学活动的重要来源，但是有相当多的教师过于依赖教材，往往按部就班地针对每一课时开展教学设计，且只注重知识和技能训练，而对更深层次的影响学生长远发展的思维方式训练、文化品格熏陶、学习能力提升等方面的关注不够，从而使得通过课堂教学来落实学科核心素养的目标成为一句空谈。因此，我们的教学应充分依托教材内容，但并不局限于教材本身，需要基于单元主题及对主题意义的探究，有序开发课外学习资源，拓展学习内容和方式，使课内与课外学习具有延续性和递进性，确保有效迁移的真实产生。

1. 融入课外资源协助迁移共生

在课堂教学中，不少教师把教材和教师用书作为唯一的课程资源而忽视适当增补融入课外资源，致使课堂教学成为搬运教材和教参的过程，教学效果不佳。教师应该对教材内容进行深挖、整合、补充和拓展延伸，使教学内容更加丰富有趣、更贴近学生的生活实际、着力解决真实问题，从而促进知识和技能的有效迁移。比如，在教学活动中，如果教师认为教材内容和活动任务的难度超出了学生的能力水平，或者达不到学生学习的需求，可以增加教学环节，或者拓展教学内容。这样可以化解教学难度，保持学生的学习兴趣；也可以补充延伸教学内容，设置较高的学习任务要求，满足学生的学习需要。但教师在补充课堂教学内容时，一定要与教材内容相关联，补充的内容要适度，适合学生的认知水平。一般情况下，补充内容不宜作为阶段性或期末考试的考查内容，不能因此增加学生的学习负担。教师要精心选点、设点，恰到好处地实施，由此及彼，使学生触类旁通。总之，课堂上恰到好处的拓展不仅可以大大提高课堂效率，增加课堂教学的亮点，而且能够促成知识和技能的迁移共生。

2. 开发课程资源保障迁移共生

教材之外的课程资源是学科课程资源的重要组成部分，是实现学科课程目标的工具之一。课外教学资源应该能够体现课程标准所要求的教学目的、教学目标、教学内容；同时，它们应该能够渗透课程标准所提倡的教学理念与教学方法。比如，以初中英语阅读技能为例，《义务教育英语课程标准（2011 年

版)》要求七年级学生课外阅读量应累计达到 4 万词以上，八年级学生应累计达到 10 万词以上，九年级学生应累计达到 15 万词以上[①]。这就要求教师精心选择、改编多模态的课外阅读语篇，可以根据教材的单元话题、背景知识、人物、事件等确定课外阅读内容和范围，并指导学生循序渐进地开展英语课外阅读，从而提高其阅读能力，培养阅读习惯，提升阅读素养，帮助学生达到课程标准相应的评价指标。

学校应充分发挥教研组、备课组的团队优势，分工合作进行学科课外资源的创建，既巩固学科核心知识，又为学生开展专题式、项目式、合作式学习提供内容资源，从而真正体现课外资源的价值，促进知识和技能的迁移共生，提升学生的综合素养。比如英语学科听说类课外资源可选择英语新闻、英语影视作品、英语语音模仿、英语歌曲欣赏、英语对话模仿、英语演讲比赛等形式和内容；读写类可选择英语报纸杂志阅读、英语整本书阅读、英语主题海报、英语剧本创作、英语名著读后感、写英语日记、制作思维导图或编写知识清单。实践类可选择收集专题资料、撰写英语调查报告、做英语采访、设计制作英语明信片、参与英语公益活动等。

总之，课外资源建设应注意目的性、情境性和实践性，应根据教学主题和教学目标，精心选择课外拓展的内容和形式，为学科教学目标服务。持续的学科教学资源的构建任务，既提升了教师课程资源开发利用的意识和能力，又有利于形成校本课程的资源体系，从而为学生提供更多的学习体验和迁移运用的机会，推进学生课内外知识、技能、方法等的迁移共生，为提高学生综合素质，实现学科育人价值奠定坚实基础。

---

① 教育部. 义务教育英语课程标准（2011 年版）[M]. 北京：人民教育出版社，2012.

第六章 共生课堂案例

前面几章介绍了共生课堂的理论依据、内涵和操作策略，对共生课堂有了比较全面的阐述，但在不同学段、不同学科、不同维度如何去具体实施，还存在些许疑问，本章就选取小学数学、初中语文、高中物理三个学段（学科），从学科项目学习、"活动. 探究"单元整体教学、素养目标导向三个角度来具体阐释。

小学数学共生课堂的教学策略与实践案例
——学科项目学习：换个角度识小数乘法

"小数乘法"是人教版《义务教育教科书·数学》五年级上册第一单元的内容，属于"数与代数"领域中"数与运算"模块。深入考察"数与运算"有关"运算"的教学现状，发现存在如下典型问题：目标定位较低，忽视对学生运算思维和素养的培养；过分追求运算结果，淡化学生对运算意义和算理的理解；教学方式单一，学生被动、无趣、枯燥地参与学习；机械性的"题海战术"使学生不具备良好验算习惯和灵活选择算法的能力。① 面对这样的境遇，我们秉持"共生课堂"理念，将"小数乘法"以学科项目学习的方式展开，通过"大问题、真情境、聚任务、重过程、强体验"，关注知识的习得和应用，关注高阶思维和意义生成。在学科项目学习过程中，文本学习、思维学习、情感学习得以实现，真正实现从"学科教学"向"学科育人"的转变。②

---

① 黄金枝. 浅谈小学数学计算教学的现状及对策 [J]. 续写算，2020 (15)：141.
② 赖晗梅，张英. 依托项目的深度学习探索 [J]. 教育科学论坛，2020 (07)：71—74.

一、准备阶段

教材内容转化为一个项目。我们将单元内容"小数乘法"转化为学科项目"换个角度识小数乘法",引领学生换个角度、换种方式探索有关小数乘法的知识。

1. 分析教材内容

教材内容分析是学科项目学习设计的基础,是学科项目学习任务设定的前提。我们对"小数乘法"的教材内容分析,如图6−1所示,见表6−1。

图 6−1　"小数乘法"主要内容及前后相关内容

表 6−1　人教版"小数乘法"具体内容编排

单元	知识点	例题	内容	本质
小数乘法	小数乘整数	例1	结合具体量计算	利用"积的变化规律"将小数乘法转化为整数乘法计算。
		例2	小数乘整数基本算理及算法	
	小数乘小数	例3	小数乘小数基本算理及算法	
		例4	积的小数位数不够	
		例5	小数倍的应用和验算	
	积的近似数	例6	"四舍五入"法求积的近似数	改变计数单位和大小
	整数乘法运算定律推广到小数	例7	推广;应用:简便计算	运算遵循的规律性
	解决问题(两个)	例8	估算解决实际问题	对于数量的运算
		例9	分段计费的实际问题	分段函数

为了对"小数乘法"这一内容进行更加全面、系统地把握,我们将人教版、北师大版、苏教版教材"小数乘法"内容编写逻辑以图式形式进行对比分析,如图6−2、图6−3、图6−4所示。

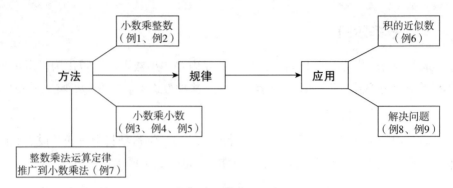

图6-2 人教版"小数乘法"内容编写逻辑

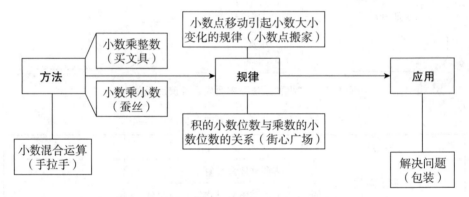

图6-3 北师大版"小数乘法"内容编写逻辑

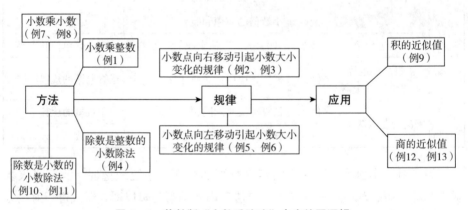

图6-4 苏教版"小数乘除法"内容编写逻辑

通过对人教版以及北师大版、苏教版教材的对比研读，我们发现，虽然它们在学习时间、知识点数量和例题素材选择上存在差异，但都是按"方法→规律→应用"的思路在编排。同时，我们还对教材所隐含的数学思想以及知识旨趣进行了挖掘，比如学生特别关注的阶梯电费、阶梯水费、停车费等"分段计费"问题，如图6-5，图6-6所示。

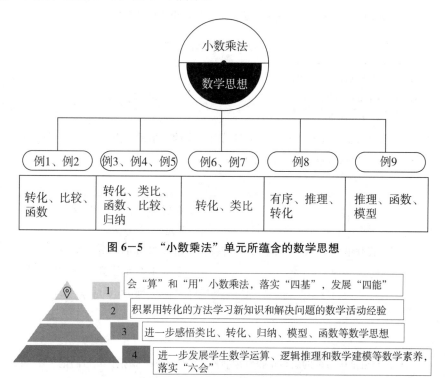

图6-5　"小数乘法"单元所蕴含的数学思想

图6-6　"小数乘法"单元知识旨趣

2. 分析学情

学情分析是学科项目学习设计的保障，是学科项目学习任务设定的关键。基于经验，我们认为在学习"小数乘法"前，部分学生会计算小数乘法，大部分学生对算理理解困难，不能灵活运用小数乘法的知识来解决实际问题。为精准把握学情，我们从"是否会计算小数乘法；是否理解小数乘法的算理；能否运用小数乘法来解决实际问题"三个维度设计前测题、半结构化的访谈题，通过"前测评价量表"对学生的已有认知进行水平划分，如图6-7和见表6-2所示。

《小数乘法》前测题

同学们，关于小数乘法，你知道了哪些知识？试一试吧！

1. 笔算。

$3.5×13=$ $2.6×0.5=$ $0.54×0.03=$

2. 上题中的 $0.54×0.03$，你是怎么算的？请写出你的计算思路。

_____

_____

3. 用自己喜欢的方法计算。

$1.25×（4.68×0.8）$ $7.2×8.4+8.4×2.8$

4. 欣欣超市土豆每千克 2.65 元，黄瓜每千克的价格是土豆的 1.3 倍，算一算黄瓜每千克多少钱？（得数保留两位小数）

5. （1）行驶里程 6.3km，我要付多少钱？

> 收费标准：3km 以内 7 元；
> 超过 3km 的部分，每千米 1.5 元计算（不足 1km 按 1km 计算）

（2）你知道重庆市区的出租车收费标准是怎么样的吗？请把你知道的记录在下面。

6. 访谈题。

（1）你为什么这样算？

（2）你是怎么知道这样算的？

图 6-7 "小数乘法"前测题

表 6-2　人教版小学数学五年级（上）第一单元《小数乘法》前测题分析

题号	前测题	前测意图	已有认知水平			
			水平 1	水平 2	水平 3	水平 4
			未做或乱做	部分正确	基本正确	完全正确
1	3.5×13	算小数乘整数，考查学生对小数乘法意义的理解和正确笔算		如：小数点位置确定错误；只计算一次 3.5×3；竖式对位错误；数字抄错	答案正确无过程或竖式；利用乘法（竖式）计算；利用量（数）单位计算；利用数的拆分过程带小数点	运用积的变化规律转化成整数乘数笔算过程、结果均正确
	2.6×0.5	算小数乘小数，考查学生对积的末尾有 0 的情况的处理和正确笔算		如：小数点位置确定错误；竖式对位错误；数字抄错	运用积的变化规律转化成整数乘数笔算，但积末尾的 0 未去掉；答案正确无过程或竖式	运用积的变化规律转化成整数乘数笔算，过程、结果均正确
	0.54×0.03	算小数乘小数，考查学生对积小数位数不够用 0 补足的情况的处理和正确笔算		如：小数点位置确定错误；竖式对位错误；数字抄错	运用积的变化规律转化成整数乘数笔算，但积小数位数不够没有正确用 0 补足；答案正确无过程或竖式	运用积的变化规律转化成整数乘数笔算，过程、结果均正确

续表

题号	前测题	前测意图	已有认知水平			
			水平 1 未做或乱做	水平 2 部分正确	水平 3 基本正确	水平 4 完全正确
2	上题中的 0.54×0.03，你是怎么算的？请写出你的计算思路	算小数乘法 考查学生对小数乘法和算理的掌握理解		能按照计算过程（不考虑计算是否正确）叙述出一部分计算思路。如：先算 3×4＝12，再算……但不知道算理	能按照计算过程考虑计算是否正确）叙述出计算思路；从积的变化规律、计量单位等简单表述算理	能按照正确计算过程叙述出计算思路；计能从积的变化规律、计量单位等完整表述算理
3	1.25×(4.68×0.8)	算小数乘法 考查学生将整数乘法交换律和结合律推广到小数乘法		按照四则运算顺序计算，先算小括号里的，再算括号外的。（不考虑计算是否正确）	根据乘法交换律和乘法结合律进行计算，但过程或结果存在错误	根据乘法交换律和乘法结合律进行计算且结果正确
	7.2×8.4＋8.4×2.8	考查学生将整数乘法分配律推广到小数乘法		按照四则运算顺序计算，先算乘法，再算加法。（不考虑计算是否正确）	根据乘法分配律进行计算，但过程或结果存在错误	根据乘法分配律计算且结果正确
4	欣欣超市土豆每千克 2.65 元，黄瓜每千克的价格是土豆每千克的 1.3 倍，算一算黄瓜每千克多少钱？（得数保留两位小数）	用小数乘法 考查学生用小数倍表示两个数量间关系的应用和用"四舍五入"法求积的近似数		正确列式 2.65×1.3（包括数字誊抄错误情况），但计算错误或求近似数错误或均错	正确列式并计算，但结果未保留两位小数或保留错误；数字誊抄错误、列式、计算、求近似数均正确	正确列式并计算，能用"四舍五入"法正确保留两位小数

续表

题号	前测题		前测意图	已有认知水平			
				水平 1	水平 2 部分正确	水平 3 基本正确	水平 4 完全正确
5	(1) 收费标准：3km 以内 7 元，超过 3km 的部分，每千米 1.5 元计算（不足 1km 按 1km 计算）小王坐车行驶了 6.3km，他应付多少钱？	用小数乘法	考查学生对分段计费实际问题的理解和应用	未做或乱做	未理解"分段"和"不足 1km 按 1km 计算"的含义，如：6.3×1.5……	理解"分段"的含义但未理解"不足 1km 按 1km 计算"；理解"不足 1km 按 1km 计算"但未完全理解"分段"的含义（不考虑计算是否正确）。如：7+6.3×1.5；7+(6.3-3)×1.5；7+3×1.5；7×1.5	正确理解"分段"和"不足 1km 按 1km 计算"的含义，并正确解决问题。如：7+4×1.5；图式解决；画图分析……
	(2) 你知道重庆市区的出租车收费标准是怎样的吗？请把你知道的记录在下面	用小数乘法	考查学生对现实生活中出租车分段计费标准的了解	计费标准：(1) 白天和夜间 3km 的起步价为 10 元和 11 元；(2) 白天和夜间超过 3km 部分为每千米 2 元和 2.3 元；(3) 白天超过 3km、夜间低速行驶或等空费或返空费，即 1 元/500m；(4) 知道低速行驶空驶每 500m 计费一次……	了解一小部分，知道计费标准中的 1 点	了解部分，知道计费标准中的 2~3 点	了解大部分，知道计费标准中的 4~5 点

续表

题号	前测题	前测意图	已有认知水平			
			水平 1	水平 2	水平 3	水平 4
6	你为什么这样算?	了解学生对小数乘小数算法和算理的理解层次	未做或乱做	部分正确	基本正确	完全正确
		算 小数乘法	只按照计算过程叙述出计算思路,如:先算 $3\times4=12$,再算 3……不知道这样算的原因	从积的变化规律,计量单位等简单表述	能从积的变化规律,计量单位等完整表述	从分数乘分数角度表述
	你是怎么知道该这样算的?	了解学生掌握新知识的来源	在课外辅导机构提前学的	看书自学	分析、迁移计算	

基于教材、学情分析，从大观念角度出发，将人教版教材"小数乘法"原知识结构进行调整和优化，从而确定以"换个角度识小数乘法"为主题，通过"算"和"用"两条主线开展学科项目学习，见表6-3。

表6-3 "换个角度识小数乘法"学科项目学习内容

	原知识结构	现知识结构	子问题（子任务串）	
算小数乘法	小数乘整数（例1、例2）	小数乘小数（例1～例4）	小数点在哪里？	
	小数乘小数（例3、例4）			
	小数倍的应用和验算（例5）	小数倍的应用和验算（例5）	小数倍真的越乘越小吗？	
	整数乘法运算定律推广到小数（例7）	整数乘法运算定律推广到小数（例7）	小数也有乘法运算定律吗？	
用小数乘法	积的近似数（例6）	积的近似数（例6）	为什么9.625元需要付9.63元呢？	
	解决问题（例8、例9）	估算解决实际问题（例8）	你真的会用小数乘法吗？	"估大""估小"知多少？
		分段计费的实际问题（例9）		分段计费知多少？

3. 编制项目学习目标

根据"共生课堂"素养立意的要求，结合学科项目学习的特点，将学科知识、关键能力和必备品格设定为一级指标，将知识技能、会观察、会思维、会表达、会学习、会协作、会担责设定为二级指标。"换个角度识小数乘法"学科项目学习的目标设定见表6-4。

表6-4 "换个角度识小数乘法"学科项目学习目标

一级指标	二级指标	目标要求	"换个角度识小数乘法"项目学习目标
学科知识	知识技能	系统掌握数学知识内容；构建数学知识结构；落实数学知识本质；形成数学技能策略	理解和掌握小数乘法的算理和计算方法，会将整数乘法运算定律推广到小数，会用"四舍五入"法求积的近似数，形成运用原有知识储备迁移解决新知识的策略；理解根据实际问题和具体数据进行估算的意义，理解并掌握分段计费的实际问题，形成解决问题的技能

一级指标	二级指标		目标要求	"换个角度识小数乘法" 项目学习目标
学科能力	数学思考与问题解决	会观察	能用独到的眼光发现、提出问题	能根据生活经验发现并提出与小数乘法有关的有代表性和针对性的问题;能在现实生活中发现类似"阶梯水费""阶梯电费"等分段计费问题
		会思维	能正确、创造性地完成问题解决,积累活动经验	能进行有条理的思考,在自主学习、合作探究、分享交流小数乘法"算"和"用"的知识过程中,积累观察、比较、迁移、概括、推理等数学活动经验
		会表达	能用严谨的数学表达观点,获得数学思想,发展数学素养	能比较清楚地表达小数乘法"算"和"用"的思考过程与结果,获得转化、类比、函数等数学思想,发展数学运算、数学抽象、数学建模、逻辑推理等数学素养
学科品格	情感态度	会学习	学习兴趣、自信、方法、习惯	积累学科项目学习经验,增强学生数学学习兴趣和自信,形成主动参与数学学习的态度和正确的学习习惯
		会协作	学习意识、自我表达、相互倾听、评价、接纳	形成主动合作、交流的学习意识,会倾听、接纳、质疑同伴的观点,会帮助同伴解决数学学习中遇到的困难
		会担责	自我管理、责任感、包容心	发展学生的角色意识和自我管理能力,在个体学习和团队学习中有责任担当,能包容团队成员的不足

4. 拟定项目学习任务

任务是对学生学习的一种方向引领,科学、合理的任务设定能为学生在项目学习过程中指明探究和思考的方向,帮助学生明确项目学习的结构性和目的性;有利于培养学生的自主学习和数学思维能力,发展学生的数学素养。学科项目学习的任务设定有七大准则:一是指向学习目标,二是符合学生学情,三是立足真实情境,四是坚持大问题驱动,五是注重小任务探究,六是关注学科整合,七是走向深度学习。

在遵循学科知识逻辑和学生心理逻辑的基础上,我们以"问题驱动"的方式明确每个子问题和子任务串的任务。比如,子问题"小数点在哪里"旨在通过对"如何确定小数点在积中的位置"来系统、结构化地探讨小数乘法的算法和算理;再如,为凸显"学科整合"的要求,在原有任务结构的基础上增加了子问题"如何换个角度识小数",让学生通过回顾学科项目学习的学习过程、学习方法等对小数进行再认识,形成有关小数的拓展性问题(如小数除法、分数乘除法)、综合性问题（与物理、化学、体育、天文等有关），从而发展学生的创新能力、批判性思维能力、数学表达能力等高阶思维，如图 6-8 所示。

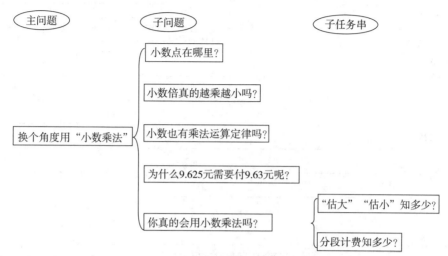

图 6-8 "换个角度识小数乘法"学科项目学习任务串

5. 设计项目学习工具

为了帮助学生完成项目学习任务，还需给学生提供一些学习工具。如个人学习单、小组学习单，见表 6-5 及表 6-6。

表 6-5 "换个角度识小数乘法"学科项目学习单（个人）

学校		班级		姓名	
主问题				学习时间	
子问题					
子任务串					
学科项目学习过程记录					
学生活动				教师指导	
一、读，逐字逐句逐图阅读数学书＿＿＿＿页 2 遍。 二、勾，勾画数学书上的知识点。 三、学，详细记录自主学习过程、方法和结论。 四、问，针对所研究的子问题或子任务串提出相关疑问。 五、拓，对所研究的子问题或子任务串进行知识、方法等的拓展。					
自主学习感受：					

表6-6 "换个角度识小数乘法"学科项目学习单（小组）

学校		班级		指导教师	
主问题				学习时间	
小组成员		具体分工			
组长					
组员					
子问题					
子任务串					
学科项目学习过程记录					
学生活动				教师指导	
项目学习感受：					

6. 设计项目测评量表

遵循"共生课堂""教、学、评"一致性的原则，从三个方面对学生进行测评。一是在每个子问题研究结束后，学生完成相应的评价题，通过"solo（个人）分类"评价标准真实评价学生的认知水平；二是在所有子问题研究结束后进行后测，通过前、后测数据对比，分析学生在学科知识、关键能力和必备品格上的变化；三是对学科项目学习进行综合评价，以考查学生是否达到预期目标。"换个角度识小数乘法"评价题、solo评价量表和综合评价量表如图6-9、图6-10所示和见表6-7、表6-8。

"小数点在哪里?"评价题

计算 2.7×1.3,淘气是这样想的:

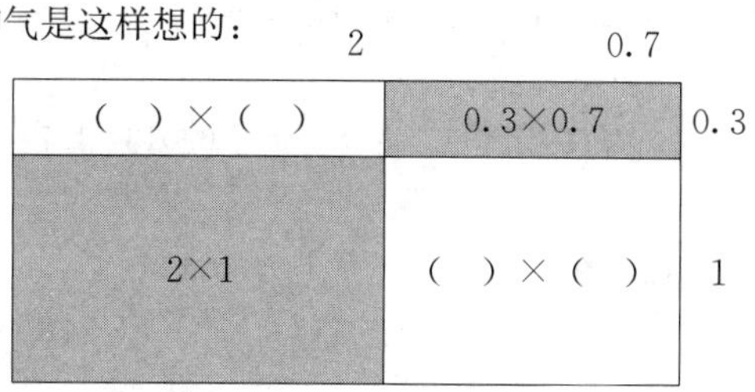

	2	0.7	
	（　）×（　）	0.3×0.7	0.3
	2×1	（　）×（　）	1

2.7×1.3
$=2+0.6+0.7+0.21$
$=3.51$

你能看懂吗? 请将你的理解记录下来（可用多种方法理解），再自己编一道小数乘法题,像他这样算一算。

图6−9　"换个角度识小数乘法"学科项目学习子问题评价题

表6−7　"换个角度识小数乘法"学科项目学习子问题 solo 评价量表

solo 层次	思维操作	人数	百分比
前结构水平（P）	没做或乱做		
单点结构水平（U）	只能看懂 2×1 或 0.3×0.7		
多点结构水平（M）	能看懂图形中每一部分的含义，基本理解 2.7×1.3=2+0.6+0.7+0.21=3.51，但模仿计算未做或错误		
关联结构水平（R）	能看懂图形中每一部分的含义，正确理解 2.7×1.3=2+0.6+0.7+0.21=3.51，模仿计算正确		
抽象拓展结构水平（E）	能多角度理解并计算，如从求面积的角度；从竖式角度计算		

《小数乘法》后测题

同学们,学习了小数乘法,看看你掌握得怎么样?

1. 笔算。

$2.3×4.9=$ $0.75×280=$ $0.013×1.7=$

2. 用自己喜欢的方法计算。

$1.25×0.4×0.8×2.5$ $9.5×101$ $4.6×9.9+0.46$

3. 1993 年爸爸的月工资是 235 元,2020 年爸爸的月工资比 1993 年的 20.6 倍还多 59 元。2020 年爸爸的月工资是多少?

4. 欣欣超市每千克土豆 2.99 元,奶奶买了 3.72kg 的土豆,要付多少钱?

5. 《笑猫日记》24.5 元一套,《热带雨林历险记》18.7 元一套。龙龙准备用 82 元买这两种书各两套,他的钱够吗?

6. 为了鼓励节约用电,某市采取了以下收费标准。小明家 7 月用电 275 度,应缴电费多少?

每月用电量/度	200 度内(包含 200 度)	201−400 度	超过 400 度
电费(元/度)	0.52	0.57	0.82

7. 生活中还有哪些"分段计费"问题?请写一写并简单说出其收费标准。

图 6—10   "换个角度识小数乘法"学科项目学习后测题

表6-8 "换个角度识小数乘法"学科项目学习综合评价量表

评价指标			评分要点	标准分	得分		
					自评	组评	师评
学科知识	知识技能		1. 理解和掌握小数乘法的算理和计算方法,形成运算能力 2. 会将整数乘法运算定律推广到小数,会用"四舍五入"法求积的近似数,增强应用意识 3. 理解根据实际问题和具体数据进行估算的意义,理解并掌握分段计费的实际问题,形成问题解决能力	20			
学科能力	数学思考与问题解决	会观察	1. 根据生活经验发现并提出有代表性和针对性的小数乘法问题 2. 在现实生活中发现类似"阶梯水费""阶梯电费"等分段计费问题	15			
		会思维	1. 在自主学习、合作探究、分享交流等中进行有条理的思考 2. 有效解决"阶梯水费""阶梯电费"等分段计费问题 3. 积累观察、比较、迁移、概括、推理等数学活动经验	20			
		会表达	1. 在自主学习、合作探究、分享交流等中比较清楚地表达思考的过程与结果 2. 发展数学运算、数学抽象、数学建模、逻辑推理等数学素养	15			
学科品格	情感态度	会学习	1. 积极、主动参与项目学习 2. 完成所有要求完成的项目任务	10			
		会协作	1. 主动合作、交流,为项目学习做贡献 2. 会倾听、接纳、质疑同伴的观点,会帮助同伴解决数学学习中遇到的困难	10			
		会担责	1. 在个体学习和团队学习中有责任担当,能包容团队成员的不足 2. 形成一定的学习自律性	10			
总分				100			
教师评价							

7. 规划项目学习时间

为了保证学科项目学习的有序开展，必须预先做好时间安排。"换个角度识小数乘法"时间安排如下，见表6-9。

表6-9　"换个角度识小数乘法"学科项目学习时间安排表

序号	时间	子问题（子任务）
1	9.6——9.7	小数点在哪里
2	9.8——9.9	小数倍真的越乘越小吗
3	9.13——9.14	小数也有乘法运算定律吗
4	9.15——9.16	为什么9.625元需要付9.63元呢
5	9.17——9.18	你真的会用小数吗？——"估大""估小"知多少
6	9.22——9.23	你真的会用小数吗？——分段计费知多少
7	9.24——9.26	如何换个角度识小数
8	9.27	综合性评价、后测

8. 预期项目学习成果

项目成果是学科项目学习是否成功的重要标志之一。一般来说，学生需要从"项目知识梳理、项目知识拓展、跨学科联系和自主学习感想"四个方面，以小报、微视频、课件或研究报告等形式进行成果展示、分享。

二、实施阶段

（一）培训促学

为了使学科项目学习得以有效实施，对于初次进行学科项目学习的学生，让他们掌握项目学习的基本规则是首要任务。我们编制了《家长告知书》《组长及组员培训手册》《学科项目学习指南》等实施工具，让学生明确"做什么""怎么做""为什么做"，促使家长转变学习观，与学生一起认识和尝试这种新的学习方式。

具体来说，班级内采用异质分组的方式将五六人分为一组，设组长一名，明确组长和组员的责任；带领学生初步了解项目的结构、任务以及项目学习的时间节点；训练学生按"读—勾—学—问—拓"的思路填写个人学习单；按"个人独立研究→小组合作研讨→分组展示交流→教师点拨提升"的研究方式对学生进行模拟训练，见表6-10和表6-11。

表6-10　"换个角度识小数乘法"学科项目学习组长责任

责任	要求
组织	1. 组织小组成员制定组规、学习计划、小组内奖励制度等 2. 组织全组成员开展小组研讨，根据本组成员特点或特长合理分工，协调完成学习任务
协调	1. 调动组员积极性，形成合力 2. 协调并处理好本组成员之间的关系，发挥组长在教师与小组成员之间的桥梁作用 3. 协调并处理好各组之间的关系，学会借助外部资源（如教师、其他小组长）学习
示范	组长不能有"享受特权"的想法；组内的各项制度，组长首先要遵守；组内的各项任务，要争取最先按质完成；要求组员做到的，组长首先要做到
监督	组织组内成员相互监督各项制度的遵守情况和各项任务的完成情况；组织组内帮扶辅导，互帮互助；汇总组内成员学习中的问题及时向教师汇报
评价	做好组内成员互评工作，协助教师实行"多元化"评价

表6-11　"换个角度识小数乘法"学科项目学习组员责任

责任	要求
合作	1. 树立团队意识、协作意识、责任意识，相互配合，齐心协力完成学习任务 2. 积极参与讨论，乐意把个别学习成果转化为全组的群体智慧成果 3. 善于倾听别人的观点，敢于大胆发表自己的评价意见 4. 服从教师和组长的合理安排和管理
评价	对自己、他人的学习过程、学习效果等情况做出公正、合理的评价，能够及时调整自己的学习状态
担责	1. 小组成员加强沟通和协商，学会谦让，学会担责，学会正确处理小组活动中的矛盾与纠纷 2. 谦虚接受组员提出的意见，能够正确认识自己知识上的错误，理解上的不足，并及时改正

（二）实践促研

学生经历事先精心设计的项目和一连串任务，在真实和充满问题的学习情境中持续探索和学习；在这一过程中，文本学习、思维学习、情感学习得以实现。文本学习，即项目学习过程中围绕问题解决进行文本知识的自主学习；思维学习，即项目学习中探究问题解决的途径、策略；情感学习，即项目学习中共享协作、交流、创造的快乐。[①]

1. 独立研究

学生结合子问题所对应的学习内容，通过独立预习数学书、查阅资料、借助教师设计的学习单，利用课后延时学习大约 30 分钟的时间开展个人自主学习，也是当天的课后作业。教师及时批阅"个人学习单"（例如图 6-11），勾画学生的研究亮点，了解学生的学习情况，以使有针对性地点拨引导。

如对"小数点在哪里"的独立研究，大部分学生按照教材编排顺序逐一自学，所呈现的"猜想—探究（例1）—进一步探究（例2）—思考（例3）—发现—验证（例4）—结论"的过程已经很好地体现了学生严谨缜密的学习思路以及对例题间递进式关系的挖掘；少数学生能跳出独立的例题，将这部分内容有机融合，从整体的视角对任意的小数乘法算式按"猜想—举例—计算—对比—发现—验证—结论"的清晰思路进行探究，有效得出"点小数点时，看乘数一共有几位小数，就从积的右起数出几位，点上小数点"的结论，完全回应了"小数点在哪里"这一研究主题。

---

① 赖啥梅，张英. 依托项目的深度学习探索［J］. 教育科学论坛. 2020（07）：71-74.

"换个角度识小数乘法"学科项目学习单（个人）

+3

学校	渝中区大坪小学	班级	五(6)	姓名	梁豆豆
主问题		换个角度 识 小数乘法	学习时间		9月日9.4-9.5
子问题	小数点在哪里？				
子任务串					

学科项目学习过程记录

学生活动	教师指导
一、**读**（逐字逐句逐图阅读数学书2、3、5、6页2遍。）	
二、**勾**（勾画数学书上的知识点）	
三、**学**（详细记录自主学习过程、方法和结论）	

(一) 猜想：乘数有多少位小数，积就有多少位小数。

(二) 举出算式：0.35×5

(三) 想：乘数扩倍 0.35 扩倍 100倍 为35。

　　　　现算式为 35×5

(四) 算：35×5 = 175

(五) 对比：

　　　35 × 5 = 175

　　　0.35 × 5 = 175 ÷ 100 = 1.75

　　　所以 0.35 × 5 = 1.75

(六) 发现：乘数共有两位小数，积也有两位小数

(七) 验证：0.7 × 0.8 = 56 ÷ 10 ÷ 10 = 0.56（两位）

　　　　　7 × 8 = 56

(八) 结论：点小数点时，看乘数一共有几位小数，就从积的右起数出几位，点上小数点。

教师指导栏：（整合到）

0.35 × 0.5 更一般

图6-11　"小数点在哪里"子问题个人学习单

2. 合作研讨

组长根据小组成员“个人学习单”完成情况，利用课后延时学习或课堂时间进行；通过“提出疑问—分析疑问—达成共识”的方式将成员卷入思考，互学互助，最终形成小组学习单，如图 6－12 所示，正如学生所言“一开始我们还没搞懂第一步是什么意思，讨论后才知道”。

B (+6)

“换个角度识小数乘法”学科项目学习单（小组）

学校	渝中区大坪小学	班级	五(6)	指导教师	
主问题	换个角度识小数乘法			学习时间	9.8-9.9
小组成员		具体分工			
组长	徐婧萱	填写学习单，小老师讲解(学)			
组员	刘恺睿	小老师讲解(问答)			
	王婧淇	小老师讲解(拓)			
	李炳轩	小老师讲解(感想)			
	段涛	参与研讨			
	曹钰涵、罗文婧	参与研讨			
子问题	小数倍真的越乘越小吗?				
子任务串					

学科项目学习过程记录

学生活动	教师指导
一、学 学习方式：看数学书 1.猜测：小数倍不会越乘越小。 2.举例：56×0.8=?　56×1.1=?　56×1.3=? 56×0.8=44.8　56×1.1=61.6　56×1.3=72.8 扩 ×10 ÷10　扩 ×10 ÷10　扩 ×10 ÷10 56×8=448　56×11=616　56×13=728 3.观察：以56为标准，56×1为分界线 1.3>1 积比56大　1.1>1 积比56大　0.8<1 积比56小 4.画线段图验证：0.32×1.2=?　0.32的1.2倍是多少? 0.32×1.2=0.384 1.2>1 积比0.32大 5.结论： 一个数(0除外)乘大于1的数，积比原来的数大； 一个数(0除外)乘小于1的数，积比原来的数小。	

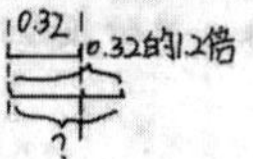

所以小数倍可能越乘越小，可能越乘越大，也可能相等。

图 6－12　“小数倍真的越乘越小吗?”子问题小组学习单

3. 交流分享

交流分享不仅是学习成果的展示，更是学生思维的碰撞。如，对"为什么9.625元需要付9.63元呢"的交流分享，精彩油然而生。

看到"为什么9.625元要付9.63元呢"这个子问题，我们心中产生了一个疑问，"9.625元真的是付9.63元吗"，于是，我们组采取了"调查—分析—询问—结论—再思考"的过程进行学习。

（1）调查走访。调查学校走边的10几家超市，发现具有代表性的3家超市，见表6−12。

表 6−12　"为什么 9.625 元需要付 9.63 元呢?"调查走访统计表

超市名称	物品	应付	实付
四庆超市	散装海带丝	4.63956 元	4.64 元
友友超市	徐福记糕点	10.2592 元	10.3 元
钱大妈生鲜	水晶嘎啦果	45.0782 元	45 元

（2）分析假设。分析每家超市的收款方式，见表6−13。

表 6−13　"为什么 9.625 元需要付 9.63 元呢?"分析假设情况

超市名称	分析	发现
四庆超市	4.63956 元≈4.64 元	"四舍五入"法保留两位小数
友友超市	10.2592 元≈10.3 元	"四舍五入"法保留一位小数
钱大妈生鲜	45.0782 元≈45 元	"四舍五入"法保留整数

（3）询问求证。再次走进超市，询问店员或老板收款规则，见表6−1。

表 6−14　不同超市收款规则

超市名称	收款方式	规则
四庆超市	"四舍五入"法保留两位小数	双方互利
友友超市	"四舍五入"法保留一位小数	给予顾客优惠
钱大妈生鲜	"去尾法"法仅保留整数	给予顾客优惠

可看出，钱大妈生鲜超市实际收款方式与之前所分析的不一致，我们感受到数学上"大胆假设，小心求证"的重要性。

（4）得出结论。①因为人民币的单位只有元、角、分，所以通常把以元作单位的数保留两位小数。由于现在"分"已经不常用了，有时候就保留一位小数，甚至整数。②因不同超市的收费标准不同，即使应付款相同但实付款不一定相同。③生活中，很多情况下不需要求出准确值，只需要知道它们的近似值就可以了。

（5）再次思考"9.625 元不一定是付 9.63 元"，见表 6—15。

表 6—15 "9.625"按不同标准求近似数的情况

9.625 元		"四舍五入"法	"进一"法	"去尾"法
	保留两位小数	9.63 元	9.63 元	9.62 元
	保留一位小数	9.6 元	9.7 元	9.6 元
	保留整数	10 元	10 元	9 元

（6）拓展。以前学的很多知识都要先确定标准。比如，在比较"9.5千米与 960 米"之间的大小关系时，因为计量单位不同，需要先统一计量单位再比较，也就是统一标准再比较，见表 6—16。

9.5 千米＞ 960 米
9500 米

通过学科项目学习前对单元知识结构的梳理，及将学习的分段计费也涉及标准。如：阶梯电费、阶梯水费、邮寄费……其中，重庆市阶梯电价不同耗电量的收费标准见表 6—16。

表 6—16 重庆市阶梯电费收费标准

时间	度数	单价
月	200 度以下	0.52 元/度
	201 度—400 度	0.57 元/度
	400 度以上	0.82 元/度

4. 点拨提升

交流分享后，教师要及时点拨，充分发挥示范引领作用，使学生的研究得以提升、思维得以升华。如"为什么 9.625 元需要付 9.63 元呢?"，教师做了如下点拨：你们把空洞的"求积的近似数"转化为可见的生活实践，经历了"调查走访—分析假设—询问求证—得出结论—再次思考"的完整学习过程；你们不仅得出"因为取近似值的标准不一样，付款的方式就不一样，所以

9.625 元不一定是付 9.63 元"的结论，还抓住了"标准"这一数学本质，并能联系前后知识感受数学标准的重要性，善于思考。生活中，标准都是根据利益的追求不同而人为规定的，标准不同，结果可能就不同，我们要学会制定标准、遵守标准。

5. 物化成果

指导学生以小报、微视频、课件或研究报告等形式呈现项目学习成果并展示、分享。

（三）测评促思

测评是学科项目学习的重要一环，可以真实反映学生对知识理解的思维水平。如在子问题"为什么 9.625 元要付 9.63 元"研究结束后，对学生进行了测评；从学科知识层面看，绝大部分学生已理解积的近似数的现实意义，能根据需要求积的近似值；从关键能力维度看，部分学生具备了用数学的眼光观察世界的能力，能体会到标准在生活中的价值，学生的数感、数学运算、数学推理等素养得到有效发展，如图 6-13 所示。

图 6-13　"为什么 9.625 元需要付 9.63 元呢？"评价题

三、反思阶段

小学数学学科项目学习兼具项目学习和数学学科的特征，将其从理论层面转化为行之有效的教学方式，可使学生获得对学科知识、自我认识和学习价值的体验，可为师生的可持续发展赋能。

（一）项目驱动，激发学生主动探索

"换个角度识小数乘法"学科项目学习是对学习方式的新尝试和新挑战。一个个有趣、直指知识本质的子问题（子任务串），激活了学生的好奇心和探究欲望；一个个丰富、务实的学习任务，帮助学生在学科项目学习中明晰了结构和目的；一个个完整、有意义的自主学习过程，培养了学生的自主学习和数学高阶思维能力，发展了学生的数学素养。

这种全新的学习方式，让学生感到"兴奋"，觉得"有趣""充实"；让学生学会了"自己走"；让学生敢于反思，悟出了"不光要会做，还要知道知识是怎么来的"的学习真理，如图 6−14 所示。

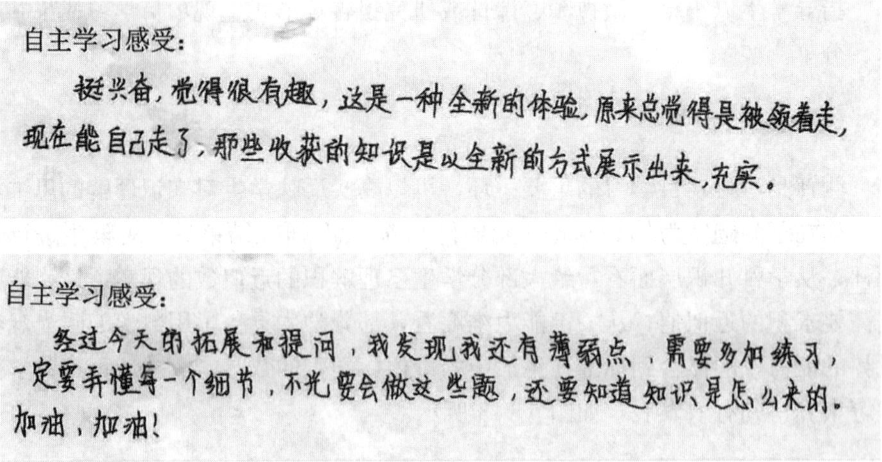

自主学习感受：

挺兴奋，觉得很有趣，这是一种全新的体验，原来总觉得是被领着走，现在能自己走了，那些收获的知识是以全新的方式展示出来，充实。

自主学习感受：

经过今天的拓展和提问，我发现我还有薄弱点，需要多加练习，一定要弄懂每一个细节，不光要会做这些题，还要知道知识是怎么来的。加油，加油！

图 6−14　学生自主学习感受

（二）亲历过程，培养关键能力

在学科项目学习过程中，学生需要亲历从现象到问题、从任务到研讨、从验证到分享等一系列动态、多元的学习过程，最终形成亲历性意识，获得亲历性体验。如，子问题"小数倍真的越乘越小吗"是由教材例 5"小数倍的应用和验算"转化而成的，原例主要关注技能训练，学科项目学习让学生绽放了光彩、感受了知识的意义生成。

1. 独立研究，完整的探究思路

有的学生通过"独立思考—书本学习—优化反思"的学习过程，发现有的方法"好理解不好用"，有的方法"既好用又好理解"，实现了对方法的优化和自我认知的构建。受整数倍模型的干扰，有的学生大胆提出"小数倍不会越乘越小，因为它是乘法"的猜想，再举例、数形结合探究，得出"小数倍大于 1时，会越乘越大；小数倍小于 1时，会越乘越小；所以不一定"的结论。学生们完整的探究思路不仅使其思维可视化，更丰富了倍数模型，实现了从整数乘法到小数乘法的拓展，如图 6−15 所示。

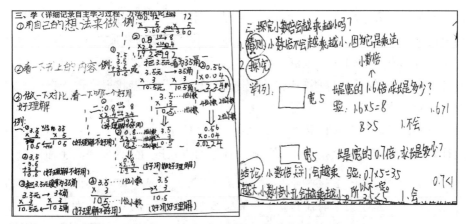

图 6-15　学生独立研究，完整的探究思路

2. 小组合作研讨，探寻数学本质

倍数模型从整数拓展到小数，虽本质是一样的，但受思维定式的影响，学生对"1.5 的 0.85 倍"这样的表达理解和接受起来还比较困难。各小组在研讨环节不约而同地以"为什么小数倍大于 1 时，会越乘越大；小数倍小于 1 时，会越乘越小"这一问题展开。学生间的思维碰撞，有的以"1 倍"为临界，通过举例说明；有的用平均分以及小数的意义来解释；有的联系生活实际，借助"打折"来理解。可以看出，学生思路不再局限于单纯的计算，而是将"倍的概念"与"乘法模型"主动对接，从而挖掘出结论背后的道理，这是个体思维在群体共研下的贡献，是对学生运算素养的极大提升，如图 6-16所示。

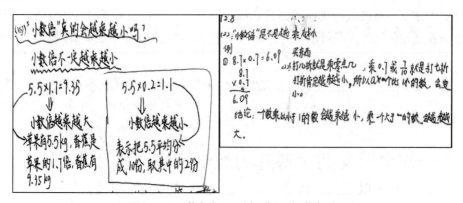

图 6-16　学生小组研讨，探寻数学本质

3. 展示交流，提出真问题

我们都知道，提出一个问题往往比解决一个问题更重要，因为提出问题更需要有创造力和想象力。在学科项目学习"问"这一任务中，学生需要针对所研究的子问题提出相关疑问。如，研究完"小数倍真的越乘越小吗"，有学生提出"既然有整数倍、小数倍，那么有没有分数倍?""小数除法会越除越大吗?"这样的真问题，这些知识点的连接折射出学生从点状思维逐步走向大观念的高阶思维，学生实现了真正发展。

真实活动，培养学科品格。在"'估大''估小'知多少"展示交流中，一改往常各组指定人员汇报，而采取随机抽号的方式进行，课堂更具生命活力。

"2组3号、2组3号"，老师话音刚落，只见靠窗第一排身材矮小的段同学引起了大家的注意。他一副苦瓜脸，缓缓站了起来，在座位上欲动不动，欲言又止，一瞬间，眼泪流了下来。能感受到，这是一种害怕的眼泪。"老师，我能不去讲吗?""那你去和你的组长商量一下吧!"段同学走向不知何时也在哭泣的组长，商量片刻后还是独自走上了讲台。他就这样一直哭着讲完了小组的研究思路和过程，教室里却是从未有过的安静和专注。最后的"打分"环节，几乎全班的同学都把支持票投给了他和他所在的小组。开始，组员和组长哭了，伤心地哭了;最后，组员和组长笑了，灿烂地笑了。

这个小插曲让我们看到了段同学的责任与担当，看到了组长的坚持，看到了全班同学的宽容和支持，看到了"一份责任+两份担当=百分支持"。这就是学生在学科项目学习中会学习、会协作、会担责必备品格自动生成的最好见证。

在学科项目学习这种学习新形态下，枯燥的运算教学变得有活力;被动的运算课堂变得有挑战;机械的运算训练变得有意义。我们将继续探索学科项目学习在其他领域的实践价值，使之真正成为实现"共生课堂"的有效路径之一。

（重庆市渝中区教师进修学院小学数学教研员　何表静
重庆市渝中区大坪小学　袁懿）

初中语文共生课堂的教学策略与实践案例
——以走向"精准"的"新闻活动探究"单元为例

"活动·探究"单元作为统编教材的一种新型单元形式，将文本阅读、实践活动、写作训练以动态、立体的方式整合融为一体，具有典型的目标整合性，知识结构化，教学活动化特征，要求教育工作者自觉运用共生课堂的理论指导实践，开展体现共生课堂特色的实践活动。但在真实的教学实践中，却存在"教学目标不明确、活动指导欠缺、评价方式单一"①，"文本阅读偏重阅读、理解、赏析，文体意识欠缺；活动开展形式简单，缺乏有效组织与实施；写作教学的重视程度较低，对特殊体裁写作的考察较少；教学过程中评价方式单一，评价的效度相对较低"② 等突出问题。根据"逆向设计"的"确定预期结果""确定合适的评估证据""设计学习体验和教学"③ 的进阶方法，可以运用共生策略，精准聚焦教学目标，精准择取学科知识，精准设计学习活动，突破"活动·探究"单元的教学困境。

一、共生"精准"的教学目标

统编语文教材的"活动·探究"单元因其结构化的活动设计，在编写形式上最契合"大单元设计"思想。"逆向设计"的前提是"想清楚"，即"单元一开始就在头脑中想好结果和目标，这意味着你对自己的目标有清晰的了解，这意味着你知道要去哪里，从而能够更好地知道你现在的位置以及如何走才能保证你一直朝着正确的方向前进。"具体而言，我们要"想清楚""精准"教学目标关涉的三个核心问题：一是多元目标中的关键目标，二是阅读、采访和写作的关键活动，三是消息、特写和通讯三种体裁的学习安排，究竟是消息、特写、通讯三类文本"一锅烩"好，还是分门别类"各个击破"好，这是研究首先需要界定和澄清的。

（一）信息共生，直击多元化目标的关键

一线教学实践，确定新闻"活动·探究"的教学目标，常会出现多元且不时"旁逸斜出"的目标，如"培养学生必备的新闻素养""提高活动指导的专业性和针对性""揣摩作者的态度和倾向""把握课文的新闻要素，理清写作思路，品味语言，欣赏新闻写作的艺术"。语文教师用书，对新闻"活动·探究"单元需要掌握的四部分知识，进行了明确界定："新闻的本质属性、新闻要素、

① 陈梦影. 统编本初中语文"活动·探究"单元教学调查研究报告——以八年级上册新闻单元为例［D］. 乌鲁木齐：新疆师范大学，2020：2.
② 刘佳慧. 统编版初中语文教材中"活动·探究"单元教学现状及策略研究［D］. 太原：山西师范大学，2020：1.
③ 格兰特·维金斯，杰伊·麦克泰格. 追求理解的学设计（第二版）［M］. 上海：华东师范大学出版社，2021.

常见的新闻体裁及其主要特点、消息的基本结构及各部分的特点。"这四部分知识的界定，都源于新闻文本"快速准确地将信息传递给具有一般文化水平的受众"的本质属性。因此，"新闻阅读""新闻采访""新闻写作"这三个活动，都要聚焦到"快速准确地传递信息"的本质属性上来。换句话说，三个活动都要聚焦思考两个核心问题：快速准确地传递，什么信息，怎样快速准确地传递这个信息的。不论是消息的阅读、采访和写作，还是特写和通讯的阅读、采访和写作，都需要高度聚焦和回答新闻信息的"是什么"和"怎么组织"这两个核心而且关键的问题。"逆向设计要求我们在开始设计一个单元或课程的时候，要通过评估证据将内容标准或学习目标具体化"，在多元化目标中确定"新闻信息要素"和"信息组织形式"两个关键性目标，就可以精准界定评估证据，将学习目标具体化，提升评价针对性。

（二）问题共生，直击读采写活动的关键

新闻"活动·探究"单元设计了"新闻阅读""新闻采访""新闻写作"三个具有结构化特征的活动。三个结构化活动，最具有统领作用的是哪个活动？无疑是"新闻写作"，因为"新闻写作"涉及"写什么"和"怎么写"两个核心问题，"写什么"要解决文本的内容，需要通过"新闻采访"予以支撑；"怎么写"涉及文本形式，恰是"新闻阅读"要完成的任务。据此，我们可以非常明晰地厘清"新闻阅读""新闻采访""新闻写作"三者的"三位一体"关系："新闻阅读"要聚焦新闻要素和新闻形式的关键点，"新闻阅读"的内容关键点决定了"新闻采访"的内容，"新闻阅读"澄清的新闻形式，为"新闻写作"提供了文本形式支架。将读采写活动的关键聚焦于"新闻写作"，以语言的实践运用"倒逼"新闻阅读和新闻采访的聚焦，非常契合"活动·探究"单元"从阅读向写作迁移，为了表达而阅读，为了输出而输入"的特征。

（三）思维共生，精准三类文本的关键处理

新闻"活动·探究"单元主要有"消息""特写""通讯"三类叙述性文本，统编语文教材提供的"新闻阅读策略"是"在比较中了解不同新闻体裁的特点"，在教师用书的"编写意图"部分，明确阐释了新闻阅读的设计意图："通过阅读课文等材料，掌握基础知识；通过横向对比，了解常见新闻体裁的

特点，为整个单元的学习做准备，打基础。"①"打基础"的具体指标教师用书也用表格形式从"时效性""报道对象""篇幅""表达方式"等维度给予了具体呈现。对此，我们有两个问题需要追问：一是"打基础"的知识，对于解决真实的新闻采访和新闻写作究竟有多大价值；二是以上几个维度，是否回答了"新闻信息要素"和"信息组织形式"的本质性问题？我们继续追问：究竟是一开始就把整个单元各类文本"一锅烩"地阅读好呢，还是将消息、特写、通讯，分类别、分阶段地以群文阅读的方式澄清"新闻信息要素"和"信息组织形式"的本质性问题好呢？我们通过大量实践证明，分阶段、分门别类学习更好，更符合初中生认知特点。更为重要的是，围绕"新闻信息要素"和"信息组织形式"的新闻本质属性分门别类展开"新闻阅读"，更容易将"新闻阅读""新闻采访""新闻写作"的知识一体化贯通，从而走向知识的结构化建构，"新闻阅读"走向形式的教学实践，可以为"新闻采访""新闻写作"提供策略性、程序化的知识支架。

二、共生"精准"的学科知识

"新闻阅读""新闻采访""新闻写作"的结构化活动突破口在"新闻写作"，"新闻写作"的关键在厘清"新闻信息要素"和"要素组织形式"，这为提炼"精准"的新闻知识提供了清晰而精准的思路。厘清思路，进而努力寻找阅读、采访、写作的一体化知识，从而走向阅读、采访、写作知识的一致性，在共生中建构结构化核心知识。

（一）新闻写作的核心知识

消息作为"及时报道新近发生的新闻事实"的一种叙述性文本，消息的信息要素是记叙的六要素。而组织消息六要素的结构，采用的是"标题、导语、主体、背景、结语"的信息逐层衰减的"倒金字塔结构"。

新闻特写的内容要素是"新闻瞬间"，而表现"新闻瞬间"主要用的是"慢镜头切分，文学性再现"的写作策略，即把新闻瞬间切分成几个慢镜头，每个慢镜头再用文学性的方法叙写。

通讯聚焦新闻事件或人物，用文学性的方法，综合运用多种表达方式，详细地报道新闻事件和人物，展现人物的精神，是"详写的消息"。

---

① 课程教材研究所. 义务教育教科书教师教学用书语文八年级上册［M］. 北京：人民教育出版社，2021.

对于新闻评论，我们在教学时，将其整合到议论性文本教学中去，本单元教学只聚焦于消息、特写和通信等叙事性新闻文本，见表6-17。

表6-17　叙述性新闻文本的写作知识

新闻体裁	新闻信息要素	信息组织形式
消息	新闻六要素	标题、导语、主体、背景、结语的倒金字塔结构
特写	新闻瞬间	慢镜头切分，文学性还原
通讯	事件与人物	详写真实典型事件，运用多种表达方式刻画新闻人物，展现人物精神

（二）读采写的一体化知识

围绕"新闻信息要素"和"要素组织形式"拣择的"精准"新闻知识，可以为我们提供建构新闻阅读采访写作"一体化""结构化"知识的机会。

例如，对于消息的学习，阅读消息的策略是获得新闻的相关信息，怎样把握信息，可以依据消息的结构获得；采访获取消息的新闻素材，诸如拟制"采访提纲"之类，因有固定模式，可以直接借用复制。采访问题的设计是难点。怎样设计采访问题，重在理清新闻事件发生的时间、地点、人物、事件及相关背景；写新闻，是按照"倒金字塔结构"，分别写出标题、导语、主体、背景及结语，而判断写得好不好的评价证据是"精准"的新闻知识，即要素清晰，结构合理，见表6-18。

表6-18　新闻读采写一体化结构化知识

新闻体裁	阅读策略	采访问题拟制发散点	写作评价标准
消息	通过浏览标题、导语、主体等获得新闻信息	消息六要素及新闻背景	标题简明醒目吸引人；导语要素完备，重点突出；主体背景原因经过结果详略得当
特写	把握新闻瞬间的切分片段，获取信息，感受鉴赏	新闻瞬间的发生发展片段	瞬间撷取精当，片段切分合理，文学方法手段多样，表现生动
通讯	把握新闻事件，领会人物精神	新闻事件发生的过程，新闻人物精神的各个方面	事件真实典型，人物精神凸显，文学性方法丰富多样，生动传神

（三）新闻单元语文大概念

新闻文本"快速准确地将信息传递给具有一般文化水平的受众"的本质属

性，决定了"新闻信息要素"和"要素组织形式"的"精准知识"走向。"精准知识"在消息文本体现为"新闻六要素＋结构五部分"，在特写文本体现为"瞬间要素＋切分片段与文学手法"，在通讯文本体现为"事件人物要素＋真实性描写性典型化细节化等文学手法"。这三类的语文知识，可以归纳到"信息传播的要素＋手法"里，由此就生成了"信息传播的针对性"这样一个具有高度概括性和迁移性的语文大概念。"信息传播的针对性"作为大概念，不仅可以概括新闻评论、演讲稿等议论性实用文本，还可以迁移运用到说明性文本及非连续文本中，用"信息传播的针对性"大概念统领，学习信息性文本的目标、知识、活动，就可以表现一致性、结构化的建构。

三、共生"精准"的学习活动

下面仅以"消息"的活动设计为例，展现活动性、探究性、结构化的"精准"方案设计。

（活动一）"人传消息"，体验"导语"长什么样

1. 摘录一则新近发生的新闻事件的消息导语，或改写课文导语做模板。
2. 交代"人传消息"规则，组织"人传消息"游戏。
（1）组队：3人一组自由配对，消息口头接力，全班组建4组。
（2）传真：每组第一人两分钟速记消息，口头传递第二人，第二人口头传递第三人，第三人在黑板上板书所得到的消息。
（3）评价：4组对决，以传递消息的要素完整性为评价标准。
3. 获胜团队分享体验，大家总结"人传消息"的秘诀，体验消息导语的要素：时间、地点、人物、事件起因、经过、结果。
4. 课后练习
（1）为今日的"人传消息"写一则消息"导语"。
（2）自读消息群文《消息两则》《首届诺贝尔奖颁发》《中英香港政权交接仪式在港隆重举行》《飞天英雄凯旋》，勾画消息"导语"，圈点导语六要素。
（3）自主阅读消息群文，概要消息每段内容，探究消息的基本结构。

（活动二）群文探究，体验"消息"长什么样

1. 自读群文《消息两则》《首届诺贝尔奖颁发》《中英香港政权交接仪式在港隆重举行》《飞天英雄凯旋》，辨识"导语"，勾画消息导语的要素。
2. 阅读《中英香港政权交接仪式在港隆重举行》，用关键词句梳理段落或

者部分的内容并交流。

3. 质疑

有同学发现，该篇消息写得重复啰嗦且前后错乱——开篇交代仪式举行，接着浓墨重彩教学交接仪式那一刻，倒回去交代交接前的事情之后，再次写仪式神圣时刻。你同意同学的意见吗？

"错乱"案例：行使主权—仪式隆重举行—交接仪式那一刻—交接前—仪式神圣时刻及结束—参与相关人员。

4. 印证

阅读《飞天英雄凯旋》——阅读概括：用关键词梳理段落或者部分的内容；反思印证：《飞天英雄凯旋》是否还是写得错乱？

"错乱"印证：神舟飞回，航天成功—指令返回—成功着陆—飞船发射探索—航天成功意义。

5. 探究

这种"错乱"背后是否隐藏有"消息"写作的一般规律？如果有，请探究总结消息行文上的规律。

6. "错乱"秘密

总是把最核心的事实放在最前面，高度概括成为消息导语；接下来具体展开核心事件，形成消息主体；除了交代核心事实外，还常有背景的交代，甚至在最后来一个总结作为结束语。

7. 小结

消息"长相"
（以实用叙事性作品为例）

标题——核心人事
导语——核心要素
主体——核心事件
背景
结语

8. 验证阅读

对《消息两则》《首届诺贝尔奖颁发》两文析标题，圈导语，解主体，找背景，觅结语。理解消息行文的倒金字塔（信息递减）结构特点。

9. 总结

消息读采写一体化知识
读标题—核心人事（采）—拟标题

读导语—核心要素—写导语

读主体—核心事件—写主体

品语言—准确简明—有风格

10. 课后练习（二选一）

（1）为昨日的"人传消息学习活动"写一则消息。（2）根据消息稿《盛典祭先烈 阅兵示和平》素材，自拟题目，自选角度，写一则 500 字左右的消息。

（活动三）人传导语，写作游戏长出消息

1. 活动热身

请把《有趣的作文》传递下去。

何为传递？

百度词典：递过去，辗转递送。

汉语词典：由一方交给另一方；辗转递送。

传递新闻

规则：

组队：3 人一组，全班 4 组新闻口头接力；

传递：第一人 2 分钟速记新闻，口头传递第二人，第二人口头传递第三人，第三人板书新闻于黑板，6 分钟完成；

评价：PK4 组，以传递新闻的完整性为评价标准，冠军奖励书两本，亚军奖励书 1 本。

模特新闻：9 月 6 日开学第一天，11 班语文课玩起了口头传递"抗战胜利 70 周年纪念大会盛大阅兵"的新闻比赛，张宸菲组脱颖而出夺得头名。

传递评定

评分标准

导语"五要素"完整

——时间、地点、人物、事件、结果

2. 知识热身

交代课题

游戏体验导语，袖珍生活增肥——学习写消息。

消息结构

消息是典型的"倒金字塔结构"，即标题高度概括核心事件，导语高度概括核心事实，主体用充足事实对导语扩展阐释。背景和结语可以暗含在主体中。

3. 学写消息

（1）拟写标题。

写作任务：

根据刚才经历的"新闻传递"活动，准备拟写一个消息标题。

标题范本：

人民解放军百万大军横渡长江

天安门广场举行盛大阅兵仪式，习近平发表重要讲话并检阅受阅部队

盛典祭先烈，阅兵示和平

全国重点网络媒体记者重庆行 第三日走进重庆市大坪中学

丰富特长活动锻炼"软实力"，网媒记者点赞重庆教育

课堂教学共生化，大坪中学成山城教育"星"名片

重庆打造完整优质教育链条

写作活动：

请根据刚才经历的"新闻传递"活动，抓住你感受最深的方面，拟写一个吸引人眼球的消息标题。

教师下水：

游戏进课堂，导语变了样（核心事件）

传递"变形"，"会学"才是王道（事件+结语）

玩游戏学写新闻（核心事件）

游戏体验"导语"，"拙妇"有米可炊（事件+结语）

特教特招，新闻新学（背景+事件）

（2）写作导语。

媒体示范：

丰富特长活动锻炼"软实力"，网媒记者点赞重庆教育

大坪网 9 月 16 日 19 时 40 分讯（记者童童）普及啦啦操、人人会竖笛、个个会足球、周周有活动、月月有聚焦、期期有成果，大坪中学以丰富的特长活动锤炼"软实力"，得到"网络媒体记者重庆行"采访团的肯定和点赞。

重庆打造完整优质教育链条

渝中网（记者晓静报道）9 月 16 日，"网络媒体记者重庆行"走入重庆市大坪中学，大坪中学以丰富的足球特长活动课程赢得众多学子的喜爱。

写作导语：

根据今天的"传递新闻"活动，请紧扣你拟写的标题要点，依据导语要求扩展成"五要素"齐全的一段导语。

课堂交流分享：

教师下水

特教特招，"高大上"秒变"小儿科"

①9月21日下午，②重庆市特级教师李永红走进③重庆市大坪中学八年级4班，以"生活化作文"的特有方式，组织4个小组12位同学④参与体验"新闻传递"的游戏活动，并以此游戏体验活动为新闻素材学习新闻写作，⑤既解决了无米之炊之难，也让孩子们切身感悟到原来像消息这样的"高大上"的记者写作不神秘，其实就一"小儿科"。

审查补足导语"五要素"。

（3）写作主体。

主体是消息的躯干，它用充足的事实表现主题，是对导语内容的进一步扩展和阐释，交代起因经过结果，重点突出事情经过。

课文《人民解放军百万大军横渡长江》的主题：英勇无敌。展开：中路军、西路军、东路军。背景：和平无望、国军泄气。《中原我军解放南阳》主体展开重点在背景分析。

教师下水

特教特招，"高大上"蜕变"小儿科"

9月21日下午，特级教师李永红走进重庆市大坪中学八年级4班，以"生活化作文"特有的"玩"的方式，组织4个小组12位同学参与体验"新闻传递"的游戏活动，并以此游戏体验活动为新闻素材学习消息写作，既解决了"无米之炊"之难，也让孩子们切身感悟到原来像消息这样的"高大上"的记者写作不神秘，其实就一"小儿科"。

"学习写消息"是2016年统编版教材"新闻活动探究"单元的学习内容，对大多数教师而言，写作消息也是一个"新活"。9月21日下午，大坪中学全体语文老师，齐聚4班教室，观摩特级教师李永红老师的一堂教研课。李老师的开课从"传递"一词入手，从传递一本书过渡到传递"新闻"。口头传递"新闻"，可谓精心设计，一方面可以考查同学运用"导语知识"解决生活实际问题的能力，同时又为"写作消息"解决了写作素材的问题，可谓一箭双雕。更为巧妙的是，本次传递的新闻，说的就是开学时11班"口传新闻"的生活，这样的新闻模特本身就是写作导语的示范。"游戏体验导语"活动结束后，展开"新闻写作"这一教学重点。李老师运用其"袖珍生活增肥"的写作原理，奏出了新闻写作"三步曲"。第一步，在充分示范标题的种种写法后，让学生根据自己理解，自拟一个标题高度概括新闻事实；第二步，扩展标题，写出含有"五要素"的导语；第三步，用充足的事实对导语进一步扩展和阐释，重点突出事情经过。

李老师的生活化作文教学倡导"写什么"和"怎样写"并重，并以解决"写什么"为前提。他设计的"口传新闻"解决了"写什么"，他大量的教材资源整合和"下水片段"，以形象化手段为学生提供了"怎么写"的借鉴，形成了课堂"共生"的氛围，充分实践了他"在写作实践中学习写作"的作文教学理念。

（4）课堂小结。

新闻写作妙招：

聚核心事拟一标题；明五要素扩一导语；详叙经过写一主体；背景结语灵活史待。

（活动四）人传导语，共生全写作课程

拟写规则

其他班老师和同学好奇班级的"新闻传真"游戏，他们想请你把这个游戏介绍给他们。请你以培训师的身份写一则"新闻传真"的游戏规则，把这个游戏介绍给感兴趣的老师和班级。

真实叙事

《桂花苑》主编想和你约稿，请你描述班级"新闻传真"的游戏过程，和大家分享。希望你能运用生动的描写，让阅读的人产生身临其境的感觉。

解释说明

不论是"动作传真"或是"语言传真"，不可避免会出现动作和语言的"失真"现象。为什么会"失真"？这里面有没有规律可循？对此现象能不能做出科学解释？请查找资料，对此现象进行合理解释。

研究报告

对同学们参与不热情的现象，请设计调查问卷或进行访谈，了解同学们的想法，写一个报告给语文老师，为语文老师今后组织活动提供参考。

说理说服

开学第一课，在"传真新闻"的游戏时，同学们极不情愿参与，他们害怕自己记不住新闻而遭同学嘲笑。请你写一篇文章来说服大家，希望大家积极参与到游戏活动中来。说服时要观点鲜明，有理有据，能够激发大家参与的积极性。

（重庆市渝中区教师进修学院初中语文教研员　李永红）

高中物理共生课堂的教学策略与实践案例
——以 "超重与失重" 教学为例

在物理共生课堂实践建构中，我们以共生课堂核心理念"共生是统整的'共'，互动的'生'，以及深度的'共生'"为导引，围绕"目标可视化、内容统整、共生关系、真实学习和学习评价"关键节点展开持续的实践探索。物理共生课堂强调学习共同体基于共同愿景及发展目标，通过建立彼此欣赏与支持的情感链，对话与解惑的认知链，共作与互帮的行为链，在情感共鸣、智慧共享、互助共生的学习场域中发展物理核心素养，实现课程育人，如图 6－19 所示。

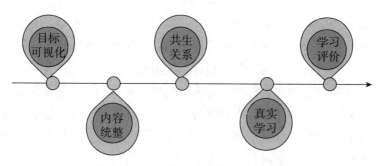

图 6－19　物理共生课堂建构关键节点

下面以高中物理必修一第四章"超重与失重"教学分析为例，根据课标要求，以核心问题为驱动，构建学习目标、任务、活动及评价，从问题出发展开求真启智悟美育德的探求过程，探讨物理共生课堂的实践路径。

一、凝练核心问题

面临问题时，人的思维才会启动。用问题引爆思维，可以通过有效问题，引导学生层层推进，把观察、推理、想象结合起来，在问题互动中质疑解惑。

要达成"超重与失重"课程标准要求，需要解决如图 6－20 所示的三个关键问题：一是如何将课程标准细化为可观察、可检测、可解释的学习目标，即确立可视化学习目标；二是如何判断学习目标是否达成，即设计评价任务，及时诊断反馈，调整教学策略；三是如何以目标为导向，结合要达成目标的学习任务，规划学习过程。

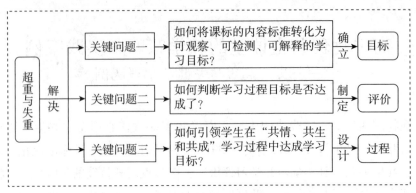

图 6—20　超重与失重着力解决的三个问题

二、目标可视化表征

教学的出发点与归宿是目标，目标决定着学习内容、学习方式、学习评价的选择，指向核心素养的教学目标是提升教学成效的关键要素。为了让物理学科核心素养目标可视化，依据目标设计学习活动和学习评价任务，将评价任务嵌套在学习全程进行评价与反馈，用目标统领教学发生的全过程。

首先需要将课标的内容标准转化为可观察、可检测、可解释的校本化素养目标。通过对"超重和失重"内容解析，确定本课题教学任务是解决好三个问题：什么是超重失重？在什么情况下出现超重失重？造成超重失重原因是什么？依据教学任务确定学习目标见表 6—21。

表 6—21　超重与失重课程标准校本化

课程标准	通过实验，认识超重和失重现象
学习目标	1. 通过超重失重现象观察比较，正确区分超重与失重现象 2. 通过竖直方向变速运动中视重变化与速度、加速度关系的比较，归纳出发生超重与失重的条件 3. 通过受力分析并建立动力学方程，解释发生超重失重的原因 4. 通过实验探究与理论推导的过程，体会实验归纳与理论推理方法意义

作为教学设计和评价依据的教学目标是以"外显行为"为主要特征。但内容标准的行为目标描述比较模糊和笼统，需要教师依据教材和学情对目标达成的结果表现和实现条件显化表征。

三、内容关联统整

要将课时内容与单元学习建立关联，要围绕单元主线将各课时内容进行统整，实现意义关联，教学内容的设计以核心素养为纲。"超重与失重"是"运动与力"单元下的主题内容，融入大概念、大任务"运动与相互作用观"，可以使本课时与单元学习内容统整与重构，形成彼此关联的有机整体，在持续的学习时空跨度中为运动与相互作用观的达成提供潜在可能。

四、拟定评价任务

教学与评价是一个过程的两个方面，即"一体两面"，教学过程亦是评价过程，评价任务亦是学习任务。教学设计时依据目标编制的评价任务，适时嵌入学习过程，诊断所学，改进所教，让学生有更好的学习表现，目标、学习、评价相互关联一体化，从而确保教学有效。课堂评价不仅是"判断学习的评价"，更是"促进学习的评价"。

评价设计的目的是判断学习目标是否达成。将"评价"贯穿学习的始末，可以引领学生在情感共鸣、智慧共享、互助共生的学习过程需要制定清晰的评价任务，获取反馈信息研判学情，以判断学习目标是否实现及实现到了什么程度，体现"教学、学习、评价"相互关联的一体化思想，确保教学不偏离素养目标的方向。

依据学习目标拟定评价任务。学习目标是描述学习后发生的变化，是对学生发展的期望。而评价任务旨在做什么、怎么做中收集学生典型表现。"超重与失重"的学习目标与评价任务对应见表 6−22。

表 6−22 "超重与失重"学习目标与评价任务

学习目标	评价任务
1. 通过超重失重现象观察比较，正确区分超重与失重现象	什么是超重失重？
2. 通过竖直方向变速运动中视重变化与速度、加速度的比较，归纳出发生超重与失重的条件	在什么情况下出现超重失重？
3. 通过受力分析并建立动力学方程，解释发生超重失重的原因 4. 通过实验探究与理论推导的过程，体会实验归纳与理论推理方法意义	造成超重失重现象的原因是什么？

明确总体评价任务后，还需要将评价任务落细为不同层次的评价任务，依据分解的学习目标制定不同层次过程性评价任务，嵌入学习过程中诊断学生目标达成情况。表 6−23 是以超重与失重的学习目标 2 为例，设计不同认知层次的评价任务。

表6-23　针对超重与失重目标的评价任务

任务水平层次	具体评价任务
了解水平 （了解水平：再认或回忆知识；识别、辨认事实或证据；举出例子；描述对象的基本特征等）	在利用健康秤研究超重失重时，人下蹲和站起过程分别做了向上和向下运动。判断下列说法正确的是（　　） A. 向上一直做加速运动，向下一直做减速运动 B. 向上运动发生超重，向下运动发生失重 C. 发生超重失重与运动方向有关 D. 发生超重失重与运动方向无关
理解水平 （把握内在逻辑联系；与已有知识建立联系；进行解释、推断、区分、扩展；提供证据；收集、整理信息等）	比较发生超重与失重现象运动过程，小组合作探索物体运动速度、加速度与发生超重失重间的关系，找出在什么情况下发生超重？什么情况下发生失重？
应用水平 （在新的情境中使用抽象的概念、原则；进行总结、推广；建立不同情境下的合理联系等）	例1. 将一个侧壁开孔喷着水的瓶子，放手让其做自由落体运动穿过纸筒。发现水瓶喷出的水没有喷在纸筒上。试着解释其原因。 例2. 给你电子秤和物品，设计在电梯中研究发生超（失）重条件实验方案。 例3. 如图所示，物体 m 放在升降机中的斜面上，当升降机竖直向上由匀速运动变为作匀加速运动时以下说法正确的是（　　） A. 斜面对物体的支持力增大 B. 物体 m 所受的合力不变 C. 物体 m 所受重力增加 D. 物体 m 所受摩擦力将减小

教学即评价，评价任务也是学习任务。在学习活动中嵌入评价任务，既是目标达成的依据，又是教学设计的基础。评价任务可以实现任务驱动学习、标定学习程度、及时修正教学。"评价任务"包括用于嵌入学习过程的评价任务，以及本课结束后整体评价任务，用以标定课时层面学习目标的达成情况。根据学习目标、学习内容和学情设计学习活动，以达到教学—目标—评价一致性，作用于学习的主体，真正受益于学生，服务于教学。

五、构建共生场域

课堂是人与情境的互联，其核心要素是"人"。具体社会情境是建构学习的条件，合作交流是建构学习中不可忽视的内在因素。课堂讨论、交流等社会互动能增加学生对问题的理解，通过对话促进高阶思维发生。教师通过科学分组、职责到位、现场调控、激励创优等合作学习有效发生。当下合作学习存在的弊端是合作之前不思、交流之时不听、放手合作不引导所致，进而导致合作学习低效。合作学习是基于学习困惑且有探讨空间，基于个人思考为前提，基于小组成员都介入并获得各自的进步而展开的对话、讨论和互助，实现团队共生。

坚守"顺应本能，挖掘潜能，激活可能"的人本理念，即尊重学生身心发展规律顺势而为；深信每一位学生的潜能是无限的，关键在如何激发；学生个性丰富多样，需给足他们自我发展的空间，使他们在合作交往中实现共同成长。用充满思辨智慧的语言与学生进行相互交流，用引人入胜的实践活动引领学生进行科学的探究，在快乐的氛围中，让学生获取系统的、活生生的知识，增长才干，让课堂成为思想、意识、精神气质等方面的共鸣与协同的学习场域，在彼此交往中吸纳新思想、新观念，不断吐故纳新。

六、规划学习过程

共生课堂的学习，强调基于真实的情境下的持续性学习，为核心素养达成提供保障。共生课堂的学习是将传统的围绕知识展开的教学转变为以知识为脉络，用情境加问题串，引领学生在解决真实情境问题中高阶思维发生与情感的深度共鸣，通过设计与学生有意义关联的情境、任务、活动，让学生亲历知识的原发生过程，形成把所学知识迁移到实际的问题情境中解决真实问题的能力。

为素养而教，核心素养作为教学的根本目标。因此达成学习目标的过程，是学生亲历指向素养目标的学习活动过程，而学习目标决定学习内容、学习方式和学习评价的选择，基于学习目标从驱动问题、任务情境、学习活动和学习评价相互关联的要素进行统整设计，构建基于素养目标、学习深度发生的逻辑闭环。"超重与失重"学习过程设计见表6-24。

表6-24　超重与失重学习过程规划

驱动问题 （隐藏目标）	任务情境 （情境与任务）	学习活动 （基于任务学习过程）	学习评价 （嵌入学习过程）
什么是超重和失重	任务一：通过观察熟悉现象比较认识"超重"与"失重"联系与区别，明白超重与失重概念	活动1：情境感知，引发疑问 将一个侧壁开孔喷着水的瓶子，放手让其做自由落体运动穿过裹着的纸筒，然后展开纸筒观察是否有水迹 活动2：实验观察，对比分析 教师演示：用纸带挂上钩码，然后迅速上提。 学生观察现象并思考：纸带断了。纸带既然能够承受钩码的重力，怎么会断呢？ 学生操作：再用弹簧测力计吊着钩码加速提升观察读数，在对比分析中认识"超重"与"失重"的区别，进而明白什么是超重与失重	1. "超重"含义？能否从"超重""失重"现象中试着给超重与失重下定义？
什么情况下出现超重与失重	任务二：通过称体重等实验探究发生超重与失重的条件，并体会建模及研究过程和方法	活动1：现象观察，明辨事实 教师请一位同学站在健康秤上，让学生观察下蹲和站起过程中秤的示数如何变化，并描述观察到的实验现象。（有条件可用传感器配图像显示变化过程） 活动2：寻找特点，构建模型 结合称体重实验的体验和观察到的现象，思考并回答以下问题： 1. 人在上升（或下降）过程中失重发生变化？ 2. 人在上升（或下降）过程可以分为哪两个运动阶段？ 3. 比较超重与失重现象所对应的运动特点有什么不同？	2. 在利用健康秤研究超重失重时，人下蹲和站起过程分别做了向上和向下运动。判断下列说法正确的是（　　） A. 向上一直做加速运动，向下一直做减速运动 B. 向上运动发生超重，向下运动发生失重 C. 发生超重失重与运动方向有关 D. 发生超重失重与运动方向无关

续表

驱动问题 （隐藏目标）	任务情境 （情境与任务）	学习活动 （基于任务学习过程）	学习评价 （嵌入学习过程）
		活动 3：交流分享，总结规律 各小组代表围绕运动的过程特征、发生超重失重条件和判断超重失重依据等交流小组探索的结果，交流后达成共识 1. 过程特征：物体上升过程可分为两个阶段：加速上升、减速上升；物体下降过程也可以分为两个阶段：加速下降、减速下降 2. 发生条件：当物体加速上升和减速下降时会出现超重现象；当物体加速下降和减速上升时会出现失重现象 3. 判断依据：出现超重现象时加速度方向向上，出现失重现象时加速度方向向下	3. 说一说：在什么情况下发生超重？什么情况下发生失重？举出两个以上例子 4. 试着用超重失重发生条件解释课前"喷水瓶自由穿过纸筒"实验现象发生的原因
		活动 4：归纳梳理，总结提升 用简图对超重失重过程做概括梳理 	
为什么出现超重失重	任务三：运用所学知识解释发生超重和失重原因，并体会事实归纳与演绎推理相结合的学科思维方式	活动：运用规律，推演释疑 学生独立完成：对发生超重失重现象中的物体进行受力分析，运用牛顿第二定律和牛顿第三定律分别写出超重与失重的动力学方程，解释其意义 教师巡回指导答疑，收集学生作品，展示评价	5. 学生呈现自己的推演过程及表达式
反思总结 （所获所感）	说明：此环节主要由学生自己回顾总结，必要时老师可通过引导性问题启发		

续表

驱动问题 （隐藏目标）	任务情境 （情境与任务）	学习活动 （基于任务学习过程）	学习评价 （嵌入学习过程）
学习评价 （练习与 诊断）	1. 使用电子秤和物品，设计在电梯中研究发生超重与失重条件的实验方案。 2. 如图所示，物体 m 放在升降机中的斜面上，当升降机竖直向上由匀速运动变为作匀加速运动时，以下说法正确的是（　　） A. 斜面对物体的支持力增大 B. 物体 m 所受的合力不变 C. 物体 m 所受重力增加 D. 物体 m 所受摩擦力将减小 3. 如图所示，运动员吊在空中降落伞上沿竖直方向运动，当物体加速度不为零时，就会出现超重或失重现象。即 a 竖≠0 时，运动员对绳在竖直方向的拉力大小就不等于其自身所受重力大小。请运用所学知识进行论证。 4. 一木块静止漂浮于盛水的杯中，如图所示。现将该水杯放置到升降机平台上，当升降机加速上升过程中，木块浸入水中的体积会发生怎样的变化？给出你的解释。		

　　本课例从设计到实施，首先是拟定素养导向的学习目标，从目标出发设计评价任务，进而规划学习过程，然后在教学发生现场通过真实问题解决，促进知识的理解和迁移，同时将评价任务嵌入其中，让目标、教学、评价协调谐振产生"共鸣"效应，确保教学有效发生。从课堂实施层面看，学生学习目标明确，积极参与学习过程，面对具有挑战性的学习任务，通过主动思考与互助合作达成了学习目标。物理共生课堂教学评一致性构建操作范式如图 6−24 所示。

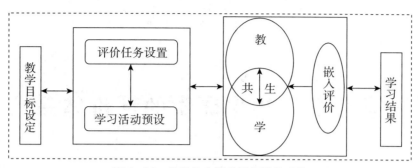

图 6－24　物理共生课堂运行操作系统

（重庆市渝中区教师进修学院中学物理教研员　王安民）

第七章 共生课堂的评价体系

共生课堂作为最基本的教育实践活动，是以课程内容为中介的教师"教"与学生"学"交互作用的动态文化统一体。开展共生课堂评价应对共生课堂教学的育人质量做出总体价值性判断，科学有效地开展共生课堂评价，不仅能深层次促进课堂教学立德树人的有效落实，也将直接影响课堂评价整体改革的进程与成效。

第一节 共生课堂的评价理念

自党的十八大以来，"把立德树人作为教育的根本任务"已成为全体教育人必须遵循的教育旨归，而如何落实立德树人根本任务，2019 年的两个重磅文件《关于新时代推进普通高中育人方式改革的指导意见》《关于深化教育教学改革全面提高义务教育质量的意见》分别对普通高中和义务教育改革做出了清晰的布局与规划。在此之前，2017 年底修订的高中新课标凝练出了学科核心素养，在这样的背景下，如何在课堂教学中落实学科核心素养的培养成为研究热点。"共生课堂"的提出正是抓住课堂这一主阵地，旨在联合区域研训机构与中小学校的力量，共同探索教学质量提升的有效路径，而如何判断"共生课堂"实践的有效性和科学性，有赖于评价体系的介入。随着时代的发展，教育评价的理念发生了较大的变化，不再囿于优劣选拔的导向，不再是单一的主体，也不再是简单的结果评价。2020 年，中共中央、国务院印发《深化新时代教育评价改革总体方案》，明确提出要"充分发挥教育评价的指挥棒作用""坚持科学有效，改进结果评价，强化过程评价，探索增值评价，健全综合评价，充分利用信息技术，提高教育评价的科学性、专业性、客观性。"基于此，共生课堂的评价理念遵循促进发展的原则，聚焦多元评价，立足共生课堂核心要素，探索科学有效的评价方法，最终指向课堂教学改进和教学质量的提升。

一、教、学、评一致性的课堂评价

共生课堂的评价首先关注课堂教学效果的评价，新时代背景下，课堂教学效果的评价应当坚持素养导向，坚持学科育人方向，真实评价学科核心素养在课堂教学中的落实情况和学生的发展情况。如何精准实现这一目标，共生课堂的评价着力于实现"教、学、评"的一致性。

（一）"教、学、评"一致性的内涵

1. 国内"教、学、评一致性"研究的主流趋势

国内关于"教、学、评一致性"的研究主要集中在近十年的时间里。其中最为突出的是以华东师范大学崔允漷教授为代表的专家及学者对"教、学、评一致性"的探索与实践。总体而言，国内的相关研究主要受到美国关于课程一致性的研究以及"基于课程标准"的基础教育课程改革的启发和影响。崔允漷、夏雪梅在厘清课程视域的专业化诉求基础上，分析了"教、学、评一致性"的含义，明确了"教、学、评一致性"的前提是清晰的目标，指向的是有效教学，重点讨论教师在课堂教学中的"教、学、评一致性"以及实现的关键要素。[①] 崔允漷、雷浩从理论分析视角提出教、学、评一致性的三因素结构模型，由目标导向的学、教一致性，教、评一致性和评、学一致性三个因素组成，详细分析了三个因素的内涵以及相互之间的关系，并通过实证研究对三因素理论模型进行了检验。[②] 这些理论分析为"教、学、评一致性"在国内的推行奠定了基础。自 2017 年我国发布新修订的高中新课标以来，各学科凝练出的学科核心素养成为教育各界关注的焦点，如何在课堂中落实学科核心素养也成为研究的热门，因此"教、学、评一致性"的目标明确指向学科核心素养，在此背景下，各学科围绕学科核心素养的"教－学－评一致性"展开了积极的实践探索，尤其以化学学科为代表，其不仅结合学科深入分析了"教、学、评一致性"的理念与内涵，还形成了诸多操作层面的范式与案例。刘江田基于化学核心素养构建了"教、学、评"一体化的实践模型，并提出了基于化学核心素养的"教、学、评"一体化课程实施方案。[③] 王云生不仅阐述了课堂"教、

---

① 崔允漷，夏雪梅. "教－学－评一致性"：意义与含义 [J]. 中小学管理，2013（1）：1－6.

② 崔允漷，雷浩. 教－学－评一致性三因素理论模型的建构 [J]. 华东师范大学学报（教育科学版），2015（4）：15－17.

③ 刘江田. 基于化学核心素养的"教、学、评"一体化实践模型建构 [J]. 江苏教育，2019（19）：7－10.

学、评"一体化的内涵,还以化学学科为例提出了设计组织"教、学、评"一体化需要在课堂教学实践中探索的若干问题。① 综上,国内关于"教、学、评一致性"的研究既有理论的解析,又有实践的尝试,这为"共生课堂"的评价奠定了基础。

2."教、学、评一致性"的概念解析

对"教、学、评一致性"的理解首先要明晰四个关键词:"一致性""教""学""评"的含义。

教育领域关于"一致性"的研究早在二十世纪七八十年代已有国外研究者进行了探讨。最早是对教学一致性和课程一致性进行了分析,已涉及教学设计、教学结果、考试、课程等因素的匹配程度。随着一致性研究的不断深入,美国著名课程专家诺曼,L.韦伯(Norman L. Webb)成为最具代表性的人物,他认为"一致性"是指"两个或两个以上事物之间的吻合程度,即事物各个部分或元素的融合,且形成一个和谐的整体"。② 还提出了复杂的分析框架,针对内容重点(content focus)这一层面从内容领域一致性(categorical concurrence)、知识深度一致性(depth of knowledge consistency)、知识广度一致性(range of knowledge consistency)、分布平衡性(balance of representation)四个维度展开了分析。③ 同时运用研究成果先后在美国多个州开展了"学业评价-课程标准"一致性研究。韦伯对一致性的界定和解析成了后来许多国内外研究者们开展"一致性"研究的基础。当然,韦伯的研究主要从课程的角度出发,围绕课程、教学、评价等要素之间的一致性展开。以崔允漷教授为代表的专家及学者主要聚焦课堂教学,也就是课程内部要素之间的一致性,结合韦伯等人对一致性的理解,将"教、学、评一致性"定义为在整个课堂教学系统中教师的教、学生的学和对学生学习的评价三个因素的协调配合的程度。本研究也将立足于这一界定开展深入探索。

综上所述,"教、学、评一致性"的"教"是指教师的教,具体而言是指教师基于教学目标或学习目标,设计教学进而指导学生学习的教学活动。"学"是指学生的学,具体而言是指学生在教师的指导下为实现目标而开展的各项学

① 王云生."教、学、评"一体化的内涵与实施的探索[J].化学教学,2019(5):8.

② Webb, N. L. Alignment of science and mathematics standards and assessments in four states [M]. Council of chiefstares school officers. Washington,DC:National Institute for Science Education (NISE) Publications, 1999(18):1—43.

③ 杨玉琴,王祖浩,张新宇.美国课程一致性研究的演进与启示[J].外国教育研究,2012(1):114.

习活动。"评"是指对学生学习的评价，具体而言是指教师和学生对学生学习过程及学习效果的评价。本研究所关注的"教、学、评一致性"是从教师的角度出发，在立足立德树人根本任务，充分理解和发挥学科育人功能的前提下，分析教师的教、学生的学、对学生学习的评价三个因素如何协调一致，实现目标的达成，促进学生素养的生成。

3."教、学、评一致性"的核心表征

基于以上的概念解析以及相关的文献研究，可以得出"教、学、评一致性"的核心表征有"目标导向""评价先行""有效教学"。

"目标导向"意味着目标是"教、学、评"的核心，是导向。任何脱离了目标的"教、学、评一致"都是无价值的，因为目标是判定"教、学、评"是否一致的基本准绳，只有教师的教学、学生的学习、对学生学习的评价都围绕目标展开，才可说是"教、学、评一致"。具体而言，放到整个课堂教学系统中，目标指的是教学目标或学习目标，而教学目标和学习目标又与课程标准紧密关联。从解读课程标准到解读教材为第一重解析。从解读教材到制定单元、课时教学目标为第二重解析。从制定单元、课时教学目标转化成学生学习目标为第三重解析。只有这三重解析沿着一条主线进行，层层分解，才能不偏不倚直指目标。

"评价先行"不是指"教、学、评"三因素中要先进行评价。而是指如何实现教师的教学与对学生学习的评价的一致性，实现所教即所评。这就意味着在明确教学目标或学习目标的基础上，需要将目标转化为可测、可评的内容，进而设计教学，也就是说评价设计先于教学设计，同时评价任务要融于教学过程。"评价先行"以逆向教学设计理论为基础，其关键环节就在于明确目标以后，首先设计能够评判学生学习目标达成程度的评价任务，而后设计教学活动，这样从预期目标的实现效果逆向设计教学活动的开展程序，能够保证目标、教学、评价的一致性。

有效教学在早年国外的研究中主要强调教学效益或效率，这种工具理性尽管有其弊端，但对国内偏重于经验与传统的课堂教学却有较强的启发性。随着近二十年的研究，国内关于"有效教学"的探索与实践丰富了有效教学的内涵与外延。我们强调的教学效益不仅关注教师的教学行为，更关注学生获得的发展。因而，"教、学、评一致性"指向有效教学，在保证一致性的过程中必然涉及标准、行为、方法等工具理性的逻辑。更重要的是关注学生的成长，"教、学、评一致性"的根本目的还在于拥有专业素养的教师通过精准的教学设计和良好的教学行为促进学生的发展。

（二）共生课堂与"教、学、评一致性"

1. 共生课堂与"教、学、评一致性"的价值取向

结合以上对"教、学、评一致性"的概念以及核心表征的解析，本研究所开展的"教、学、评一致性"研究将赋予共生课堂的价值理念。"共生课堂"秉持"让学习深度进行，让师生真正成长"的教学理念，"让学习深度进行"是"共生课堂"的理论基础，"让师生真正成长"是"共生课堂"的价值取向。因此，本研究所开展的"教、学、评一致性"必须遵循素养为本、深度学习、师生共生的理念。

具体而言，首先素养为本意味着"教、学、评一致性"的目标必须指向素养的发展。目前，高中新课标凝练了各个学科的学科核心素养，即将出台的义务教育课程标准也指向核心素养的培养，这是立德树人根本任务落实到学校教育的重要载体，也体现了促进学生全面发展这一根本出发点。因此，"教、学、评一致性"的核心和前提，目标的设置必须围绕学科核心素养进行分解，结合教材解读从学科核心素养的课程目标到单元目标，再到解读课时目标，层层剖析，精准设置教学目标和学习目标，保证目标有清晰的指向。同时，在目标的指引下，教师的教、学生的学、对学生学习的评价这三因素也必须立足于核心素养的培养，将核心素养的课程理念贯彻到各个环节中。

深度学习是共生课堂的核心表征，也是本研究立足课堂教学，应对全面深化课程改革挑战所做出的选择。深度学习最初是相对于"浅层学习"或"机械学习"而提出的。随着国内研究的深入，有专家团队将深度学习作为我国全面深化课程改革、落实核心素养的重要路径，将深度学习定义为"在教师引领下，学生围绕着具有挑战性的学习主题，全身心积极参与、体验成功、获得发展的有意义的学习过程。"[①] 同时，结合实例全面分析了深度学习的特征以及在课堂教学中的实施策略。这些理论成果为共生课堂的研究与实践提供了可操作的指导借鉴。因此，"教、学、评一致性"也将遵循深度学习的理念，改革学习方式，以让学生获得真实的学习和真实的发展。

师生共生是共生课堂的显著特征，也是共生课堂的价值追求。共生课堂的"共生"体现的是一种相互依存，共同成长的关系，因而师生共生就是要建立一种新型的师生关系，这种师生关系体现出教师与学生相互尊重，相互信任，

---

① 刘月霞，郭华. 深度学习：走向核心素养［M］. 北京：教育科学出版社，2018.

民主平等，教学相长。基于这样的理念，"教、学、评一致性"不能以教师为中心，展现教师的权威，不能只注重标准、行为等的一致性以及工具的开发，更重要的是在设计和实施过程中明确教师、学生的角色定位，营造良好的课堂氛围，创新学与教的方式，进而建立独有的课堂文化、班级文化，这样的文化塑造也会进一步促进"教、学、评一致性"的达成。

2. 共生课堂与"教、学、评一致性"的逻辑关系

作为教育评价范式变革中一致性研究的继承与发展，"教、学、评一致性"成为共生课堂评价理念的必然选择。在遵循共生课堂价值理念的基础上，需要厘清"教、学、评一致性"与共生课堂的逻辑关系。本研究所提出的共生课堂，在界定其基本内涵时分析了共生课堂七大构成要素，同时研制出了"共生课堂"教学评价指标框架。这为各学科建构"教、学、评一致性"的分析框架奠定了基础。另外，本研究所倡导的"教、学、评一致性"主要以崔允漷、雷浩建构的教、学、评一致性三因素结构模型为理论依据，充分认可"教、学、评一致性"由目标导向的学、教一致性，教、评一致性和评、学一致性三个因素组成。但共生课堂是以课堂为主阵地，直指教学质量的提升，单凭三因素理论模型，还不足以考察清楚共生课堂中"教、学、评一致性"的程度，还需要结合学科特点，深入到各学科课堂中进行观察，搜集证据。除此之外，本研究站位于区域研训机构，从教研、科研、培训等视角出发，与中小学校形成合力共同探索共生课堂的建构与实施，因而对共生课堂"教、学、评一致性"的考察有赖于研训机构与中小学校教师形成共研、共享、共进的研训共同体，在真实的课堂场域中边研究边实践，边考察边反思，解决真实的课堂教学问题。

（三）"教、学、评一致性"的共生课堂评价

1. "教、学、评一致性"的共生课堂分析维度

从根本上来讲，考察共生课堂的"教、学、评一致性"程度就是在评价共生课堂的实效问题。判定共生课堂"教、学、评一致性"程度，首先需要判定目标的一致性。目标是"教、学、评一致性"的灵魂，从顶层来看，紧扣落实立德树人根本任务，基础教育领域各学段、各学科都已形成课程标准，且全国统一。因此，顶层目标的一致性不做探讨，至少不属于本研究可以探讨的范围，我们需要探讨的是对课程标准的深入解读，如何理解课标提出的具体要求，尤其是对核心素养的分析。其次，从课程标准到教学目标或学习目标，需要保证其一致性，也就是说从课程标准到教材，到单元目标，再到课时目标，

教师如何层层剖析，如何结合学生学情等因素制定具体的教学目标或学习目标，这是第二层分析维度。第三，从教学目标或学习目标到具体的教学活动，要保证其一致性，因而需要教师根据目标设计评价任务，进而设计教学活动，这是第三层分析维度。最后，预设的教学设计落实到课堂中，要保证其一致性，也就是说在实际课堂教学过程中，需要判定教、学、评一致性的程度。综上，"教、学、评一致性"的共生课堂分析维度需要结合共生课堂构成七要素，围绕以上四层分析维度展开，见表7-1。

表7-1 "教、学、评一致性"的共生课堂分析维度

分析维度	分析要素
顶层目标	课程标准、核心素养
具体目标	教学目标或学习目标
教学设计	评价任务及教学活动
教学过程	教、学、评一致性

2. "教、学、评一致性"的共生课堂评价框架

基于以上"教、学、评一致性"的共生课堂分析维度，可以看出对共生课堂"教、学、评一致性"的考察需要保证三个层面的一致性：一是从顶层目标转化为具体目标的一致性，二是从具体目标转化为教学设计的一致性，三是从教学设计落地到教学过程的一致性。同时，融合对共生课堂七大构成要素（素养目标、内容统整、情景创设、自主学习、合作学习、技术整合、以评促教）的考察，形成"教、学、评一致性"的共生课堂评价框架，见表7-2。

表7-2 "教、学、评一致性"的共生课堂评价框架

一致性评价层面	共生课堂要素	操作方法
顶层目标——具体目标	素养目标、内容统整	布卢姆教育目标分类
具体目标——教学设计	情景创设、技术整合、以评促教	逆向教学设计
教学设计——教学过程	自主学习、合作学习	课堂观察、作业等

要评价顶层目标和具体目标的一致性，可以借鉴 Anderson 等人在《布卢姆教育目标分类学修订版》中构建的分析框架，分别从纵向知识维度、横向认知过程维度构建二维矩阵，结合具体的子维度划分以及专业术语的界定，可以判定从课标到教学目标或学习目标的一致性。要评价具体目标和教学设计的一

致性，可基于逆向教学设计理论，围绕预期的目标确立评价证据，从而设计评价任务，进而设计教学活动，这样可以清晰地看到教学目标或学习目标到教学设计的一致脉络。要评价教学设计和教学过程的一致性，主要基于过程性评价、发展性评价的理念，可通过课堂观察、表现性评价、作业、测验等方式评估教学设计落实到教学过程的一致性。

3. "教、学、评一致性"的共生课堂评价策略

从以上评价框架可以提炼出三个关键点：一是目标的设定，二是教学设计，三是教与学的过程。因而，立足于区域教师研训机构的角色定位和职能定位，针对"教、学、评一致性"的共生课堂评价提出如下策略。

第一，树立以学生发展为本的素养目标意识。素养目标是共生课堂的首要构成要素，可见素养生成是目标的核心取向。目前，一线教师经过近几年全面深化基础教育课程改革的浸润，对核心素养的理念及内涵已比较了解，但如何在课堂中落实核心素养的发展还有较大困难，往往理论与实践两张皮。因此，必须从根本上帮助教师树立以学生发展为本的素养目标意识，为此目标的设定需要做两个方面的努力。一则，教师个人能力和精力有限，要保证从课程标准到教学目标或学习目标的一致性，需要专家和团队的力量，因而区域研训机构与中小学教师可以组成研训共同体，开展目标设定的专题研究，深入解读课程标准，结构化解读教材。二则，针对《布卢姆教育目标分类学修订版》的分析框架，有必要开展目标设定的专题培训，帮助教师更加科学、有效地制定目标。

第二，基于逆向教学设计理论提升教师的教学设计能力。逆向教学设计是为了保证教与评的一致性，实现所教即所评。除此之外，共生课堂的构成要素还强调了情景创设、技术整合。因此，要提升教师的教学设计能力需要从三个方面着手：一是帮助教师学习逆向教学设计的模板，掌握逆向教学设计的程序。二是帮助教师形成逆向思维。这与前一点不同，教师不仅仅要理解逆向教学设计的操作过程，更重要的是思维的转变。逆向思维的关键在于教师基于目标思考的起点不是教学，而是学生学习的结果。因而在这种思维的主导下，教师应重点关注学生达成学习目标应该具备哪些知识技能，应有哪些行为表现。基于这样的预想设计评价任务并贯穿于整个学习过程中。三是以团队的力量进行单元教学设计，重点关注情境素材的开发和信息技术的融合，形成单元教学设计的样例。

二、促进学生发展的过程性评价

（一）"过程性评价"的内涵

过程性评价是随着人们对教育评价的认识理解不断加深而逐渐提出来的，但迄今为止，关于过程性评价的定义并没有一个确切的描述。斯塔弗尔比姆（D. L. Strfflebeam）在他提出的 CIPP 评价模式中对过程性评价做出了解释，"它是对确定的方案实施过程中的评价，为方案的制定者反馈信息，用于发现方案实施过程中的潜在问题"。[1] 由此可见，过程性评价初期的定义更多地强调其功用。二十世纪九十年代，国内流行的一种观点与此观点不谋而合：过程性评价是"在教育教学活动的计划实施过程中，为了解动态过程的效果，及时反馈信息及时调节，使计划、方案不断完善，以便顺利达到预期目的"。[2] 这一类观点都较为注重目标的达成。

随着认识的不断发展，第二种观点随之诞生，即"基于过程性观察为主"的评价[3]。该观点重视质性评价，但有将过程性评价与终结性评价对立的趋势。

关于过程性评价的第三种观点同样重视了质性评价，强调过程性评价是"主要对学生情感、态度、价值观做出的评价"。[4] 该观点在前两类观点的基础上突出了非智力因素对学习的影响，使评价者在关心学生学习成果的同时也关注学生的学习兴趣、学习动机乃至价值观的树立与人格的养成。但第三种观点和第二种观点一样，都忽视了对智力因素的评价。

第四类观点源于我国学者高凌飚教授，他认为"过程性评价采取目标与过程并重的价值取向，对学习的动机与效果、过程以及与学习密切相关的非智力因素进行全面的评价"[5]。该观点将目标与过程放在同等地位，强调动机、效果与过程的三位一体，并关注了非智力因素，较为完善。

有学者认为第四种观点虽然全面但过于宽泛，没有揭露出过程性评价的本质，在此基础上又提出了另一种观点，即"学习过程中完成的、建构学习活动

---

[1] 李国庆. 从评价到评定：美国基础教育课堂评估的转向 [J]. 辽宁教育研究，2006（3）82—85.

[2] 朱德全，蔡乃庆. 现代教育统计与测评技术 [M]. 重庆：西南师范大学出版社，1998.

[3] 张兴华. 关于研究性学习时效性的思考 [J]. 中国教育学刊，2002（2）.

[4] 彭广森，崇敬宏. 中小学生学业成绩评价改革初探 [J] 教育实践与研究，2003（11）：51—53.

[5] 高凌飚. 关于过程性评价的思考 [J]. 课程·教材·教法. 2004.（10）：15—19.

价值的过程，一般由教育者的评价、学伴之间互评及学习者自评综合而成"①。该观点在定义过程性评价的本质之外，还从评价的主体出发将过程性评价分为了教师评价、学生互评和学生自评三类。

尽管人们对过程性评价的定义各不相同，但他们都强调了过程性评价是在教学和学习过程中进行的评价，即它关注的更多是过程，而非结果。

1. 相关概念对比

过程性评价和表现性评价、发展性评价、形成性评价、档案袋评价，既是在教育评价中常常接触的概念，也是彼此相关且很容易混淆的概念。厘清这些概念之间的关系，可以在教学中更好地运用这些评价。

(1) 表现性评价与过程性评价。

表现性评价是依据一定标准，在真实（或接近真实）的情境中，对学生学习过程和行为表现进行的观察和判断。② 有学者认为，表现性评价中的"表现"包括学生的想法、感受等内在的心理活动状况，看重学生在学习过程中的行为表现变化。③ 表现性评价着眼于分析学生的发展变化，针对学生的不同表现给予鼓励或提出调整建议，它属于过程性与发展性并重的价值取向。聚焦于学生"分析""应用""综合"等复杂认知行为，而过程性评价主张将具有教育意义的结果尽可能全面地考虑在内。

(2) 发展性评价与过程性评价。

发展性评价重视学生自身能力和潜能的发展，包含的内容相对广泛，如思维能力、学习能力、判断能力、沟通交往能力等。有学者指出，发展性评价的提出是为了弥补现行评价环节中的缺失④。也有学者指出，发展性评价是在以人为本的思想指导下，关注学生、教师和教学效果的发展⑤。综上，发展性评价强调评价促发展，与可持续发展、终身发展等理念相一致，是直接指向结果的发展。与此相反，过程性评价是间接指向学生的发展，是通过促进学生对学习过程进行总结和反思来更好地把握学习方式、方法，帮助学生学会思考、学会学习、锻炼能力，最终实现终身可持续发展。此外，发展性评价没有涉及具

① 谢同祥，李艺. 过程性评价：关于学习过程价值的建构过程 [J]. 电化教育研究，2009 (6)：17-20.
② 霍力岩，黄爽. 表现性评价内涵及其相关概念辨析 [J]. 西北师范大学学报（社会科学版），2015 (3)：76-81.
③ 刘笛月. 表现性评价的内涵、功能及设计框架 [J]. 教育测量与评价，2016 (5)：44-47，62.
④ 钟启泉. 基础教育课程改革纲要（试行）解读 [M]. 上海：华东师范大学出版社，2001.
⑤ 杨学良，蔡莉. 关于发展性教学评价的理论研究 [J]. 教育探索，2006 (7)：45-47.

体评价任务和评价标准的设计、评价的操作步骤等问题，而过程性评价则是根据其体系相应的操作步骤来实现的。因此，过程性评价与发展性评价相比，更容易操作，其评价结果也易于指向学生某种具体能力的发展。

（3）形成性评价与过程性评价。

形成性评价是指对照预先设计好的计划、方案的标准衡量学生在教学活动计划实施中的执行情况。① 由此可见，形成性评价和过程性评价都关注教学活动的过程。然而，二者间的价值取向却不同，形成性评价更重视评价的结果，重视在一定阶段内学习效果与预先设定的教学目标的达成度，价值取向方面侧重目标性。而过程性评价在价值取向上强调的是学习过程的教育价值，是过程导向而非目标导向。在评价内容上，三维目标中的情感、态度、价值观目标潜移默化渗透在教学活动过程之中，但形成性评价并没有具体的方法来评测这一方面的成果，忽视了情意的评价与培养。在评价方法上，形成性评价更多地运用量化的评价工具，如测验和考试。量化评价必然会考量一个学生在群体中的排名和位置，长此以往，不利于学生综合能力的发展和培养。而过程性评价则更重视"质性"的方法，强调开放的评价过程。在评价主体上，形成性评价中学生作为评价客体而存在，而过程性评价主张评价的主体、客体相结合，在平等地将学生纳入评价体系中，改变"独家评"的状况，确保评价结果更为客观有效。

（4）档案袋评价与过程性评价。

档案袋评价（又名文件夹评价）是针对传统评价中只看重量化的评价结果而出现的一种评价方法，起源于艺术领域，后被运用到教育领域②。档案袋作为一种载体工具，主要用来收集和整理学生的学习证据或成果，通过对其进行分析，从而对学生的发展状况做出价值判断③。由此可见，档案袋评价可以作为过程性评价实施过程中的一种手段或方法。过程型档案袋的分类主要体现学生学习过程，记录学生在学习过程中所取得的成绩、问题、成果和反思，帮助教师和学生了解学生的成长和进步。它搜集的内容往往由教师根据教学目标和学生的学习状况来确定。随着科学技术的发展，档案袋不再局限于纸质档案袋，更多的电子档案袋与过程性评价相结合的评价方法被广泛运用于教育教学中，电子档案袋中可以存放的资料包括学习目标、作业题目、教师发送的辅助

---

① 胡中锋. 教育评价学［M］. 北京：中国人民大学出版社，2016.

② 李慧燕. 教学评价［M］. 北京：北京师范大学出版社，2013.

③ 李慧燕. 教学评价［M］. 北京：北京师范大学出版社，2013.

性资料、教师反馈意见、同伴反馈意见、个人网页信息等。

2. 类别及构成

按不同的维度划分，过程性评价可以有如下几种构成方式。

按照评价主体可以分为自评、他评、互评。多数学者认为，自评最为重要，它能反映学习者最真实的学习体验，是评价的第一手资料，可以通过个人小结、反思日记等方式完成自评。他评不等同于"师评"，是除学习主体以外的其他相关者，不仅包括教师，还包括教学管理者。当今盛行的慕课、微课、翻转课堂等的系统通过数据分析做出的评价也属于他评。互评指不同学习者之间的互相评价，互评与他评的区别在于评价主体与评价对象之间的关系是单向还是双向。互评的成员共属于一个学习共同体（Learning Community），他们在任务中合作，彼此了解，因此，评价较为客观。这是一种在合作学习中的特有评价方式。

按评价层次可以分为对小组的评价和小组对个人的评价，这也是合作学习特有的评价方式。一般来说，合作学习就是一个学习共同体为完成同一学习任务而展开合作的过程。传统的评价方式是各小组分别展示合作成果，教师对各小组打分。这种方式最大的弊端在于小组内各成员贡献不同，这种"大锅饭"式的评价会挫伤贡献较大成员的积极性，也给了部分成员搭"顺风车"的机会。久而久之，积极性较差的同学长期在小组内浑水摸鱼，合作学习将流于形式。因此，在学习过程中每一个小阶段结束时，小组要评价每名成员的表现，使小组内每位成员都能认真学习。

按评价的规范程度，可以分为程序式评价与随机式评价。程序式过程性评价指在一个学习阶段结束后，教师组织的评定学生学习过程的评价与反思。随机式评价没有相对固定的时间、地点和完整的评价程序。它通常是在教学过程中进行的，不做评价记录，其评价结果也不用作对学生进行综合评价的依据。

按具体的评价方式划分，过程性评价可以分为轶事记录、课堂观察、成长记录、个别交流、态度调查、辩论演讲、作文比赛、模型制作等等。由于任何一种评价工具与评价方法都不能全面反映出一个学生的全部素质与能力，各种评价方式对学生的评价视角又各不相同，因此对学生学习的过程性评价，应当有选择性地将各种方法结合起来使用。

（二）共生课堂与过程性评价

1. 价值取向

教学评价有三种价值取向：目标取向、主体取向、过程取向。目标取向的评价将评价视为课程教学实践的过程与预定的课程教学目标对照的过程。这种取向的评价忽视了人的主体性、创造性和教学情境的复杂性。主体取向的评价将评价视为评价者与被评价者、教师与学生共同构建意义的过程，教师与学生都是评价的主体，以人的自由解放作为最终目的。这种取向的评价反对量化评价方法，主张质的评价方法。过程性取向的评价是依据评价者的自身需求对被评价者的选择与判断所持的一种态度、操作倾向[①]。过程性评价不是只重视学习成果，而是采取学习过程与学习成果并重的价值取向，对学习的效果、动机及其他与学习密切相关的非智力因素的全方位的评价。在方法上，这种取向的评价既支持量化研究的方法，也倡导质性研究的方法。

2. 共生课堂与"过程性评价"的关系

(1) 共生课堂的效果需要过程性评价指标来判定。

依据知识能否直接表达和传递可以将知识分为显性知识和隐性知识。共生课堂中的显性知识包括可陈述、可用书面文字、图表或是公式表达的知识，这一类知识可以通过提问、测试等方式检验学习效果。共生课堂中的隐性知识包括学习的动机、情感态度、价值观等。共生课堂不同于传统课堂仅注重于知识与技能的传授，更关注于学生学科素养的养成。过程性评价能够客观全面地反映知识的掌握情况，通过评价了解学习者显性知识的学习效果，同时，将学习者作为评价的主体，通过自我反思、学习量表等方式，了解学习者隐性知识的学习效果。

(2) 过程性评价是评估共生课堂的最佳方法。

共生教育认为与他者的交流关系、社会关系是必不可少的，人是共生性的关系存在，人必须适应与他者协作、交往与对话的生活方式，达成人的全面发展，促进良性关系的形成。

过程性评价是一种过程价值取向的评价，从本质上讲，这种评价是受"实践理性"支配的，它强调评价者与被评价者的交互作用，强调评价者对评价情境的理解，强调过程本身的价值。

共生课堂采取过程性评价方式，旨在促进个人主动发展，人与人、人与环境的共同发展。首先，共生课堂采取过程性评价能凸显人的主体性。过程性评价鼓励教师、学生及家长多方参与，将评价变为多主体共同参与的活动，在双方平等的基础上交流与互动，以实现评价双方的良性互动与发展。其次，共生

---

① 吴恒. 新媒体时代高校思政课教师执网能力论析 [J]. 学校党建与思想教育，2020 (13)：71—74.

课堂采取多元化、个性化的评价标准体系和质性评价与量化评价结合的方式，对现实学习情景中的学生进行真实性评价。淡化评价的比较性，关注教育活动中个人的体验与感受，尊重不同学生之间的差异。对于评价的结果，不应只在于给学生下一个精确的结论，而要引导学生了解自身的需求，发现自我潜能，帮助学生认识自我，建立自信，增强理解，学会合作，进而促进学生全面发展，形成积极的共生关系。

（三）促进学生发展的过程性评价

新课程强调建立促进学生素质全面发展、教师不断提高和课程不断发展的评价体系。共生课堂采取了致力于学生发展的过程性评价。

1. 主体

共生课堂的评价相对于传统的课堂评价在主体上进行了改变。首先，由评价主体单一转向评价主体多元化。传统的课堂评价多是由教师进行的评价，而共生课堂的过程性评价则形成了一种教师、学生、家长、管理者等多主体共同参与的模式。其次，由单向评价转为多向评价。传统的课堂评价多是自上而下的评价，学生较为消极被动。共生课堂的过程性评价是多主体间交互作用，多渠道反馈信息，学生也是评价的参与者，因此能很大程度调动学生的积极性，促进学生发展。

2. 时间

共生课堂的评价相对于传统的课堂评价在时间上也做了改变。

（1）评价更及时。传统的课堂评价多采用在课堂的最后通过测试等形式进行评价，共生课堂的评价则要求贯穿于课堂的始终，教师需要敏锐地捕捉并牢牢地把握每一个教学契机，及时给予恰如其分的评价。

（2）灵活延迟性评价，延迟评价是美国创造学家奥斯本（A. F. Osborn）倡导的"头脑风暴法"的一条原则，是培养学生创新思维的方法之一，即在学生提出自己的各种设想、答案或解决问题的办法时，所有在场的人都暂时不予任何评价，以免闭塞思路。共生课堂的评价要求教师灵活运用延迟性评价以激发出学生的创造性。

3. 方法

共生课堂的过程性评价不强求程序上的规范，而以灵活、实用为目标。其过程性评价方法多样，以下是常用的几种方法。

（1）观察。

观察是评价学生行为、学习效果最基本的方法。教师通过观察可以快速获得学生的即时信息，做出评价、判断，并据此改进教学策略，或是有针对性地对学生采取一些措施。

（2）形成性练习。

形成性练习是指教师根据教学目标编制的特定的练习题，能够考查出学生对特定知识点的掌握情况。不同于课后的提高练习，这种练习题的主要功能是为在教学中实时调整教学活动提供依据。

（3）成长档案袋。

成长档案袋是记录学生整个成长过程及与学习相关的活动文件夹，包括学生个人的作业、作品、试卷和成绩等。成长档案袋能反映学生学习一段时间后的进步情况。

（4）学生自评互评。

自评互评方法主要是指学生自评、小组互评相结合的评价方法，学生或学习小组根据教师制定的评价标准，认真、客观地填写评价量表。

4. 实践策略

（1）制定科学的过程性评价标准。

教师要根据教学目标，以促进学生全面发展为目的，制定评价标准。评价标准的制定要遵循指向素养、明确具体、可测可评的原则。

（2）多种评价方法和工具相结合。

共生课堂过程性评价方法和工具多种多样，在课堂中，教师可以根据需要综合运用多种评价方法和工具。

（3）多用激励性评语，激发学生学习动力。

罗森塔尔（R. Rosenetal）在《课堂中的皮格马利翁》中曾提出，教师对学生的期望，会在学生的学习成绩等方面产生效应。教师在教学过程中要善于观察，发现学生特点与长处，善用激励性评语，提高学生的学习兴趣，激发学生的学习动力。

第二节 共生课堂的评价体系

一、共生课堂的评价原则

课堂教学评价是对课堂教学的各个要素及其发展变化进行价值判断的过

程，它可以为教师设计教学、改进教学，激励其进行创造性的教学提供依据，并为教育部门进行决策提供参考和借鉴。[①] 对于课堂教学评价共同体——教育行政部门、学校领导、教师和学生[②]——而言，在评价的原则上达成一致，能够使得课堂教学这一教育活动的实践端与宏观的教育政策和前沿的教育理念保持最大限度的一致。

对于"共生课堂"这一课堂教学实践框架而言，在其核心价值和显著风格的基础上，建立一套完善的评价体系，明确其评价理念与原则、开发系统的评价工具、梳理基本的评价反馈流程，能够为共生课堂的实践推广和自我完善提供重要的推进机制。

共生课堂的教学评价应该成为判断课堂是否满足共生课堂基本特征的标尺，并给出相应课堂在共生课堂不同特征属性上表现的长处与不足；它应当对课堂教学起到促进作用，成为课堂生态中有机的一个部分，而不是外化于课堂的一种额外的负担和压力；它需要与课堂形成紧密联系，甚至成为课堂的一部分，变为挖掘课堂信息、提供教和学的状态的技术，以促进课堂本身的进化与发展。因此共生课堂框架下的教学评价应该在设计、实施和结果运用理念等环节分别遵循以下原则。

（一）设计原则：当"共生"准绳，现课堂曲直

共生课堂的教学评价应该在评价的规范下，以"共生"概念及其内涵为逻辑起点完成设计，充分反映共生课堂框架中的"教学观""学生观""教师观""知识观"和"教学目标观"等基本价值，使得这套评价系统所认同和指向的标准在一般意义上"好课"标准的基础上，更进一步地凸显"共生"的理念特征。如此一来，这套系统才能在运用的时候给出课堂在"共生"理念各个特征上的表现，使之更容易找到改进发展的方向。

共生课堂是一个完备的概念框架，因而共生课堂的评价也应该是"评教又评学"的"全过程评价"，借助可观察、中立描述以及可操作化处理过的评价要点，将课堂作为一个整体纳入共生课堂的理论框架加以审视和研究。

此外，共生课堂的课堂教学评价工具应该设计成一个有层次和类别差异的工具系统。考虑到评价的"发展性"理念，开发评价工具的时候就应该摒弃用

---

① 北京教科院基础教育教学研究中心课堂教学评价研制小组. 课堂教学评价体系的研究与实验[J]. 课程·教材·教法，2003（2）：45—49.

② 邓凡茂. 课堂评价范式之研究 [D]. 南京：南京师范大学，2005：20.

一套固定不变的标准来评价所有课堂的思维，而将不同的课堂做细致区分研究，根据评价对象开发不同的评价工具，逐渐积累形成一套相对完备且不断演化更新的评价工具系统。如，在发展性评价的理念下，面向新教师的评价工具应该与面向成熟教师和名师的评价工具有所不同。因为不同发展阶段的教师所处的能力水平和最近发展区各不相同，为了使得评价结果能够真正促进师生发展，就需要在基本的"认知目标达成"评价基础上，根据评价不同对象变换评价的视角和侧重，以通过评价获取更多有效的信息，服务发展性理念，促进学生学习和教师发展。

共生课堂的课堂评价系统设计应该兼顾科学特征与价值特征。评价建立在统一标准的基础上，因而其应该具有客观、稳定、量化和科学的特点，以保证评价结果的中立、客观和可迁移。但是课堂本身又是具有无限生成的情境，其生命力和创造力往往生发于此，所以评价不能因为对客观和科学性的追求而扼杀课堂的差异与特色，反而应该有助于评价共同体抽象出不同课堂的特色与特点。

（二）实施原则：有机融入课堂生态，积极寻求教学评一致

共生课堂的评价应该对教学行为具有指导甚至是架构的作用。其核心建立在对共生课堂概念和框架的研究、分解及可操作化的基础之上，是将共生课堂的特征、要素及其与其他通用"好课"标准区分开来的判定依据，因而也是教师在设计实践共生课堂的活动中用以参考的重要工具。

教师需要熟知共生课堂的评价标准，掌握评价的工具、技术以及外部评价活动的结果与分析。这样一来，他们才能在课前就从评价出发完成课堂教学设计；在课中灵活运用评价工具来获得教与学的状态信息，从而实时调整教与学的方式、方法和进度等细节；在课后利用评价来获得不同阶段的目标达成结果，并在此基础上完成后续教学与评价的设计和执行。这个过程中，评价得以融入环环相扣的长期教学活动进程，对教与学的效果形成明确的促进作用，进而形成教学评有机共生的可持续状态，这是共生课堂特征得以在课堂教学中深刻实践的一项保证。

共生课堂的课堂教学评价应该作用在教学目标设计以及课堂上的教学目标达成情况中，这是其作为教学评价的基本价值所在，也是评价的"激励""诊断"等作用得以实现的前提。共生课堂强调课堂主体和课堂要素的和谐共生，因而其评价还应该融入探索学生、教师、技术、内容、任务、活动等课堂要素之间的交互，表现出来的关系及其揭示的隐含层面的课堂教学逻辑与观念的过程中。

开放的系统才是有生命力的可持续的系统，因而对共生课堂的评价执行更应该坚持开放性特征，其包含目标和工具开放以及评价人员开放等内涵。评价目标开放指评价应该同时关注评价预设的标准的达成程度和评价标准预设以外的教学成果，并在评价工具中添加开放性评价的空间。评价标准是共生课堂的"必要条件"，不满足标准的课堂或者不能成为"共生课堂"，或者不算"共生课堂"框架内的"好课"；但是在有限的标准之外，以"发展性"为理念的共生课堂评价还应该关注使课堂丰满起来的其他因素，在共生课堂的视角下关注标准没有提及的课堂维度，是通过评价发现课堂要素共生情景的必要手段。评价人员的开放性则是为了丰富评价的视角，增加评价的中立性，在可操作的范围内，将课堂评价共同体甚至包括家长在内的角色都纳入评价者队伍的举措。

（三）运用原则：强化发展性提供反馈激励，弱化终结性减少盖棺论定

在共生课堂框架下，课堂教学评价主要起到"指导""激励"和"诊断促进"等作用。为了充分发挥评价的作用，并紧跟政策和理论前沿对课堂教学评价的要求，共生课堂的诊断需要坚持最基本的发展性原则，以发挥其促进学生主动学习和教师专业发展的功能，弱化并适当兼顾诊断性，以利用规范评价作为判断标准的价值，为各个层面的价值判定和政策制定提供依据。

共生课堂的课堂教学评价结果应该坚持实用导向。发展是评价最大的目标，因而课堂教学评价的结果及其运用应该对课堂教学改进以及师生的发展产生实际作用。这要求评价的结果能够及时反馈，结果与建议同时反馈以及评价结果与团队研讨及时跟进。

评价结果及时反馈能够在师生的改进动机消失前给予他们持续的刺激与必要的信息反馈，帮助其课堂改进。评价结果一般是标准框架内术语的通用表述，因而在结果反馈前对其做详细阐释分析，并给出相应的改进建议，才能够提高评价结果的适用性。而发挥教研团队的集体智慧，对评价结果解读和评价建议分析做集体研讨，能够为团队的每一个人提供课堂改进的思维训练和行为指导，使得评价的成果能够在更大的范围内发挥实际的作用。

有效的共生课堂教学评价结论能够起到教学评价的常规激励作用。外部评价的结果需要向师生反馈，使其及时了解课堂上的教与学在标准下的表现定位，出于人人皆有的"成就动机"，师生通常都能从这种结果中获得改善自身表现追求更佳结果的动力。

共生课堂的课堂教学评价内容则能够对课堂起到诊断促进作用。通过评价结果获得笼统的"求善"动机后，详细的评价内容能够为教师和学生提供具体

的行为诊断和改进建议。标准框架下观察到的行为事实与表现判断，对师生而言因切身性而富有说服力，能够使其明确改进的方向和路径，从而促进课堂教学的改进。

二、共生课堂的评价内容

任何先进的教学思想都需要通过课堂教学这个复杂的系统去落实和体现，如何评价实际的课堂教学体现了"共生课堂"基本构成要素，落实了"共生课堂"理念，即确定对课堂教学从哪些方面进行评价，将是本节的核心内容。

"共生课堂"基本构成要素包括有学科核心素养表达的可视化（可测）的教学目标、有学科间的内容或学科内的主题统整、有激发学生主动学习的情境创设、有学生自主学习的真实发生和时间安排、有师生共同参与的合作学习、有信息技术与课程和教学的整合、有及时的教学反馈和科学的发展建议。基于前述课堂教学评价的基本理论、原则，围绕"共生课堂"核心理念及基本构成要素，依据《重庆市渝中区"共生课堂"教学评价指导标准》《学科"共生课堂"教学评价量表》（见附件），并结合课堂教学实际，确定以教学目标表述、教学内容统整、问题情境创设、自主合作学习、教学适时反馈、工具融合应用、新型师生关系等作为"共生课堂"评价的基本内容。

（一）教学目标及内容的评价

1. "共生课堂"对教学目标和内容的要求

"共生课堂"构成要素及评价框架中对教学目标的要求：有学科核心素养表达的可视化（可测）的教学目标，即首先要求在"共生课堂"教学目标设计中将学科核心素养的课程目标转化为单元主题目标以及具体的课时教学目标，并基于学科素养的内涵和形式，结合学业质量的发展性评价，对教学目标进行科学准确的表达。其次，要求做到表现性目标的可视化和素养目标的可测性表达。

对教学内容的要求是：有学科内或学科间的内容统整，即教学内容的设计要保证学科学习内容的完整性、连续性和严密性，围绕素养导向的目标，依据学科内容进行学科内或跨学科的主题或单元的有机统整。

2. 教学目标和内容的评价

"共生课堂"教学目标的评价主要依据以上要求，对教学设计中的教学目标表述进行评价，即在教学目标设计中，应有体现学科核心素养化的清晰表达。基于马杰行为目标要素、艾斯纳的表现性目标陈述及格伦兰的内外结合表达技术对教学目标表述的可测性、可视化进行评价。

"共生课堂"教学内容的评价，应通过对教学设计的相关表述和课堂教学具体实施过程，评价是否有学科内或学科间的内容统整。即基于学科内容统整范式，评价教学设计和教学实施过程中的学科内容统整的达成，如基于知识效率的学科群、教学技术的统整范式，基于自我发展的生活经验、多元智能的统整范式、基于社会理解的统整范式等。

（二）教学过程的评价

传统的课堂教学过程一般包括复习铺垫、导入新课、教学新课、课堂练习、全课小结、布置作业等几个基本环节，而在"共生课堂"构成要素中并未对教学过程进行详细限定，但强调教学过程要包含情境创设、自主合作、以评促教等基本环节。

1. 情境创设及评价

"共生课堂"构成要素要求教学过程中要有激发学生主动学习的情景创设，即根据课程目标和内容进行教学情景的创设，使得学习有一定的现实或模拟情景。通过情景创设将教学目标转化为问题或任务，激发学生在课堂内进行主动学习。

杜威说过，人的思维源于直接经验的情境。建构主义理论认为，最好的学习方法不是仅仅聆听别人的介绍和讲解，而是让学习者在现实世界的真实环境中去感受和体验。教学情境创设是指教师在教学过程中，有目的地引入具有一定情绪色彩的、以形象为主体的生动具体的场景，以便引导学生情感与行为的参与，促进学生学习，帮助学生理解教材与所学知识。

情境创设有法，但无定法。对情境创设的评价难有统一的标准，但应基于一些基本原则，如情境创设应紧扣教学内容，体现学科特色；关联生活实践，升华感性认识；遵循认知规律，引发积极思维和主动学习。

2. 自主合作及评价

自主合作是指学生的自主学习和师生合作学习。"共生课堂"构成要素要求教学过程中要有学生自主学习的时间安排和真实发生，即应在教学过程中基于情景创设和任务驱动，激发学生的学习兴趣，促进学生开展自主学习，并在课堂教学过程中有学生开展自主学习的时间安排。进行问题转换和创意设计，促使学生开展主动探究、问题解决和学科实践。教学过程中应有师生共同参与的合作学习，即通过教学打造学生与学生、学生与教师的学习共同体，使教学过程富有创造性。形成小组学习的合作机制和方式方法，开展参与式团队化学习，培养学生的合作能力。

对自主学习的评价主要基于"共生课堂"构成要素对自主学习的要求。首先，在教学过程中要有适当的自主学习的时间安排。其次，从是否有明确的自主学习目标、情境创设、教师引导、任务驱动、自主探究和反馈评价等基本环节评价自主学习的真实发生。对师生合作学习主要从师生学习共同体的组建、分工和达成学习目标的情况等几方面开展评价。

3. 以评促教及评价

以评促教是"共生课堂"构成要素之一，其要求教学过程中有及时的教学反馈和科学的发展建议，即结合课堂教学目标和内容，对学生的学习过程和阶段性结果进行及时的多样化评价与反馈。通过及时的教学评价反馈，对学生的学习特点、方式、过程和阶段性结果等进行深入分析。根据反馈和结果分析，为学生的学业发展和素养提升提供有针对性的建议和对策。

依据"共生课堂"对以评促教的阐释，在对其进行评价时，应关注在教学过程中教学反馈方式的多样性，如提问、课堂检测、问卷、演示、小组活动等方式，要借助各种工具或技术、平台，如智能教学助手、教学平台实现反馈问题的分析，并及时对学生学习提供有效的建议和对策。

（三）技术融合的评价

1. "共生课堂"对技术融合的要求

"共生课堂"中技术融合的定义是：将信息技术融入课程中，不仅仅将其作为辅助教学工具，而是根据不同技术和学科的特征，恰当地营造信息化的教学环境和学习氛围，解决课堂教学中的问题，实现一种既能充分发挥教师主导作用又能突出体现学生主体地位的以"自主、探究、合作"为特征的新型教与学方式，从而把学生的主动性、积极性、创造性较充分地发挥出来。[1]

基于"共生课堂"对技术融合的定义，"共生课堂"在技术融合上要求根据不同学科和课程类型，将课程实施中的问题进行梳理，并将学习内容和智能技术融入一体设计学习逻辑，重构学习路网，提高教学效果。如在"新授课"课程类型中，教学问题主要表现为学习动机激发难，疑难知识学习难，个性学习实施难。针对这些问题，则可应用信息技术模拟生动的情景，增强感知，激

---

① 何克抗. 如何实现信息技术与学科教学的"深度融合"[J]. 教育研究，2017（10）：88—91.

发学习兴趣；应用学科教学工具，搭建疑难知识的学习支架；应用微课实现个性化教学。在"复习课"课程类型中，教学问题主要表现为练习反馈不及时，获得教师个性指导难，知识系统梳理难等，针对这类问题，则可应用智能技术（如智能纸笔）获得及时反馈，构建名师微课资源库，让学生可随时获得个性化指导资源，应用可视化思维工具，引导知识体系化梳理。

2. 技术融合的评价

"共生课堂"技术融合的评价从"共生课堂"的定义和要求出发，以三个维度进行评价：一是"资源化"，在教与学的全过程，应充分利用和创建资源，如课前课后应有微课资源，支持学生的个性化学习需要，课中应有引导深度思考发生的环境创设相关资源；二是"可视化"，应用可视化思维工具，加强学生的理解力，引导知识的体系化梳理，使学生易于突破难点；三是"任务化"，应融入学习工具，将学习内容任务化，构建学习路网，搭建学习支架，学习逻辑设计应符合建构主义学习理论，学习支架的构建应符合最近发展区理论。

（四）师生互动的评价

1. "共生课堂"对师生互动的要求

"共生课堂"强调构建新型师生关系，教师与学生均是课堂教学活动中的主体，对师生关系的要求从三个维度体现：一是"生本共生"，要求学生能够深度理解自我，理解文本，即学生应能够理解所学内容，学生自身与课堂所学内容是和谐融洽的；二是"生生共生"，要求学生与学生构筑学习共同体，互助互学，共同成长；三是"师生共生"，要求教师能利用学生生成的课堂资源，动态调整自己的教学策略，实现与学生深度对话，师生互长。共生的课堂互动方式不应该是教师的"一言堂"，应是学生、教师、技术、文本等课堂因素和谐共生。

2. 对师生互动的评价

"共生课堂"师生关系的评价从"共生课堂"对师生互动要求的三个维度出发。从"生本共生"维度，备课中应有对学生前备认知的了解，并依据学生整体前备认知特点选择合适的教学切入点，教学活动过程中，应有对应地对学生认知发展程度对应的测验手段。从"生生共生"维度，课堂教学中应有学生间的合作学习活动，合作学习活动的安排应能促进学生自主思考、自我表达、接纳意见等素养的养成。从"师生共生"维度，应符合建构主义理论和主体间性理论的要求，体现学生与教师在教学活动中的双主体性，应用 S-T 互动分析法和弗兰德斯互动分析法所得的分析数据应能够对这一维度的评价提供支持。

第三节　共生课堂评价的方法和实施

课堂教学是具有开放性、生成性、关联性的一种复杂系统，而课堂教学评价既是价值判断活动也是一种认识活动，因而仅用单一的方法无法对其进行全面、客观的认识和评价。课堂教学和任何事物都具有质和量两个方面，因此我们将从质性评价和量化评价两种方法开展对共生课堂的评价。

一、共生课堂评价的方法

（一）质性评价

质性评价的方法论基础是人文主义和自然主义。其中人文主义认为，人的行为、社会现象要比自然界复杂得多，自然科学量化研究范式并不适用于对人类社会现象的研究。研究社会现象、社会问题应采用"解释范式"。质性评价的价值取向是"实践理性"和"解放理性"的。它倡导对情景的理解而不是控制。质性评价主要是一种过程评价，是对事物过程的描述与反思。质性评价由于采用"多元价值"的评价标准，评价主观性比较强，因此其评价结果的甄别、区分功能较弱。

质性评价的标准和主体是多元的，侧重点是非认知因素，由于其操作复杂，其评价判断较为主观。评价结果主要是系统描述，反馈信息量大。质性评价的功能主要是沟通、反思、改进。常见的质性评价方法有行为观察、行为记录、情景测验、访谈等方法。

（二）量化评价

量化评价的方法论基础是科学实证主义。科学实证主义认为，只有客观的、实证的和定量的研究才符合科学的要求，才具有价值。量化评价方法本质上是自然科学量化研究范式在教学评价中的反映和应用。在科学实证主义者看来，只有客观、量化的评价才是科学、有效、合理的评价。因而量化评价特别强调评价的信度和效度。量化评价的价值取向是"工具理性"，量化评价的"工具理性"取向在一定程度上推进了教学评价的科学化进程。但这种价值取向也有其局限性，它忽略了人的行为的主体性、创造性和不可预测性，忽略了过程本身的价值，对于人的高级心理过程而言，它的作用非常有限。[①]

量化评价的标准和主体是一元的，侧重点是认知维度，由于其操作简便，所以其评价判断较为客观；评价结果主要是数据分析，反馈信息量小。量化评价的主要功能是甄别、区分与鉴定，具体方法有测量和结构性观察等。

（三）质性与量化相结合的多元评价

多元的课堂评价，也就是使用非单一的评价标准对课堂效果进行评价，即标准制定的多元化、评价手段的多元化、评价主体的多元化、评价范式的多元化、评价对象的多元化和评价功能的多元化。

如前所述，质性评价和量化评价各具所长，各存其弊，任何单一的方式均无法对课堂教学这一复杂的系统进行全面、客观的认识和评价。因此，在共生课堂教学评价中，要从评价手段和评价对象的多元化入手，将质性评价与量化评价相结合，对教学目标表述、教学内容统整、问题情境创设、自主合作学习、教学适时反馈、工具融合应用、新型师生关系等"共生课堂"的内容进行多元的评价。

二、共生课堂评价的方式和实施途径

通过教学设计文本分析和课堂观察两种方式对课堂教学是否具备"共生课堂"构成要素展开评价，如图 7-1 所示。其中，教学设计的文本分析主要利用质性评价方法，确认教学目标是否有核心素养的表达、行为目标和表现性目标表述，文本分析中包含是否体现内容统整、情境创设、自主合作学习、教学反馈方式的设计。利用现场听课对内容统整、情境创设、自主合作学习、技术融合应用、教学反馈等教学设计进行质性分析，检验评价其设计的完成度。基于课堂教学互动分析工具、模型（如 S-T 互动分析、弗兰德斯互动分析），利用课堂教学视频的回溯，采集师生互动、自主合作学习、技术融合应用等相关数据，通过量化分析印证质性评价的结论和客观评价课堂教学的真实状况如图 7-2 所示。

---

① 南纪稳. 量化教学评价与质性教学评价的比较分析 [J]. 当代教师教育，2013 (3)：89-90.

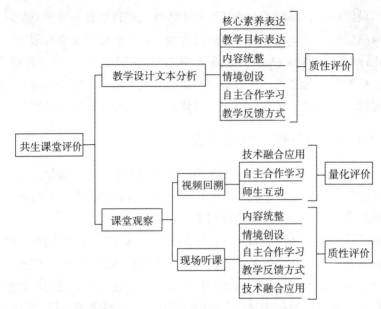

图7－1　共生课堂的两种评价方式

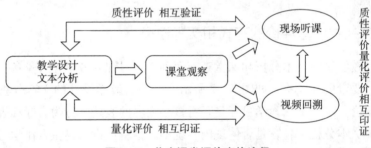

图7－2　共生课堂评价实施途径

（一）教学设计文本分析

教学设计是以传播理论和学习理论为基础，应用系统理论的观点和方法，调查分析教学中的问题和需求，确定目标，建立解决问题的步骤，选择相应的教学活动和教学资源，分析、评价其结果，使教学效果得到优化的一种系统方法。"共生课堂"的教学设计除了基于教学设计的基本要求外，围绕"共生课堂"的构成要素进行教学设计是评价"共生课堂"的重要环节。

依据前述"共生课堂"评价内容，以获首届优秀共生课堂教学设计一等案——同分母分数加减法为例进行分析，见表7－3。限于篇幅，教学设计案例内容有所删减。

表 7－3　共生课堂教学设计文本分析评价案例

姓名	王 X		学校	渝中区 XXX 小学
学科	数学		年级	五年级
课题	同分母分数加、减法（教材 P89－P90）			
课型	新授课		课时	第1课时/总2课时
学习目标	1. 学生结合具体情境类推分数加减法含义。通过观察、思考、图示、说理、交流等活动，应用数形结合的数学思想理解同分母分数加减法的算理 2. 学生通过自主探索、交流分享等方式，总结概括同分母分数加减法计算法则，熟练计算同分母分数加减法，发展数学运算素养 3. 学生通过自主关联、迁移转化等方式，沟通整数、小数、分数加减法计算的联系，理解"相同单位的数才能相加减"的计算本质，发展数学建模素养			评价： 1. 教学目标有数学核心素养的表达 2. 通过行为动词对行为目标进行表述，使教学目标基本可视（可观察）、可测。行为主体为学生，符合"共生课堂"的理念 3. 有学科内的（整数、小数、分数加减法计算联系）内容统整
教学过程	一、揭示课题，启发关联 …… 活动1：情境设问，类推含义。 1. 出示例1情境图 …… 活动2：数形结合，探究算理 …… 学生先独立整理计算思路，小组内汇报交流，全班展示交流 …… 引导学生思考、讨论，得出：分母是几，相当于分数单位是几分之几 活动3：观察归纳，明确算法 …… 学生独立概括，全班交流 二、尝试应用，巩固新知 1. 基础练习：教材P90"做一做"1、2题 第1题：集体订正时让学生配合直观图讲清算理。 第2题：就巡视中发现的典型性、集中性错误进行评讲 三、交流收获，关联未知 1. 老师：课前交流时，同学们说过三年级已经学过简单的分数加减法，通过本节课的学习，你有什么新的收获 学生自由发言，预估学生可能会从计算法则、计算算理、最后结果的处理、加减法计算本质上谈收获 …… 四、课后练习，强化巩固 教材P91—1、2题 ……			1. 有针对教学内容的情境创设 2. 有分组合作学习和师生共同参与的学习 3. 有适时的教学反馈和学科关联知识群的统整

姓名	王 X		学校	渝中区 XXX 小学
存在的问题： 教学目标表述中只突出了可视、可测的行为目标，对教学中的表现性目标未有相应的表述，如通过分组讨论中应该达成的表现性教学目标的表述。 教学设计中对学生合作学习小组的组建、合作、分工及目标达成未有清晰的表述。 教学是涉及教学目标、内容、师生、教学媒体工具的复杂系统，该文本中对媒体工具在教学中的融合应用未做应有的设计。				

（二）课堂观察

课堂观察是课堂研究广为使用的一种研究方法。是指研究者或观察者带着明确的目的，凭借自身感官以及相关辅助工具、直接或间接从课堂情境中收集资料，并依据资料作相应研究的一种教育科学研究方法，见表7-4。

表7-4 渝中区共生课堂观察要点表

观察维度	观察视角	观察要点
课程意识	教学目标	1. 目标是否明确具体、可操作、可检测
		2. 目标是否从学习者的角度进行陈述
		3. 目标是否指向核心素养，符合学生实际
	教学内容	1. 内容是否从单元角度出发，建立结构化设计，突出知识的学以致用
		2. 内容是否凸显出学科特点、学科思想（学科本质）
		3. 内容是否基于学生学情，创设问题情境
		4. 目标、内容、评价是否一致

续表

观察维度	观察视角	观察要点
交互教学	问题设置	1. 问题是否紧密围绕学习任务设置
		2. 问题是否符合学生的思维发展进阶
		3. 问题与问题之间是否具有逻辑关联
		4. 问题是否关照各层次学生的发展需求
	高质反馈	1. 反馈是否客观、及时
		2. 反馈是否回应学生的现场生成
		3. 反馈是否关照学生的个体差异
		4. 反馈是否注重方法指导、习惯培养和策略引导
	活动开展	1. 活动是否关照目标的达成
		2. 活动是否具有前后一致的情境性
		3. 活动是否根据课堂现场生成情况适时调控
真实学习	元认知	1. 学生是否能及时获得学习结果的评价反馈
		2. 学生是否能在学习活动中发现自身存在的问题
		3. 学生是否能运用有效的学习策略进行自主改进完善
	探究参与	1. 学生是否有足够的时空保障开展探究活动
		2. 学生是否都能参与探究活动
		3. 学生是否能通过自主学习、小组合作等形式开展探究活动
		4. 学生是否能明确探究活动的目标、规则和实施策略
		5. 学生在探究过程中是否能得到及时回应和有效引导
		6. 学生是否能通过探究参与获得提升
	展示互动	1. 学生是否有足够的时空保障进行展示互动
		2. 学生是否有不同层次的展示互动机会
		3. 学生是否能积极倾听或观察他人的展示
		4. 学生是否能与展示者进行对话交流
		5. 学生是否能通过展示互动促进学习目标的达成

观察维度	观察视角	观察要点
新型关系	师生关系	1. 教师是否创设真实的问题情境
		2. 教师讲解是否深入浅出
		3. 教师是否组织合作探究
		4. 教师是否留有充足的思考时间
		5. 教师对学生活动的评价是否恰当
		6. 教师是否有个性化指导
		7. 学生是否有成功体验
		8. 课堂氛围是否融洽、民主
		9. 学生活动对教师是否有启发
	生生关系	1. 学生间是否合作研讨
		2. 学生间是否互激互励
		3. 学生间是否有相辅相成，互相成全
		4. 学生关系是否和谐
工具运用	数字工具	1. 教师是否能提供丰富的数字资源充实课堂内容
		2. 课堂是否有能帮助课堂教学质量提升的数字工具
	思维工具	1. 教师是否能使用有效的工具实现教学思维的可视化
		2. 学生是否能使用有效工具实现学习思维的可视化

1. 课堂观察的质性分析

(1) 课堂观察的缘起与发展。

课堂观察在西方经历了经验主义方法论指导阶段、科学实证主义影响阶段和多种方法论运用阶段。[①] 其中最有代表性的是美国学者弗兰德斯 (N. A. Flanders) 于 20 世纪 60 年代提出的弗兰德斯互动分析系统 (Flanders Interaction Analysis System，简称 FIAS)。后来，经过学者的多次改造，弗兰德斯互动分析系统至今在课堂观察领域广泛应用。除此之外，学生－教师 (S－T) 分析法、课堂评分系统 (CLASS)、交际法教学观察量表 (COLT) 等也是比较有代表性的课堂观察量化工具。从 70 年代开始，传统的课堂观察

---

① 黄江燕，李家鹏，乔刘伟. 课堂观察研究的文献综述 [J]. 长江师范学院学报，2012 (12)：130—134.

研究开始不断融入新的方法和理念，学者开始从定量观察和定性观察两大维度对课堂观察方法进行系统梳理、反思两者的优劣所在。

我国的课堂观察研究萌芽于 20 世纪 90 年代，21 世纪之后进入快速发展阶段。最具有代表性的是陈瑶撰写的《课堂观察指导》一书，指引广大教师开始将课堂观察运用于教学、教研的具体实践中。随后，沈毅、崔允漷在 2008 年撰写《课堂观察：走向专业的听评课》一书，使课堂观察作为听评课的新方法和新形式得到了进一步发展和推广应用。崔允漷团队与浙江省余杭高级中学建立了大学与中小学专业伙伴关系，共同研制并实践了指向教学改进的课堂观察 LICC 范式①，使课堂观察不再仅仅是一种技术，更成为在课堂观察团队合作下开展的专业活动。其开发的"4 维度 20 视角 68 观察点"的课堂解构表，为我们理解课堂教学、确定研究问题、明确观察任务提供了一张清晰的认知地图和实用的研究框架。

近年来，课堂观察的研究还在持续深入，其研究方向在课堂教学实践、教研活动开展、技术更新迭代等方面逐步走向多元。如课堂观察新取向：以焦点学生观察推动课堂变革（陈静静，2021），如初中地理"中国的农业"同课异构为例，开展基于课堂观察数据的教学行为诊断与改进策略（柯旺花，2021），还有对面向智慧教室的中小学课堂互动观察工具研究（王晓晨，2021），上海市教育科学研究院夏雪梅则专注于"幼儿园—小学"阶段的课堂观察和课堂变革，在区域层面由点及面进行推进，构建并实践了"课堂观察—学习设计—课堂实践"三大系统，②为实施课堂观察改进课堂教学提供了更广泛的实施路径和经验参考。

（2）在共生课堂背景下实施的课堂观察。

陈瑶认为，课堂观察是一种专注性观察行为，是指研究者或观察者带着明确的目的，凭借自身感官（如眼、耳等）及相关辅助工具（观察表、录音录像设备等），直接或间接从课堂情境中收集资料，并依据资料作相应研究的一种教育科学研究方法。③ 崔允漷在其文章《课堂观察：为何和何为》《课堂观察 20 问》中将课堂观察概括为通过观察对课堂的运行状况进行记录、分析和研究，并在此基础上谋求学生课堂学习的改善、促进教师发展的专业活动。无论是陈瑶定义的研究方法，还是崔允漷定义的专业活动，都是从不同层面对课堂

① 崔允漷. 论课堂观察 LICC 范式：一种专业的听评课 [J]. 教育研究，2012（05）：79—83.
② 夏雪梅，王枫. 融入学习基础素养的课堂观察与变革 [J]. 上海教育，2020（16）：62—65.
③ 陈瑶. 课堂观察指导 [M]. 北京：教育科学出版社，2002.

观察概念的归纳提炼。时至今日,课堂观察已成为依赖课堂观察技术,又需要团队参与的专业活动,它立足于课堂实践并应用于课堂改进,在观察、改进、实施、观察的螺旋上升中,唤醒了教师的专业自觉,促进了教师的专业发展,将教育教学改革推向深入。

基于此,我们认为,在渝中区整体推进共生课堂的过程中,实施从个体到团队、从校本到区域的课堂观察,是对"共生课堂"推进情况开展实证研究的重要依据。因此,在"共生课堂"背景下实施的课堂观察具有以下特点。

①是基于合作共同体的系统性行为。

"共生课堂"背景下实施的课堂观察直接指向课堂教学改进,学科教学工作坊是实施课堂教学改进的重要载体,课堂观察是其必要手段。崔允漷团队在研究组织行为学和心理学关于合作知识的基础上,将合作分解成四个元素:有主体的意愿、有可分解的任务、有共享的规则、有互惠的效益。他们认为只有具备了这些元素的合作,才是富有品质与成效的合作。[①] 基于学科教学工作坊,学科教研员和一线教师组成研修团队,以课堂观察的方式开展观课议课,已经具有开展高品质合作的核心元素。"共生课堂"背景下实施的课堂观察有指向教学改进、打造"共生课堂"理想样态的参与者的主体意愿。能依据本学科"共生课堂"观察量表分解观察任务。有规范共享的课堂观察规则,从课前会议、课中观察、课后会议到课后改进,形成了课堂观察的完整链条。有团队共同的奋斗目标,教研员和教师、教师和教师之间能够相互助力,实现共同成长,真正达成了"师师共生"的"共生课堂"教师研修样态。

②是整合定性与定量观察的专业行为。

课堂观察是一种复杂的专业性行为,其主要方法可以分为定性课堂观察和定量课堂观察两种。定性的课堂观察是指观察者依据粗线条的观察纲要,收集对课堂事件进行细节描述的信息材料,资料收集的规则是灵活的,是基于需要在观察的过程中形成的,在观察后根据回忆加以追溯性的补充和完善,并通过描述性的和评价性的文字记录现场感受和领悟。[②] 定量的课堂观察方法是指观察者运用一套定量的、结构化的记录方式进行观察,一般有一定的分类体系或具体的观察工具,对预先设置的分类下的行为进行记录。

共生课堂背景下实施的课堂观察讲求质性研究与量化研究的融合,充分利

---

① 崔允漷. 论指向教学改进的课堂观察 LICC 模式 [J]. 教育测量与评价(理论版),2010(03):4-8.

② 黄江燕,李家鹏,乔刘伟. 课堂观察研究的文献综述 [J]. 长江师范学院学报,2012(12):130-134.

用课堂观察工具，从教学目标表述、教学内容统整、问题情境创设、自主合作学习、教学适时反馈、工具融合应用、新型师生关系等多方面开展课堂教学的观测与评价，这其中既有教学实时数据的采集，又有对课堂教学问题的描述与评价，课堂观察者基于信息材料与客观数据，开展定性定量的实证研究，使实施课堂观察改进课堂教学成为常态。

（3）共生课堂背景下实施课堂观察的意义。

①有利于改进教师教学行为，促进教师的专业成长。

课堂观察是一种客观的研究活动，强调对客观数据的收集和分析，目的不在于纠错、评价，而在于诊断、改进与发展。在"共生课堂"背景下实施课堂观察，观察者与被观察者双方目标一致，都是为了实现达成"共生课堂"的理想样态。

对于观察者来说，依据观察工具，可以更客观地辨别、诊断、剖析课堂，并以此为镜，照见自己课堂教学行为的正误得失，反思自己的教育理念和教学行为。对于被观察者来说，它可以使被观察者及时获得相关数据、信息和观察者的诊断结果，正视自己教学行为，有效提升教师的教育研究意识，自主改进教学策略。正如美国教育心理学家林格伦（H. C. Lmdgren）说："教师需要了解他们自己的行为，正如他们需要了解他们所教的学生那样。"教师只有对自己的课堂有准确细致的观察，才能清晰了解自己的教学行为，分析自己的教学得失，更好地组织好课堂教学。

通过在学科教学工作坊内组织具有建设性、可持续性的课堂观察，作为合作共同体的观察者和被观察者均可进行自我反思，在观察后反思，在反思后继续观察，可以深入理解自己的教学，不断改进教学行为。

②有利于转变学生学习行为，实现学生的深度学习。

传统的课堂观察主要关注的是教师的教，容易忽视学生的学。"以学习者为中心"是共生课堂的教学原则，基于共生课堂理念"让学习深度发生，让师生共同成长"，转变学生学习行为，实现学生深度学习是"共生课堂"背景下实施课堂观察的价值取向。"共生课堂"课堂观察表中对学生学习行为予以了高度关注，观察者可以聚焦不同的观察主题，开发课堂观察量表，运用课堂观察工具，聚焦学生的学，着力观察学生的表情、动作、语言，观察其与教师、与他人的互动，观察其完成学习成果的过程等，并据此对学生的思维方式、问题解决策略、人际互动方式、课堂学习生态进行细致的分析，找到学生学习的问题症结所在，提出解决策略。

只有通过课堂观察，理性关注学生学习行为，教师才能真正认识到学习过程的复杂性和教学的难度，教师在进行教学设计时就会更多地考虑学生的心理特点和认知规律，从而使教学设计更加贴近学生的学习需求，帮助学生达成学习目标，让学生的学习走向深度。

③有利于转变课堂教学实施，达成"共生课堂"理想样态。

基于共生课堂七要素，渝中区研究形成共生课堂观察要点表，从"课程意识、交互教学、真实学习、新型关系、工具运用"五个方面解构"共生课堂"的理想样态。基于课堂观察要点表，各学科教学工作坊坊主基于学科特质、教学实际，围绕工作坊研修主题，带领坊员设计有明确指向的课堂观察量表，开展课堂观察，查找问题，研究解决策略，指导课堂教学实施，改进教学行为，经过反复验证，最后凝练研修成果，加以推广。如此不断循环往复，实现螺旋式上升，才能最终达成"共生课堂"的理想样态。

2. 课堂观察的量化分析

课堂观察量化分析最有代表性的是美国学者弗兰德斯于 20 世纪 60 年代提出的弗兰德斯互动分析系统，这套编码系统主要记录课堂中的师生语言互动，用于分析、改进教学行为，其分析技术开启了量化课堂研究的先河。在 20 世纪 90 年代，国内一批学者对 FIAS 进行了多次改造，如华东师大顾小清团队提出了基于信息技术的互动分析编码系统 ITIAS、首师大方海光团队的改进型弗兰德斯互动分析系统（iFias），表 7-5，武小鹏的课堂互动双编码模型等。除此之外，学生-教师（S-T）分析法、课堂评分系统（CLASS）、交际法教学观察量表（COLT）等也是比较有代表性的课堂观察量化工具。

表 7-5　　改进型弗兰德斯互动分析编码（iFias）

教师语言	间接影响	1	教师接受情感		
		2	教师表扬或鼓励		
		3	教师采纳学生观点		
		4	教师提问	4.1	提问开放性问题
				4.2	提问封闭性问题
	直接影响	5	教师讲授		
		6	教师指令		
		7	教师批评或维护教师权威		

续表

学生语言	8	学生被动应答		
	9	学生主动说话	9.1	学生主动应答
			9.2	学生主动提问
	10	学生与同伴讨论		
沉寂	11	无助于教学的混乱		
	12	有益于教学的静默		
技术	13	教师操纵技术		
	14	学生操纵技术		

　　为避免质性分析在评价过程中模糊性、主观性较强的问题，在共生课堂的课堂观察中，我们将借助改进型的弗兰德斯课堂教学互动分析法、S-T 互动分析法等课堂教学量化分析工具，通过视频回溯等方式，采集课堂教学数据，如图 7-3 所示，如教师互动行为、自主合作学习、工具应用等数据，并结合相关分析模型，对"共生课堂"教学评价内容提供有效的、客观的量化分析，并结合质性分析结果相互印证。

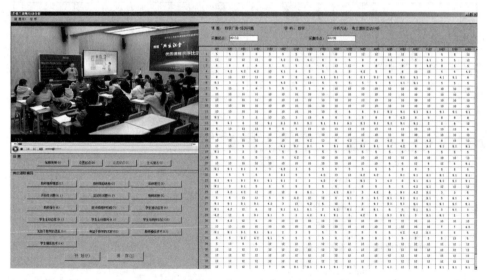

图7-3　视频回溯采集课堂互动编码信息

3. 基于课堂教学视频回溯的量化分析案例

　　以"首届共生课堂优质课展评比赛"中获得一等奖的一节小学数学课视频为例，我们利用改进型弗兰德斯互动分析系统进行了编码采集和量化分析。从

区域推进"共生课堂"提升中小学教学质量的行动研究

所得的"改进型弗兰德斯迁移矩阵"计算得出相关的师生互动统计表，见表7-6，表7-7，"教师学生语言比时序图，如图7-4所示。

表7-6　改进型弗兰德斯迁移矩阵

	1	2	3	4	5	6	7	8	9	10	11	12	13	14	合计
1	1	0	1	0	1	0	0	0	0	0	0	0	0	0	3
2	0	3	1	3	2	1	0	0	0	0	0	0	1	0	11
3	0	3	4	8	5	0	0	0	4	0	0	0	3	0	27
4	0	0	2	6	3	13	0	7	13	0	0	6	4	0	54
5	0	0	0	13	109	6	0	0	5	0	0	2	9	0	146
6	0	0	1	1	4	10	0	8	20	4	0	7	1	0	56
7	0	0	0	1	1	0	1	0	0	0	0	0	0	1	4
8	0	0	0	6	5	2	0	17	0	0	0	1	5	0	37
9	2	5	17	7	6	7	0	0	88	0	0	1	0	0	133
10	0	0	0	1	0	2	1	0	0	157	0	0	0	0	161
11	0	0	0	0	0	0	0	0	0	0	0	0	0	0	0
12	0	0	0	2	0	11	0	0	2	0	0	96	0	0	114
13	0	0	1	6	7	5	0	3	0	0	0	1	25	0	48
14	0	0	0	0	0	0	0	0	1	0	0	0	0	0	1
合计	3	11	27	54	145	57	4	37	133	161	0	114	48	1	795

表7-7　师生互动统计表

互动统计表	
统计项	比例
教师言语比例	37.86%
学生言语比例	41.64%
教师间接影响与直接影响的比例	46.12%
沉寂比例	14.34%
沉寂中学生思考问题比例	100.00%
教师提问比例	6.79%
教师开放性问题比例	1.38%
学生主动应答比例	16.73%

续表

互动统计表	
技术使用比例	6.16％
学生讨论比例	0.00％

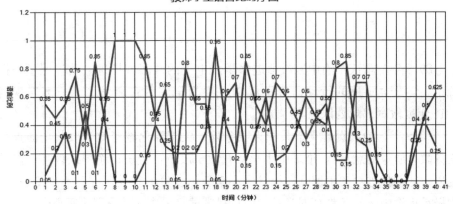

图7-4 教师学生语言比时序图

从"师生互动统计表"中我们可以看到，学生讨论比例为20.25％，沉寂的比例为14.34％，而沉寂中思考问题的比例为100％，沉寂表明课堂中有学生自主学习和思考的时间安排，符合共生课堂的要求。"教师学生语言比时序图"中，8—10分钟、34—37分钟分别为学生沉寂思考问题的时间。教师、学生的语言比例分别为37.86％和41.64％，表明学生发言积极性较高，从"教师学生语言比时序图"显示，12—33分钟这段时间，师生语言交互频繁，能体现课堂中学习共同体的样态。另外，从迁移矩阵中还可分析出"积极整合格"和"缺陷格"占比分别为1.63％和2.264％，相差较小，表明课堂师生情感氛围较为融洽，呈现出新型的师生关系。技术占比为6.164％，印证课堂中有技术的应用。

后 记

2018 年，重庆市渝中区教师进修学院申报的"区域推进'共生课堂'提升中小学教学质量的行动研究"成功立项为全国教育科学"十三五"规划 2018 年度教育部规划课题。

2019 年，为认真落实中共中央国务院《关于深化教育教学改革全面提高义务教育质量的意见》，推进中小学教育教学改革，重庆市渝中区教师进修学院以"区域推进'共生课堂'提升中小学教学质量的行动研究"为理论引擎，积极承担渝中区义务教育课堂教学质量提升试点工作和教育部普通高中新课程新教材实施国家级示范区建设的重要任务，努力达成课题研究与项目推进双线互通、双线并进。

重庆市渝中区教师进修学院党委书记、院长、课题负责人宋文君在渝中区义务教育课堂教学质量提升试点项目启动会上提出"共生课堂"的理念。这一新的课堂理念得到专家们的充分肯定，受到项目学校的高度认可，也引发了诸多追问：共生课堂的样态什么，共生课堂如何实施，共生课堂如何评价等等。基于上述追问，课题组精心策划区域推进"共生课堂"提高中小学教学质量的行动研究方案，扎根区内中小学教学一线开展行动探索。

经过不懈努力，课题研究取得了显著成效，共生课堂的样态在项目学校得以逐渐显现，并得到强化。在此基础上，课题组认真总结行动经验，初步建构了共生课堂的理论体系与实践路径，并于 2021 年 7 月正式启动《区域推进"共生课堂"提升中小学教学质量的行动研究》编著工作，将课题研究和项目实践的主要成果凝练成书。

本书七章，章章妙笔。首先从"明义"的角度，概述共生课堂的由来和时代背景、概念及内涵分析、特征与价值意义；其次从"明理"的角度，夯实理论基础，依托丰富的理论根基，向下扎根，明晰根系流转，向上向阳，开出共生之花；随后进行"范式建构"，从七个要素构建共生课堂范式，边行动边提炼，边验证边改进，在范式建构的基础上，搭建共生课堂系统模型；第四章围绕模型形成可视化、易操作、能共享、有共生的课堂教学模式；第五章开展"实操"，明晰操作要领，通过实践，定型共生课堂的目标、内容、基本环节与主要流程；第六章分学科提炼先进性与实用性并存的教学策略，并用典型案例深度阐析；终章，以教学评一致性为价值理念，过程性评价与终结性评价并重，质性评价和量化考核共用，用数据分析课堂教学各环节，并将结果反哺课堂，助推课堂教学改进。

自我追问，方可行健。在编著过程，我们多次召开编写研讨会，重点围绕本书的内容框架、逻辑顺序、行文方式等进行讨论。通过一次次追问，不断厘清编写思路。学院各学科教研员带领一线教师开展了数百次的学科教学工作坊活动，特别是李永红、吕萍、孔原平、张理英、王安民、许方林、肖莉、张仁波、张飞、程世均、周泉、魏英、王政、王小毅、王华、王红梅、代欣、杨其邻、陈文静、甘雪梅、汪涛、陈鹏、王强、郭刚、佘仁叶等教研员，为本书的撰写提供了大量鲜活的实践素材。经过团队的多轮修改完善，几易其稿，最终得以顺利成书。

群策群力，方可致远。本书的出版得到了西南大学、重庆市教科院、重庆市评估院等专家学者的专业引领。在编著过程中，西南大学教育学部多位教授亲临学院论证"共生课堂"的内涵特征，为本书的主体内容奠定了坚实的学术根基；重庆市教科院的领导和专家为区域推进"共生课堂"的路径出谋划策，为书稿的形成提供了有益启示。本书的出版还离不开渝中区教委的关心指导，以及区内中小学校的大力支持，在此一并表示感谢。

分工合作，方可出新。本书的出版还得益于编著团队的分工合作。宋文君院长为本书的撰写明确了编写意图、拟定了编写提纲，并对各章节的撰写给予了充分指导。具体章节撰写的分工是：第一章：宋文君、牟涛、朱娟、粟洁；第二章：周鸿蜀、包蔼黎、石远芬、李苇；第三章：李立、郑涛、郑桂辉、黄子艺；第四章：徐开明、莫定勇、陆柳存、郭昊沄；第五章：周鸿蜀、包蔼黎、赵小翠、江明菊、王安民、张飞、许方林、徐开明、莫定勇、张仁波、张理英、肖莉；第六章：徐开明、莫定勇、王红梅、李永红、王安民；第七章：周鸿蜀、王政、牟涛、姚渝涛、梁倩、李玉、陈郁兰、陈启兰。

作为编者，衷心希望"共生课堂"理念能够引领区域教育教学改革方向，能为区域教研机构的转型发展提供一些可操作、可借鉴的路径。诚恳希望读者朋友对本书内容提出宝贵意见。

编者

2023 年 9 月

主要参考文献

[1] 刘月霞，郭华. 深度学习：走向核心素养（理论普及读本）[M]. 北京：教育科学出版社，2018.

[2] 胡中锋. 教育评价学 [M]. 北京：中国人民大学出版社，2008.

[3] 李慧燕. 教学评价 [M]. 北京：北京师范大学出版社，2013.

[4] 陈瑶. 课堂观察指导 [M]. 北京：教育科学出版社，2002.

[5] 钟启泉，崔允漷，张华. 为了中华民族的复兴为了每位学生的发展：基础教育课程改革纲要（试行）解读 [M]. 上海：华东师范大学出版社，2001.

[6] 朱德全，宋乃庆. 现代教育统计与测评技术 [M]. 重庆：西南师范大学出版社，1998.

[7] 彭宪流. 核心素养视角下物理教学情境创设探讨 [J]. 物理之友，2021（10）：10-13.

[8] 刘登珲. 竞斗与融合：当代美国学校课程统整范式的生成与演进 [J]. 比较教育研究，2020（7）：81-82.

[9] 吴恒. 新媒体时代高校思政课教师执网能力论析 [J]. 学校党建与思想教育，2020（13）：71-74.

[10] 夏雪梅，王枫. 融入学习基础素养的课堂观察与变革 [J]. 上海教育，2020（16）：62-65.

[11] 王云生. "教、学、评"一体化的内涵与实施的探索 [J]. 化学教学，2019（5）：8.

[12] 刘江田. 基于化学核心素养的"教、学、评"一体化实践模型建构 [J]. 江苏教育，2019（19）：7-10.

[13] 薛雅文. 基于弗兰德斯互动分析系统的多元化课堂评价 [J]. 中学

教学参考，2018（2）：40-41.

［14］何克抗. 如何实现信息技术与学科教学的"深度融合"［J］. 教育研究，2017（10）：88-91.

［15］刘笛月. 表现性评价的内涵、功能及设计框架［J］. 教育测量与评价，2016（5）：44-47，62.

［16］武小鹏，张怡，彭乃霞. 基于 FIAS 与 PPE 理论的课堂教学评价研究［J］. 电化教育研究，2016（11）：93-99，107.

［17］霍力岩，黄爽. 表现性评价内涵及其相关概念辨析［J］. 西北师大学报（社会科学版），2015（3）：76-81.

［18］崔允漷，雷浩. 教-学-评一致性三因素理论模型的建构［J］. 华东师范大学学报（教育科学版），2015（4）：15-17.

［19］崔允漷，夏雪梅. "教-学-评一致性"：意义与含义［J］. 中小学管理，2013（1）：1-6.

［20］南纪稳. 量化教学评价与质性教学评价的比较分析［J］. 当代教师教育，2013（3）.

［21］杨玉琴，王祖浩，张新宇. 美国课程一致性研究的演进与启示［J］. 外国教育研究，2012（1）：114.

［22］方海光，高辰柱，陈佳. 改进型弗兰德斯互动分析系统及其应用［J］. 中国电化教育，2012（10）：109-113.

［23］黄江燕，李家鹏，乔刘伟. 课堂观察研究的文献综述［J］. 长江师范学院学报，2012，28（12）：130-134.

［24］崔允漷. 论课堂观察 LICC 范式：一种专业的听评课［J］. 教育研究，2012，33（5）：79-83.

［25］崔允漷. 论指向教学改进的课堂观察 LICC 模式［J］. 教育测量与评价（理论版），2010（3）：4-8.

［26］谢同祥，李艺. 过程性评价：关于学习过程价值的建构过程［J］. 电化教育研究，2009（6）：17-20.

［27］莫景棋. 教师如何实施课堂教学评价［J］. 课程·教材·教法，2008（11）：14-18.

［28］孟庆男. 基于自主性学习的教学模式［J］. 辽宁教育研究，2007（12）：69-71.

［29］李国庆. 从评价到评定：美国基础教育课堂评估的转向［J］. 辽宁教育研究，2006（3）：82-85.

［30］杨学良，蔡莉．关于发展性教学评价的理论研究［J］．教育探索，2006（7）：45－47．

［31］高凌飚．关于过程性评价的思考［J］．课程·教材·教法，2004（10）：15－19．

［32］北京教科院基础教育教学研究中心课堂教学评价研制小组．课堂教学评价体系的研究与实验［J］．课程·教材·教法，2003（2）：45－49．

［33］彭广森，崇敬宏．中小学生学业成绩评价改革初探［J］．教育实践与研究，2003（11）：51－53．

［34］张兴华．关于研究性学习实效性的思考［J］．中国教育学刊，2002（2）：37－41．

［35］夏正江．论行为目标及教学目标的表述问题［J］．上海师范大学学报（哲学社会科学版），2000（7）：42－46．

［36］邓凡茂．课堂评价范式之研究［D］．南京：南京师范大学，2005．